EXTRAIT DE LA *REVUE DE L'ANJOU*

HISTOIRE GÉNÉALOGIQUE

DE LA FAMILLE

DE BOYLESVE

Marquis d'Harroué, comtes de Chamballan, barons d'Ancenis de Lezigny, d'Hormes, du Puy du Fou, seigneurs de la Brizarderie la Maurouzière, la Gillière, le Plantis, Noirieux, etc. etc.

PAR

PAUL DE FARCY

MEMBRE DE PLUSIEURS SOCIÉTÉS SAVANTES

ANGERS

GERMAIN & G. GRASSIN, IMPRIMEURS-LIBRAIRES

40, rue du Cornet et rue Saint-Laud

1901

HISTOIRE GÉNÉALOGIQUE

DE LA FAMILLE

DE BOYLESVE

EXTRAIT DE LA *REVUE DE L'ANJOU*

HISTOIRE GÉNÉALOGIQUE

DE LA FAMILLE

DE BOYLESVE

Marquis d'Harroué, comtes de Chamballan, barons d'Ancenis de Lezigny, d'Hormes, du Puy du Fou, seigneurs de la Brizarderie la Maurouzière, la Gillière, le Plantis, Noirieux, etc. etc.

PAR

PAUL DE FARCY

MEMBRE DE PLUSIEURS SOCIÉTÉS SAVANTES

ANGERS

GERMAIN & G. GRASSIN, IMPRIMEURS-LIBRAIRES

40, rue du Cornet et rue Saint-Laud

—

1901

INTRODUCTION

La famille Boylesve, actuellement éteinte, a tenu dans la ville d'Angers, depuis la moitié du XVIe siècle, une position si élevée et si brillante qu'on s'explique aisément pourquoi elle souleva contre elle tant de jalousies, tant de haines aiguisées encore par l'esprit de parti. Ses adversaires, quelques-uns de ses membres même, faut-il le dire, dans un intérêt matériel, n'ont reculé devant aucun moyen pour attaquer son origine et contester son honorabilité. Il faut bien le reconnaître, leurs insinuations, que rien ne vient justifier, leurs allégations mensongères entretenues constamment par la malignité publique ont formé une sorte de légende acceptée sans contrôle par tous les auteurs.

Au lieu d'examiner et de discuter l'authenticité des titres originaux que fournissait la famille, on admit toutes les attaques comme prouvées : on taxa de complaisance un arrêt contradictoire du Parlement de Paris, on cita quelques pièces où la qualification de *honorable homme* remplaçait celle de *noble* et d'*écuyer*, sans tenir compte ni de l'époque troublée ni des fonctions de judicature de ceux qu'elles concernaient, afin de pouvoir les qualifier de « bourgeois enrichis », de fils de « coustourier ».

Il faut donc passer en revue, aussi brièvement que possible, tous ceux qui l'ont attaquée, démontrer l'inanité de leurs preuves et établir l'authenticité des titres de sa filiation.

François Boylesve, conseiller du Roi, lieutenant du juge de la prévôté d'Angers, « entra fort avant dans les guerres civiles, sous le règne de Charles IX, et signala souvent son attachement pour le Roy et la religion... il fit destituer de la charge de procureur du Roy au siège présidial d'Angers, Mathurin Cochelin, sieur de Marcé... qui était un grand partisan de la ligue ». Le Parlement, lors séant à Tours, déclara finalement, par son arrêt du 29 septembre 1589, « Cochelin rebelle, infidèle à son roy, déclara nul un prétendu arrest extorqué en date du 29 juillet 1589, et l'état de Lieutenant général dont il était pourvu vacquant, ainsi que celui de procureur du Roy qu'il avait résigné à La Barre, son gendre, et ordonna qu'il sera prins au corps et mené dans la Conciergerie... »

On s'explique, dès lors, la rivalité de ces deux hommes représentant deux partis politiques alors en guerre ouverte. Cochelin, ayant mis sa personne à l'abri, attaqua Boylesve devant le parlement, qu'il savait partisan de la ligue, et publia à Angers, en 1587, un factum où il attaquait la noblesse et l'honorabilité de son adversaire. Celui-ci, sans plus tarder, produisit une longue suite d'actes prouvant sa filiation, mais il mourut le 27 novembre 1587, avant d'avoir obtenu justice. Sa veuve et ses enfants continuèrent le procès et, le 10 décembre de la même année, le Parlement rendait un arrêt condamnant le factum de Cochelin à être lacéré et supprimé, celui-ci à payer 100 l. parisis d'amende moitié au Roy et l'autre moitié aux parties, lui faisant deffence de plus tomber en pareille faute, et enregistrant les actes sur lesquels s'appuyait la filiation d'ancienne noblesse de François Boylesve[1], actes déjà vérifiés en 1447 par les élus d'Angers. Mais il est nécessaire de reproduire

[1] Voir cet arrêt plus loin, aux titres généraux.

ici ce factum dont Audouys a conservé les principaux passages, ceux qui, selon lui, attaquaient le plus directement l'honorabilité et la noblesse de Boylesve.

Bibliothèque d'Angers, ms. 1005. *Audouys*, tome II, pp. 67 et 75. — Extrait du factum pour Me Mathurin Cochelin, substitut de M. le procureur général du Roy au siège présidial d'Angers, imprimé en ladite ville l'an 1587, contre Me François Boylesve, Lieutenant du juge de la prévosté d'Angers, René Bordet, sergent, et Christophe Lenfant, sieur de Lousil. — François Boylesve est natif de Saint-Aubin-de-Luigné en Anjou : ses père et mère en étoient. Ils se nommoient Marin Boylesve et Simonne Quentin. Ledit Marin était chaussetier et couturier et fils de Jean Boylesve, dit Auvé, surnommé Boileau, couvreur d'ardoises, et lequel ne pouvant gaigner sa vie en son métier, on lui bailla la charge de sonner les cloches de l'église du Puy-Notre-Dame, en Anjou, et de fait, il mourut étant tombé du haut du clocher et quand à Simonne Quentin, mère de Boylesve, elle était fille de Vincent Quentin, boucher du bourg de Chemillé, laquelle vendoit du pain à la porte de l'église Saint-Aubin... Boylesve, étant sorti du bourg Saint-Aubin, il se mit serviteur en la maison de Me Jean Prioulleau, avocat et procureur à Angers, où ayant appris à lire et à écrire, il s'était mis à être clerc. Prioulleau, qui estoit chargé d'enfans et entr'autres avoit une fille de laquelle il se trouvoit empesché, il s'avisa de la bailler à Boylesve avec une somme de 1500 l. pour une fois payée.

Boylesve, bien aise d'une part que de simple valet qui avoit pansé le cheval en l'étable étoit devenu gendre de la maison et, d'autre part, tout glorieux de se voir 1500 l. valant, qu'il estimoit une grande somme, il se propose, comme il est de naturel très avare, de faire multiplier ses 1500 l., comme il a si bien fait qu'au procès, Cochelin a produit pour 30.000 escus d'acquets, de Boylesve, outre deux beaux états qu'il a acheté à ses deux fils ainés et le mariage de ses filles, qui lui revient à plus de 12.000 escus.

Voyons par quels moyens il a pu faire une telle et si avantageuse multiplication : premièrement, par le moyen de son beau-père, il fut solliciteur, puis procureur au palais d'Anjou et, comme il est notoire à Angers, la qualité de procureur est annexée à la qualité d'avocat, car pour estre advocat, Boylesve n'ayant jamais été aux études, ne sut en sa vie un mot de latin, mais à Angers il sembloit de solliciter pour plusieurs parties et comme il est actif, vigilant et âpre à son profit, il s'acquiert connoissances. Le peu d'argent qu'il avoit il le mit à usure, donnant aux clients et autres de petites sommes et en stipuloit de grandes. Son principal gain et avancement fut lorsque ceux de l'opinion nouvelle, ayant aux premiers troubles surpris la ville d'Angers, la ville ayant été reprise, il fut procédé extraordinairement contre les rebelles par informations, emprisonnemens, saisies et annotations de biens, et en cette recherche Boylesve fit tant, qu'il fut substitut du procureur du Roy.

C'est là qu'il fit ses grands coups, prenant à toutes mains ; car il faisoit informer contre qui bon lui sembloit, avoit Préjent Board, son sergent, par qui il faisoit emprisonner ceux qu'il vouloit, ceux qui volaient eschapper de prison, leur élargissement était vendu par Boylesve aux uns 100, aux autres 200 escus, pour estre élargi. Son exaction et pillerie fut si grande que Préjent Bouard, son sergent ordinaire et qui est un des principaux témoins, a écrit une lettre missive qui est produite au procès, par laquelle il dit que Boylesve, en cette commission, gagna plus de 14.500 l. et de là naquit le proverbe que communément on disoit au pays que l'an cinq cent soixante-deux Boylesvé prit pour deux. Boylesve sait bien les plaintes qui dès lors furent faites aux commissaires envoyés pour l'exécution de l'édit de pacification, comme il se voit par l'extrait de leur procès-verbal que Cochelin a produit au procès, par lequel il appert de la plainte faite des concussions dudit Boylesve, d'avoir fait porter chez soy pour 1.500 l. de marchandises de la maison d'un seul marchand, d'autre d'avoir pris 40 aunes de drap, de l'autre 100 escus et de l'autre 200 escus.

En la province de l'Anjou, il ne s'est jamais découvert un faux témoins [1] que Boylesve n'ait été son conseil, fauteur et affectionné solliciteur.

Boylesve, de rien, étant venu à de si grandes richesses, veut estre officier du Roy. En l'an 1569, trouve moyen de se faire pourvoir de l'état de lieutenant de la prevosté d'Angiers.

[1] Dans une autre copie plus succinte, Audouys écrit « faux monnoyeur ». V. Ms. 1003.

Ceux du pays qui le craignoient comme une peste firent supplier que l'état ne lui fût point baillé et lui, par une insigne surprise, en fit dérober la dépêche et sachant bien qu'il seroit découvert, il se fit promptement recevoir par un seul juge, sans enquête *super vita et moribus*, sans examen ni autre connoissance de cause.

Sa réception n'est pas sitôt faite que le Roy, lors duc d'Anjou, et M. le Chancelier écrivirent pour l'empescher et mandent que ses lettres de provisions auroient été dérobées. Ces lettres ont été produites au procès. Boylesve, encore qu'il fût pourveu de tel état, ne laissa pas de postuler au siège présidial d'Angers et de solliciter comme avocat et procureur des parties non seulement pour le gain du palais, mais parce que cela lui donnoit des connoissances pour exercer les usures et contrats pignoratifs, par le moyen desquels y faisant mettre deux fois autant que ce qu'il bailloit d'argent et encore la plus part par monnoie rognée, suspecte et adulterine, il a tiré les terres de la Maurouzière, celles de la Buignerie, celle de la Gillière et autres belles terres, quasi pour néant, les unes par usure, les autres par concussions et exactions.

En l'an 1570, le sieur de Montours du quel Boylesve était solliciteur et conseil, est prévenu et arrêté prisonnier pour plusieurs crimes et principalement pour un assassinat d'un pauvre boucher du bourg de Rochefort, mary de Mathurine Boylesve, cousine proche dudit Boylesve. Cette rencontre empescha Boylesve de prime face : car, d'un côté, la honte publique le contraignoit d'assister sa cousine dans l'assassinat de son mary et d'autre côté son avarice fait que pour rien il ne veult quitter ny abandonner la pratique ni la burse dudit Montours. Pour contenter les deux parties et aussy assouvir son avarice, il moyenne un accord par lequel il promet à la veuve du deffunt, sa cousine, 2.300 l. pour vendre le sang et la mort de son deffunt mary ; à Montours, il lui promet plaine liberté et quant à lui, pour son salaire, il se fit vendre la terre de Douay pour la somme de dix mille livres, dont depuis il a tiré 13.000 l. et encore le paiement du prix est tel qu'il devoit payer à sa cousine les 2.300 l. et sur le surplus, il en avoit 2.000 pour lui et outre il devoit avancer les frais de justice et le surplus, si surplus y avoit, se devoit payer. Montours, pour sauver sa vie, s'accorda à tout.

De le faire absoudre et élargir à Angers, où les assassinats et crimes de Montours étoient notoires, il n'y avoit pas de moyens : le procès étant instruit et en état de se juger et Cochelin y avoit pris des conclusions de mort, pourquoy Boylesve, voulant tirer Montours hors du siège d'Angers, suppose un appel et en la cour fait passer un arrest par appointé portant renvoi à Poitiers. Boylesve se fait adresser tel arrest, lui qui estoit cousin de l'un et conseil et solliciteur de l'autre ; cela est découvert, chacun en crie. Cochelin, en qualité de substitut du procureur général, à la signification de l'arrest, s'oppose tant pour la fraude, collusion et monopole, que parce que ledit Montours est accusé d'autres crimes.

A l'exploit de la signification de l'arrest, il fait insérer son opposition en tête de l'écrou de l'emprisonnement dudit Montours. Nonobstant tout cela, Boylesve, en vertu de tel arrest collutoire et par appointé, vient de nuit, nonobstant telle opposition et tout ce qui avoit été fait, enlever ledit Montours et le fait sortir sous prétexte de l'envoyer à Poitiers, et comme la menée avoit été faite et convenue, Montours s'échappe sans que jamais il se soit osé représenter à Angers, ayant été condamné à mort par défault et contumace.

L'ayant fait ainsi échapper, il a la terre de Douai pour récompense, car du prix, il a tout compté à Montours en frais et pour son salaire. En ce faisant, Boylesve à conseillé Montours comme avocat, a exécuté le collutoire arrest comme juge, et a acheté la terre comme marchand et en a pipé et volé le prix, comme Laron.

En 1572, y ayant eu quelques rixes en lesquelles on vouloit tirer à partie les religieux de Saint-Serge, Messieurs du siège présidial ayant prévenu, furent saisis en la matière. Boylesve, lieutenant de la prevosté, en voulut connoistre : Cochelin l'empescha, Boylesve, en vindicte de ce que lesdits religieux tendoient affin de non procéder devant luy, procède par défault et par contumace contr'eux, les condamne à estre pendus et, de fait, il les fit exécuter en effigie, la veille du jour de la feste Dieu, de sorte que le lendemain le tableau d'une si indigne exécution fut vu, avec un grand scandale, de tout le peuple. Cochelin en appelle avec les religieux par arrest. La Cour trouva le fait si mauvais, si indigne, si scandaleux, que Boylesve fut interdit et suspendu de l'exercice de son état un certain temps, condamné à 8 vingts livres parisis d'amende et réparation.

Le décès de Me Michel Girault, docteur en théologie, étant arrivé, Boylesve se transporta, à l'heure même à sa maison, se saisit de la vaisselle d'argent qu'il faisoit bailler à son fils aisné, sans aucune enchère ni licitation, et y ayant une fort belle librairie, où il y avoit pour 500 à 600 escus de livres, il la fait bailler en garde à Me Jean Lefevre, son gendre, et les héritiers qui en étoient frustrés n'osèrent en faire demande.

Comme aussi Barberius, docteur d'Angers, étant décédé, il s'empara du mulet parce qu'il paroissoit bon. Quand l'héritier le veult avoir, Boylesve dit que ledit deffunt le lui a donné, et quand on le lui demande comme il en appert, veu qu'il n'en est rien porté par le testament et néantmoins l'héritier n'en a pu avoir la raison jusqu'à ce que, par arrest, Boylesve a été condamné à le rendre.

Le sieur Boylesve, sous ombre qu'il est lieutenant du juge prevostaire et qu'il entreprend seul la police, s'est fait tellement craindre par tous les bouchers, boulangers et autres tels gens qui, pour n'estre point tourmentés, il faut qu'ils fournissent la maison de Boylesve de pain, chair et poisson, bois, chandelles et toutes autres provisions nécessaires, sans qu'il lui en coûte un liard.....

Le portrait de François Boylesve est, on le voit, suffisamment poussé au noir. Il est vrai que Cochelin se dispense de fournir le moindre acte notarié, le plus petit arrêt qui justifie ses attaques : des paroles et non des preuves !

On établira par le contrat de mariage de François Boylesve qu'il était fils puîné de Marin Boylesve, écuyer, celui-ci fils cadet de Jean Boylesve, chevalier, celui-ci fils de, etc., etc. Tous les actes, énoncés déjà dans l'arrêt du 10 décembre 1587, existent en originaux au Chartrier de Boylesve[1]. Les ancêtres de François étaient établis à Saint-

[1] Actuellement chez M. Senot de la Londe, à Thouaré (Loire-Inférieure).

Aubin-de-Luigné et aux environs, depuis plus de 150 ans. Il y avait, il est vrai, dans la même paroisse, des artisans portant le même nom, ce qui a porté à la confusion voulue par Cochelin et Audouys. Les premiers y possédaient des fiefs dont Marin rendit aveu au Roy en 1539. Ils étaient évalués à 27 l., somme qui se retrouve dans l'arrière-ban de 1541. Quant à Jean Boylesve, son père, il était chevalier et gentilhomme du comte d'Anjou, ainsi qu'on peut le voir dans le *Dictionnaire* de M. Célestin Port [1].

Simonne Quentin était dame de la Brizarderie, de la Quantinière, fiefs que l'on retrouve dans le partage de sa succession. Elle n'avait donc nul besoin pour vivre de « vendre du pain à la porte de l'église de Saint-Aubin » et son père, qui possédait les mêmes terres, n'était pas davantage « boucher à Chemillé ! »

Mais où sont donc les actes, ou même les dépositions de témoins, sur lesquels Cochelin appuie ses dires? On sait que son libelle fut reconnu faux et calomnieux, condamné à être lacéré. De ce côté des allégations, pas de preuves....

Cochelin, et après lui Audouys, se gardent bien d'expliquer comment un homme qu'ils disent avoir été « chaussetier et couturier » (pourquoi ces deux métiers : un seul eût suffi) possédait pour plus de 27 l. de rentes et signait de sa main son aveu, alors que si peu de gens savaient le faire.

Charles Boylesve partagea noblement avec François, son puîné, la succession de Marin, leur père, en 1571. Cochelin ne pouvait ignorer que l'aîné avait pris les deux tiers et laissé le reste à son cadet.

Celui-ci savait lire et écrire, puisqu'il avait étudié dans les universités de Paris et de Poitiers, ainsi qu'il résulte de son interrogatoire de 1586 ; bien plus, il savait le latin puisqu'il avait été reçu licencié ès lois et avocat.

[1] C. Port, *Dict. hist. de M.-et-L.*, t. I, p. 471.

Cochelin affirme que Philippe Prioulleau eut une dot de 1500 l. une fois payée; mais comment expliquerait-il que ses héritiers se partagèrent, après elle, le fief de la Bourdinière, sans compter les terres, vignes et rentes dont elle avait elle-même hérité de ses père et mère? Dans ces temps de guerres civiles, où chaque parti prétendait agir au nom du roi, il est naturel de voir Cochelin protester contre la nomination de son adversaire et dire tout ce qui pouvait lui nuire auprès de l'autorité royale.

Tout ce que Cochelin avance sur l'intervention de Boylesve dans les affaires judiciaires de Montours, des religieux de Saint-Serge, du docteur Giraud, etc., est une suite de suppositions qui ne tiennent pas debout. A qui espérait-il faire croire que la connaissance des causes civiles et criminelles qui regardent les clercs pouvait appartenir aux juges civils, alors que l'édit de François Ier, de 1536, l'interdisait aux prévôtés royales ? C'était aussi le sénéchal ou son lieutenant qui, seuls, avaient pouvoir de faire inventaire chez un ecclésiastique. Cochelin dit enfin que François Boylesve « tira quasi pour néant » les terres de la Maurouzière, de la Biquerie et de la Gillière. Or, on fournira l'acte d'achat de la Biquerie en 1556 pour 1000 l. et 840 de supplément en 1558, et celui de la Maurousière en 1574 pour une somme de 29.000 l., sur laquelle il fut payé 19.000 l. sous les yeux du notaire passeur « en 4580 escus sol, 1000 doubles ducatz à deux testes et 18 l. de douzains »; le reste devait être payé avant le 1er janvier. Il fut, en outre, payé 300 escus pour le vin du marché. Dira-t-on que c'était « quasi pour néant ! »

Ce factum, dont on s'est contenté de relever quelques erreurs, a toujours été recherché des malins : il fut même réimprimé plusieurs fois. On en trouve, dans le chartrier de Boylesve, un exemplaire sans lieu ni date, mais de 1650 environ, avec ce titre bien suggestif :

La source et l'origine
fameuse
de Maistres Gabriel Boislève
Malnos et Maistre Claude Boislève
son frère
Dont leurs bonnes vies et mœurs font
renaistre en nos jours maistre François Boylesve[1]
leur père dont la vie est un beau
tissu de belles actions que les
enfans imitent de bien près
comme il se voit par le factum
qui suit imprimé il y a
plus de soixante ans
3e édition revue et
corrigée de nouveau
par un gentilhomme angevin pour la
satisfaction de toute la province.

Ce factum in-8° contient 32 pages de récriminations et de pathos sans fournir aucun fait nouveau. Après quelques réfutations écrites à la main dans les marges, il se termine ainsi : « Les descendants de François Boylesve pardonnent à Cochelin ses calomnies... Voilà les sentiments de ses enfants qui, ayant fait ce que les lois ordonnent pour la réputation de leur père et pour ne pas tomber dans le cas du titre de droit *quibus ut indignis aufertur hereditas.* Au surplus prient Dieu de faire miséricorde à l'âme de Mathurin Cochelin, comme à celle de François Boylesve. Ainsi soit-il ! »

Ménage, dans la *Vie de Pierre Ayrault* qu'il publia en 1675, parle de Marin Boylève en termes fort élogieux[2];

[1] François Boylève était le grand-père, et non le père, de Gabriel Boylève, l'évêque d'Avranches, et de Claude, Sr de la Guérinière, l'intendant des finances.

[2] Ménage, *Vie de Pierre Ayrault*, p. 25.

mais, dans ses *Remarques*, il se montre peu favorable à cette famille. N'osant, il est vrai, se faire le porte-paroles de ceux qui attaquaient sa noblesse, il se contente de dire[1] : « Marin Boylesve se disoit descendre de Jean Boylesve, chevalier, et il prétendait que ce Jean Boylesve, chevalier, descendait d'Estienne, le prevost de Paris. » Il imprime même la sentence de Hugues Aubriot (1368) et le testament de Jean Boylesve en 1396, mais il se garde bien de conclure. Puis il passe en revue les auteurs qui, comme Morel et Blanchard, ont parlé des Boylesve et termine ainsi : « D'autres les font descendre de Laurens Boylesve, paroissien de Nostre-Dame d'Angers en 1339, « mentionné en cette qualité dans les archives de l'église « d'Angers, dans la 3e cassette, sous la cote Q., et d'autres « prétendent qu'ils descendent des Boylesve de Chanceaux, « proche Chemillé. Quoi qu'il en soit, il est constant que « la famille des Boylesve dont nous parlons est aujourd'hui « une des premières de la ville d'Angers. »

... multosque per annos
Stat fortuna domus et avi numerantur avorum.

Ne voit-on pas percer dans ces paroles une sorte de jalousie? et n'est-il pas étonnant que, connaissant les deux pièces qu'il a publiées, il ne dise rien des autres qu'il a dû voir également, ni de l'arrêt de 1587 qui les déclare toutes authentiques!

On trouve, au Chartrier de Boylesve, une correspondance bien curieuse entre M. de la Maurousière et plusieurs auteurs du XVIIIe siècle, qui avaient inséré dans leurs ouvrages des articles sur la famille de Boylesve et avaient reçu à ce sujet des lettres de blâme et demandes de rectification.

C'est d'abord l'abbé Goujet qui écrit, à la date du 29 octobre 1749, la lettre que voici :

[1] Ménage, *Vie de Pierre Ayrault*, p. 233.

Monsieur,

Je n'ai pu repondre plus tot à votre lettre parce que j'étois à la campagne lorsqu'elle est arrivée à Paris. Vos plaintes sont légitimes : le mémoire que vous m'avez envoyé le prouve évidemment. Je pourrais dire cependant que je n'ai pas eu tort dans le changement fait dans le supplément de 1749. Ce que j'ai écrit en 1735 m'avoit attiré, d'Angers même, une lettre assez vive, où l'on me marquoit, entr'autres, que tous ceux qui savoient l'histoire de la province se moquaient de la facilité que j'avais eu, disoit-on, de croire ce qu'on m'avoit fait écrire sur la noblesse de la famille Boylesve. On ajoutait qu'on en avoit ri dans plusieurs compagnies, et le ton sur lequel on parloit étoit si décisif que je ne crus pas devoir douter que l'on eut raison. Je communiquai la note qui me fut envoyée à celui qui avoit dressé la plus grande partie des généalogies insérées dans le supplément de 1735, et il m'assura qu'elle ne contenoit rien que d'exact, si je m'étais douté, lorsque j'ai eu la satisfaction de vous voir, que cette note put vous intéresser, je n'aurois pas manqué de vous demander à vous même les éclaircissemens nécessaires, mais jusqu'à votre lettre, j'ai ignoré qu'il fut question de votre famille dans la note en question. Vous avez droit de vous plaindre, je le reconnois et suis tout disposé à me retracter, mais comme il n'est plus temps de rien changer dans le nouveau supplément, dont une partie de l'édition est déjà enlevée, je me propose de prendre la voie du *Mercure* ou celle du *Journal Historique* qui paroissent l'un et l'autre tous les mois. J'y ferai insérer votre mémoire en forme de lettre et je ferai en sorte que ce soit pour le plus tôt qu'il sera possible.

Si toutes les fautes qui me sont échappées étoient rectifiées par des mémoires aussi prouvés et aussi polis que le vôtre, le *Moreri* deviendroit bientôt un ouvrage parfait, et il faudroit estre bien aveuglé par l'amour-propre pour ne pas se hâter de se corriger. J'ai l'honneur d'estre, avec un respectueux attachement,

Monsieur, votre très humble et très obéissant serviteur,

Goujet, ch. de St J. l. h.

Paris, ce 29 octobre 1749.

L'article de l'abbé Ladvocat, paru dans le *Dictionnaire historique*[1], a été inséré au tome II, du *Dictionnaire de Moreri*[2].

Puis, un M. Berthier, dont la lettre est datée du 4 septembre 1750, au collège des jésuites de Paris, s'exprime ainsi :

Je reçois avec beaucoup de reconnaissance votre lettre du 30 août, au sortir d'une conférence nouvelle que j'ai eue avec votre... commissaire... Ce Monsieur pourra vous répéter ce que je lui ai dit deux fois, qu'il ne m'est venu qu'une très faible instance contre votre illustre famille, que cette légère attaque ne partoit pas d'Angers mais de Bretagne, que très probablement la personne n'entreprendroit rien de juridique à cet égard et qu'en tout cas je saurais bien, en six lignes, la réduire au silence. Je suis trop fort sur cet article puisque j'ai tenu et lu toutes les pièces de démêlé. Soyez donc tranquille et comptez qu'il ne sera rien fait qui puisse troubler votre possession.

Je vous souhaite une meilleure santé et suis...

BERTHIER.

L'abbé Ladvocat, l'auteur du *Dictionnaire historique*, dont il a déjà été question, écrivait lui-même, le 20 juin 1754 :

J'aurais été charmé, Monsieur, de recevoir plutôt le petit mémoire que vous avez bien voulu me faire tenir afin de l'insérer dans mon dictionnaire, mais j'ai été très fasché en le recevant de voir que la lettre B et la lettre M étaient déjà imprimées. Je connaissois depuis très longtemps Estienne Boylesve et j'avais pour lui la plus haute estime. Nous avons, dans la bibliothèque de nos manuscrits, un livre de lui qui est très précieux et qui a pour titre : *Établissement des métiers de Paris.* J'ai lu ce livre et j'y ai vu avec plaisir les règlemens sages que ce grand magistrat fit dans sa place de prévôt. Il y en avoit un autre exemplaire dans la chambre des comptes,

[1] C. Port, *Dict. hist. de M.-et-L.*, *Supplément*, lettre B.
[2] *Dictionnaire de Moreri*, édition de 1749, p. 214.

mais il a été brûlé dans l'incendie de la maison où MM. les Maîtres des comptes s'assembloient, de sorte que notre manuscrit est devenu unique et original. C'est le premier et le plus ancien monument fait en France de ce genre... Je n'aurais donc pas manqué d'insérer dans mon petit dictionnaire l'article d'Estienne Boylesve, mais j'avais trouvé son nom écrit de tant de façons différentes et j'étais si peu au fait de sa famille, que je crus devoir différer pour d'autres éditions... Votre mémoire, Monsieur, supplée abondamment aux connoissances qui me manquaient et j'en ferai usage avec beaucoup de plaisir... Il seroit à propos que l'article qui paraîtra prochainement, fut bien fait et qu'il fit connoître non seulement Estienne Boylesve, mais aussi toutes les personnes les plus distinguées qui sont sorties de lui... Je vous prie donc, Monsieur, de vouloir bien me dresser vous-même l'article, de faire entrer dans cet article les personnes les plus illustres qui en descendent, avec les principales circonstances de leur vie et, autant qu'il se pourra, les dates exactes de leur naissance et de leur mort. Je vous en aurai une vraie obligation...

J'ai trouvé dans les registres de la paroisse de Saint-Severin un des descendants d'Estienne Boylesve, et son nom est très bien écrit Boylève et non pas Boileau, Boilrave, etc., comme je l'ai vu en d'autres pièces... Votre très humble et obéissant serviteur,

LADVOCAT.

En Sorbonne, ce 26 juin 1754.

Cachet de cire rouge : écu d'azur à la fasce d'argent surmontée de 3 croissants d'or et soutenue d'un lion léopardé de même, couronne de marquis.

Enfin, voici plusieurs lettres du président Hénault, à l'occasion d'une réclamation faite par un M. Boileau de Castelnau, capitaine au régiment de Normandie :

Paris, 16 décembre 1759.

J'ai déféré, Monsieur, dans ma nouvelle édition, aux preuves que vous m'avez données de votre descendance d'Estienne Boylesve, année 1270, au règne de saint Louis, et je vous ai cru, comme je le crois encore, dans la bonne foi sur cet article. Cependant je me trouve compromis aujourd'hui, comme vous le verrez par la lettre dont je vous envoie copie. Il est juste que je donne satisfaction à celui qui m'écrit et que je lui fasse connoître les motifs qui m'ont déterminé à cette remarque dans ma dernière édition. Je ne le puis faire qu'en rapportant les titres que vous m'avez communiqués... Je vous prie donc de renvoyer le plus tôt qu'il vous sera possible ces mêmes copies ou mémoires et de me mettre par là en état de me justifier... Votre...

HÉNAULT.

Voici la lettre en question :

MONSIEUR,

Veuillez me permettre l'éclaircissement que j'ai l'honneur de vous demander sur un article de votre abrégé chronologique de France, qui intéresse ma famille. Je crois ne pouvoir me dispenser de le relever et vous demander de me communiquer la source où vous l'avez puisée. Il est si essentiel, Monsieur, de constater son origine et, quoique sans en tirer vanité, si naturel de vouloir jouir de la réputation de ses ancêtres et de rectifier les erreurs et les surprises qui pourroient nous la ravir, que vous approuverez la démarche que je fais pour cela et que votre équité vous rendra à mon désir et à ma prière.

Vous dites, Monsieur... que la famille d'Estienne Boileau subsiste encore en Anjou, sous le nom de Boylesve. Cela m'a d'autant plus frappé que mes frères et moi croyons être les seuls et vrais descendants dudit Estienne. Mon grand-père et surtout feu mon père, ayant fait bien des recherches inutiles pour découvrir s'il en étoit d'autres que nous qui, toujours et en toutes occasions, en avons pris et porté le nom, même les armes (qui sont d'azur à la fasce d'argent à 2 étoiles d'or en chef, une gerbe de même ou 3 étoiles d'or) jusqu'à l'an 1396 que Jean Boileau, tué à la bataille de Nicopolis, où il suivit le comte de Nevers, ordonna à son fils Renaud, par son testament fait avant cette croisade, de prendre par cette raison trois croix d'or en sautoir : ce que ne fit point ledit Renaud, mais bien un château que nous portons encore et qui se voyait sur la porte de la maison de Montereau-faut-Yonne, sans doute en mémoire de la commission que lui donna le roi

Charles VI pour faire construire le chateau de Nismes (dont on voit encore deux tours) comme il se justifie par les archives de ladite ville de Nismes où son arrière-petit-fils Antoine se fixa tout à fait par l'acquisition qu'il fit, l'an 1500, des terres de Sainte-Croix et de Castelnau, au diocèse d'Uzès, dont le fils prit le nom que nous portons encore. Ce changement, joint à l'éloignement du berceau de la famille, a sans doute contribué à votre erreur et invité les Boylesve, qui la croyoient éteinte, de s'y enter, à moins qu'ils ne fussent (ce que je ne crois pas) d'une branche toujours ignorée par nous. Si vous aviez quelques lumières sur eux ainsi que sur les Boileau, je vous prie de bien vouloir me les communiquer et de faire grâce à la longueur de ce précis généalogique....

Le président Hénault écrivit encore deux lettres à M. l'abbé d'Arlon, chanoine du Ronceray, à Angers, au sujet de la même affaire. En janvier 1760, il lui disait :

Les mêmes raisons qui m'ont déterminé à l'augmentation que j'ai cru devoir faire, subsistent dans toute leur force.

et le 11 avril :

Les preuves que vous me donnez, Monsieur, que le véritable nom est Boylesve ne laissent aucun doute... ainsi donc nul doute qu'il faille rendre à Estienne Boileau son nom véritable .. HÉNAULT.

Cachets de cire rouge : écu de sable au cerf passant d'or surmonté d'une étoile, couronne de comte.

On peut voir, dans le *Dictionnaire* de la Chesnaie-Desbois[1], la généalogie de cette famille Boileau qui se prétendait, sans preuves, descendue d'Étienne Boileau, prévôt de Paris. Or, celui-ci — les titres en font foi — ne s'est jamais appelé que Boileve, en latin Boisleveus ; le fils de Jean Boylesve, le croisé de 1396, s'appelait Jean et non Renaud ; il prit les armoiries que son père avait spécifiées dans son

[1] La Chesnaie-Desbois, *Dictionnaire*, t. III, p. 384.

testament. Cette famille Boileau remonte sa filiation à la fin du XIVe siècle ; de tout temps, elle s'est appelée Boileau et, dès cette époque, portait des armoiries toutes différentes. Elle était originaire du Bas-Languedoc et subsiste encore actuellement.

Ce n'était pas, du reste, la seule à avoir cette prétention. On trouve, dans les titres que possède M. d'Achon, une correspondance qui s'établit en 1764 entre M. de la Maurouzière et le représentant d'une autre famille Boillève. Celle-ci était originaire d'Orléans et prétendait qu'Estienne Boillève, prévôt d'Orléans en 1271, était le même personnage que le prévôt de Paris. M. de la Maurouzière répondit que le prévôt de Paris était mort en 1269 et qu'il n'y avait aucun lien de parenté entre eux. Il est bon de noter que, vers 1650, ces Boillève avaient adopté les armoiries des Boylesve d'Anjou, puis les avaient quittées pour reprendre les leurs qui étaient : d'azur au chevron d'or accompagné en pointe d'un croissant d'argent, au chef cousu de gueules à 3 étoiles d'argent. Cette famille est actuellement éteinte. Elle prétendait aussi qu'une branche était passée en Poitou et avait donné plusieurs maires à cette ville. Mais ces Boilesve n'avaient de commun entre eux que la similitude du nom et portaient pour armoiries : d'argent au chevron de gueules, accompagné de 3 merlettes de sable[1].

M. Gontard de Launay a consacré un long article à la famille de Boylesve dans ses *Recherches sur les familles des maires d'Angers*[2].

Dans un précédent ouvrage sur *les Avocats d'Angers*[3], il faisait descendre François Boylesve, échevin en 1562, de Estienne Boylesve, prévôt des marchands sous saint Louis ; mais, revenant sur cette opinion, trompé par certaines

[1] Voir Beauchet-Filleau, *Dictionnaire du Poitou*, 1891, t. I, p. 578.

[2] Gontard de Launay, *Recherches sur les familles des maires d'Angers*, t. II, pp. 75-127.

[3] *Ibid.*, *Les Avocats d'Angers*, p. 64.

pièces des archives de Maine-et-Loire et préoccupé, il faut bien le constater, des dires d'Audouys et de la légende toujours persistante à Angers, il n'a commencé la filiation de cette famille qu'à Marin et à René, « fils de J. Boylesve », disant « que le parlement fut un flatteur... que les ancêtres de François étaient des artisans aisés et qu'ils appartenaient à la bourgeoisie... » Tout ce qui va suivre démontre clairement que la première opinion était la vraie, ce qu'il se déclare d'ailleurs prêt à reconnaître dans un nouveau travail. Tant qu'à ce René, qu'il dit frère cadet de Marin, on verra qu'il n'appartenait pas à la même famille.

LA

FAMILLE BOYLESVE

TITRES GÉNÉRAUX

On trouvera ici les différentes maintenues de noblesse, les décharges des francs fiefs de la famille de Boylesve et l'arrêt du parlement de Paris qui constate son ancienne noblesse.

La plus ancienne maintenue est celle de 1447. Les Élus d'Anjou, après information et vérification de titres, maintinrent Jean Boylesve dans sa noblesse et exemption de la taille.

Chartrier de Boylesve, 1447. — A tous ceulx qui ces presentes lettres verront Jehan du Vau, esleu pour le fait des aydes ordonnées pour la guerre en la ville et eslection d'Angiers, Guillaume Hubert, esleu pour ledit faict à Saumur, Pierre Guiot et Jamet Louet, Conseillers du Roy nostre sire et commissaires naguères par luy députés sur le fait des francs fiefs et nouveaux acquets faits tant par gens d'église que non nobles ès-pays et duché d'Anjou et chastellenie de la Roche-sur-Yon pour recouvrer les finances deues à Roy à cause des possessions que iceulx gens d'église et non nobles tiennent non admorties sans l'assentiment du Roy nostre dit sire ès-pays et duché d'Anjou et chastellenie dessus dite, suivant les instructions piecza faites par le conseil du Roy sur les finances que l'on peult resonnablement demander ausdits gens d'église et non nobles, et à nous envoyés par les trésoriers de France et en ensuivant lesquelles instructions et mémoriaux, avons baillé nos mandemens de serjents qui auroient fait les mains mises sur les terres et possessions acquises par nobles. S'est comparu Jehan Boilesve, lequel nous auroit dit qu'il est seigneur de la terre de la Bourelière en Juigné, à cause de dame Anne Danon, héritière de sa dite maison, qui auroit esté saisie par Jacques Chantepie, serjent, lequel ne la lui auroit voulu mettre au délivré nonobstant qu'il le en ait sommé et requis par plusieurs foix et qu'il luy ait dit et signifié qu'il n'estoit tenu de contribuer à admortissement ne aultrement et n'y est aussy tenu et parce qu'il disoit estre homme noble, né de noblesse et noble lignée, vivant noblement, fréquentant les guerres toutes les foix que le cas y avient. Pour laquelle cause ledit Jehan se seroit traict par devant nous et apprehendé mandement pour faire ajourner ledit Chantepie pour lui respondre sur la dite chose. Les queulx Jehan et Chantepie, par vertu dudit mandement, se sont comparus par davant nous en jugement et à icelui ledit Jehan ait fet déclarer les causes dessus dites par les quelles il faisoit ces conclusions qu'il n'étoit tenu payer aucuns amortissemens et disoit que mal ledit Chantepie l'auroit saisi et bien et deuement l'auroit fait ajourner et requérer que la mainmise fut ostée et avoir condamnation et despens en la poursuite de ceste cause, offrant à prouver ces faits à suffire en cas de ny Lequel Chantepie a dit que prou de gens lui ont dit que ledit Boylesve est de telle condition qu'il devoit contribuer pour sa quotité selon la volonté du Roi comme les autres non nobles. Apprès les queulx propoux et responses faittes par ledit Boylesve et Chantepie, nous avons ordonné que ledit Jehan prouveroit son dire des chouses par lui cy-dessus desclarées et maintenues et nous ait présenté en jugement en l'auditoire plusieurs nobles personnes, c'est à scavoir Chevaliers et Écuyers et autres personnes coustumières que nous avons examinées verbalement, qui ont cogneu le père et grand-père dudit Jehan et plusieurs autres ses parens et cousins qui sont demourans ès-duché d'Orléans et de Paris, qu'ils ont toujours vu vivre noblement et fréquentant les guerres, et l'ont ainsi assuré par leurs sermens et oultre nous a, ledit Boylesve, baillé et exhibé en signes et preuves plusieurs lettres de partaiges et chartres signées de signets et scellées de sceaux par les queulx se prouve comme il est noble personne et comme Jehan et Pierre, ses père et grand-père, ont esté employés en grandes charges et légations pour le service du Roy et de Monseigneur d'Orléans, et comme ledit Pierre Boylesve, son père, a payé rançon comme escuyer en Angleterre, ayant esté prisonnier, arrêté à la bataille d'Azincourt avec mondit sieur d'Orléans. Et tout veu et considéré ce qu'il faut voir et considérer, avons dit, sentencié et déclaré par jugement et ce droit en la présence des dits chevaliers, escuyers et gens coustumiers et dudit Chantepie, que ledit Jehan prouve suffisamment son entencion et propoux et l'avons renvoyé sans jour par raison de ce. Et en outre, avons mins à pleine délivrance ses dites terres et d'iceulx avons levé la main. En tesmoing de ce, nous avons scellé ces présentes de l'ung de nos sceaux. Donné Angiers, le XXe jour d'octobre mil CCCCXL sept. (*Signé*) Le Roy.

Original en parchemin, le sceau perdu, et copie collationnée, *signée* Lesrat.

Voici l'arrêt du Parlement de Paris, condamnant le libelle de Cochelin et reconnaissant l'authenticité de ces mêmes titres, représentés par François Boylesve, en 1587.

Chartrier de Boylesve, 1587. — Extrait des registres du Parlement :

Veu par la court la requeste à elle présentée par Damoiselle Philippe Prioulleau, veufve de deffunct Me François Boylesve, vivant Lieutenant à Angers, et par Me Maurice Boylesve, Conseiller du Roi en son parlement de Bretagne; Marin Boylesve, juge conservateur des privilèges de l'université d'Angers et premier Conseiller au siège présidial d'Angers; David de la Marqueraye, aussi Conseiller audit parlement de Bretagne, mari de Damoiselle Philippe Boylesve; Estienne Boylesve, Escuier, Seigneur d'Auvers et dame Renée Boylesve, femme de Me André Hurault, Seigneur de Maisse, Conseiller du Roy en ses conseils et d'État et privé et son ambassadeur à Venise, par laquelle ils remontroient que Mathurin Cochelin, en haine de ce que ledit Boylesve lui auroit fait faire son procès extraordinairement, par ordonnance de ladite cour, pour les concussions et malversations par lui commises en son office de substitut du procureur général du Roy audit siège présidial d'Angers, auroit composé un libelle diffamatoire en forme de factum de son procès contre l'honneur de leur famille et l'auroit fait publier et imprimer en divers lieux, requéroit qu'il plut à ladite cour leur en adjuger reparation honorable et ordonner que ledit libelle seroit brûlé en présence dudit Cochelin, comme faux et calomnieux et qu'il fut condamné les reconnoître gens de bien et nés de noble et ancienne extraction. Ledit libelle intitulé factum...

Le contrat de mariage d'Estienne Boylesve vivant chevalier et prevot de Paris, et de Damoiselle Marguerite de la Guesle, de l'an 1225; les partages dudit Étienne avec Geoffroy et Robert, ses frères, de l'an 1228; autre contrat de mariage de Fouquet Boylesve, escuier, et de Damoiselle Julienne de Chazé, sa femme, de l'an 1258; transaction en latin faite entre Adam Boylesve, clerc, Eude Le Notonnier, clerc, mari de Marie Boylesve et Jehan de Thouarcé, mari de Pétronille Boylesve, sa femme, enfans et héritiers de deffunct Geoffroy Boylesve et Pétronille de Beaupréau, sa femme, touchant les biens de leur succession du mois de février 1274; le contrat de mariage de Jehan Boylesve et de Demoiselle Andrée Briçonnet, du 3 mai 1360; le testament dudit Jehan Boylesve, du mois d'avril 1396; autres partages de Pierre et Guillaume Boylesve, du dernier jour d'avril 1403; deux contrats de mariage de Pierre et de Jehan Boylesve, des 27 janvier 1414 et 19 juillet 1444; le contrat de mariage de Marin Boylesve, Seigneur de la Brisarderie, du 6 février 1510; partage de Charles et François Boylesve, du 28 juin 1571, et des dits Hurault, Renée et Estienne Boylesve, de l'an 1579; la requeste dudit Cochelin, contenante sa déclaration, du 5 décembre 1587, signifiée au procureur desdits Prioulleau, Boylesve et de la Marqueraye, mise au sac de l'ordonnance de ladite cour; les conclusions du procureur général du Roy et tout considéré, la cour a ordonné et ordonne que ledit factum sera lacéré et supprimé, condamne ledit Cochelin en 100 livres parisis d'amende, moitié au Roy, et l'autre moitié aux partyes, luy a fait et fait inhibition et deffences de plus tomber en pareille faute sur telles peines qu'au cas appartiendra. Fait au Parlement, le 10e jour de décembre mil cinq cent quatre-vingt-sept.

Du Tillet. (Collation faite.)

Original en parchemin.

Il est à remarquer que, dans cet arrêt qui reconnaît, sur titres spécifiés, la noblesse ancienne et la filiation de la famille des Boylesve, le titre d'Écuyer n'est donné qu'à un seul des demandeurs, à Étienne, Seigneur d'Auvers, représentant l'aîné; les autres sont qualifiés simplement de Maîtres, parce qu'ils étaient de judicature. On voit donc qu'à cette époque et dans les actes les plus importants, la qualification de Noble homme ou d'Écuyer était souvent omise; doit-on s'étonner, après cela, si elle ne se trouve pas dans quelques actes notariés de peu d'importance?

Michel Boylesve, Chevalier, Seigneur des Gaudrés et d'Auvers fut maintenu dans son ancienne noblesse par Claude Barbe, Écuyer, Sieur de la Forterye, en 1635.

Chartrier de Boylesve et titres d'Achon. 1635. — Inventaire des titres justificatifs de la noblesse de Messire Michel Boylesve, Chevalier, Sieur des Gaudrais et d'Auvers, demeurant paroisse de Govist, élection de la Flèche, qu'il produit par devers Monsieur de la Forterye, commissaire en cette partie.

La première est un testament de Jean Boylesve, Chevalier, estant sur le poinct de partir pour aller en Hongrie, contre les Sarrazins et infidelles, daté du mois d'avril après Pasques 1396.

La seconde est un contract de mariage de Pierre Boylesve, Escuyer, Capitaine du chasteau de Mun-sur-Loire, pour Monseigneur le duc d'Orléans, fils aisné de deffunct Messire Jean Boylesve, Chevalier, premier maistre d'hôtel de deffunct Monseigneur d'Orléans, passé devant de la Cour, notaire à Baugé, le 25 janvier 1414.

La troisiesme est un acte portant que M. le duc de Bedefort et d'Anjou, Comte du Maine, de Richemont, de Candal et de Harcour, auroit remis la rançon de Messire Pierre Boylesve, Chevalier, pris prisonnier de guerre par ceulx de la garnison de Sainte-Suzanne, donné à Paris, le 4 avril 1431.

La quatriesme est un passeport d'Émont, comte d'Orset, de Mortain et de Harcour, gouverneur et capitaine général pour le Roy en pays d'Anjou et du Mayne, donné à Messire Pierre Boylesve, pour luy, ung gentilhomme, un homme, six femmes, dames, damoiselles et un page, faict et expédié à Mayenne, le 27 may 1443.

Contract de mariage passé devant du Vau, notaire à Angers, le 10 juillet 1444, d'entre Jean Boylesve, Escuyer, Seigneur de Grandchamp, fils aisné de Messire Pierre Boylesve, vivant Chevalier, Capitaine du chasteau de Mun, et Demoiselle Anne Danon.

Sentence du siège de l'élection d'Angers, du 20 octobre 1447, portant que Jean Boylesve, Escuyer, Seigneur de la Bourelière est deschargé de la taxe des francs fiefs faicte sur ses biens, à raison de sa noblesse.

Acte de convocation au ban et arrière ban par le commandement de René, roy de Cicille et duc d'Anjou, portant la comparution dudit Jean Boylesve, daté du 6 novembre 1449.

Contrat de mariage attesté par Gouesnon, notaire, le 16 février 1510, entre Marin Boylesve, fils puisné dudit deffunt Jean Boylesve et de Damoiselle Simonne Quantin.

Sentence rendue par le prévost de Paris, l'an 1368, le 4 des Ides de novembre du règne de Charles-Quint, entre Jean Boylesve et Hugues de la Guesle, Escuyers.

Lettres de provision de noble Maurice Boylesve, d'un office de Conseiller en la court du parlement de Bretagne, soubz Henri III, Roy de France et de Pologne, du 12e jour de mars 1577.

Provisions de Messire Michel Boylesve, dudit office de Conseiller au parlement de Bretagne, sur la démission dudit Michel Boylesve, son père, du 27 février 1609.

Acte du trésorier général des finances de Bretagne, portant son consentement à l'entérinement desdites lettres de provision, avec mandement au receveur payeur de ladite cour de luy payer chacun an ses gages du mois de mars 1609.

Arrest de la cour du parlement de Paris, du 10 décembre 1587, Maurice Boylesve, Escuyer; Messire André Hurault, Conseiller d'Estat et privé, ambassadeur à Venise.

Commission du Roy, chef et souverain de l'ordre de Saint-Michel, contenant élection de Michel de Boylesve, sieur des Gaudrais, gentilhomme de la chambre du Roy pour estre associé en la compagnie dudit ordre de Saint-Michel, avec addresse à Monsieur de Blainville, pour luy bailler le collier de l'ordre et prendre le serment du 4e avril 1621.

Lettre de Sa Majesté, suscritte à Monsieur de Gauderais, gentilhomme ordinaire de sa Chambre, souscripte Louis et, plus bas, Boullard, à Paris, le 4 avril 1621, portant l'envoi du collier dudit ordre Saint-Michel.

Acte de présentation dudit collier, faicte audit sieur des

Gauderais par ledit sieur de Blainville, suivant le commandement du Roy, avec prestation de serment à Paris, le 23 février 1622.

Partages entre ledit sieur Boylesve de Gauderais, fils aisné, de M. Me Maurice Boylesve et M. Me François Boylesve, maistre des comptes en la Chambre des comptes de Bretagne, du 12 juillet 1630.

Acte devant le sénéchal d'Anjou, du 13 février 1634, concernant les partages d'entre lesdits sieurs Boylesve et ses cohéritiers au noble.

Transaction, en conséquence dudit acte du 14e février 1634, par laquelle appert que ledit Messire Michel Boylesve auroit fait partage noblement, comme fils aisné et principal héritier, à ses puisnés.

Arrest du parlement de Paris, rendu entre Mathurin Boylesve, Escuyer, Seigneur de la Maurouzière, fils aisné et principal heritier de deffunct Messire Marin Boylesve, Chevalier et autres, portant qu'il seroit procédé entre eux au partage de la succession dudit deffunct Mre Marin Boylesve, comme on a accoustumé de partager les successions nobles en la coustume d'Anjou.

Partages de la succession de defunct Marin Boylesve, Escuier, Sieur de la Brizarderie, faictz par Charles Boylesve, Escuyer, Sieur des Roches, fils aisné et principal héritier dudit Sieur de la Brizarderie et don en plaine propriété à François Boylesve, Escuyer, Sieur de la Brizarderie, son frère puisné, du 28 juin 1571.

Et une sentence rendue sur pièces veues au siège de La Flèche, le 10 juillet 1635, portant que lesdits Sieurs des Gauderays et d'Auvers seront, comme il avoit esté par le passé, exempts et privilèges attribués à la noblesse.

Grosse originale et copie collationnée en papier.

Cet inventaire de pièces fournies à M. de la Forterye est de la plus grande importance, car il mentionne un grand nombre de pièces anciennes, déjà citées dans l'arrêt de 1587, et qui ne figureront plus dans les maintenues postérieures. En effet, les Boylesve, comme une foule d'autres gentilshommes, se contenteront désormais de fournir les cent ans de preuves exigées par les édits du Roi. Commençant leur filiation à l'année 1562, époque où François Boylesve fut nommé échevin de la ville d'Angers, ils laisseront croire et diront même que leur noblesse est « de mairerie », comme on le trouve indiqué au volume 439 du cabinet des titres, à la Bibliothèque nationale. Ils étaient maintenus, peu leur importait comment !

Chartrier de Boylesve et titres d'Achon, 1641. — Antoine Belot, conseiller du Roy, trésorier général de France en la généralité de Touraine, commissaire député par Sa Majesté pour sa levée des deniers d'emprunt, taxes d'aises et subsistances en la ville d'Angers, scavoir faisons que veue la requeste à nous presentée par Mathurin Boylesve, Escuyer, Seigneur de la Maurousière, Conseiller au présidial de cette ville, contenant qu'encores qu'il soit gentihomme et que ses ancêtres ayent esté, pour recompense de leurs services, qualifiés de tiltre de chevalier et conseiller d'État, avec permission de mettre dans l'escu et blason de leurs armes deux ou trois fleurs de lys d'or en chef, par lettres patentes vérifiées en la Chambre des comptes et cour des aydes, et que, par arrest de la cour du parlement de Paris, ladicte quallité d'Escuyer luy aye esté confirmée en ce qu'elle luy auroit adjugé comme aisné, les deux tiers des biens à luy escheus, dont ses coheritiers s'étoient emparés pendant son bas âge, neantmoins les députés de la paroisse Saint-Michel, où il demeure, l'ont compris et employé dans le roolle qu'ils ont fait des habitans de ladite paroisse, comme s'il étoit contribuable aux taxes desdites aides, emprunts et subsistances, ce qu'ils n'ont peu ne deu faire ; Nous requerant, attendu sa quallité, le voulloir descharger desdites taxes et ordonner qu'il sera rayé desdits roolles. Veu aussi les lettres patentes données à Paris le 19e de may 1597, signées Henry, et sur le repply, Pottier, et scellées, registrées en la chambre des comptes et cour des aydes, le 4e novembre et 10 décembre audit an. Autres lettres patentes du mois de janvier 1598, portant comme il auroit pleu à Sa Majesté lors régnante, donner à Marin de Boylesve, Escuier, son père, le tiltre de Chevalier, avec permission de mettre dans l'écusson de ses armes deux ou trois fleurs de lys d'or en chef, et mandement au gouverneur de cette province d'Angers, de luy donner l'espée et accolade de chevalier et ceinq militaire et iceluy admis au rang et nombre des Chevaliers. Autres lettres du sieur de la Rochepot, lors gouverneur en ladicte province, du 3e août, portant comme il avoit donné ladite espée et accolade et seing militaire audit sieur Boylesve, ainsi qu'il luy estoit mandé par les dittes lettres. Autres lettres du dernier avril 1598, signées Henry et, plus bas, Pottier, par lesquelles Sa Majesté, reconnaissant la fidélité dudit sieur Boylesve, l'auroit retenu pour l'un de ses Conseillers d'Estat. Arrest de vériffication de la cour des aydes, du 12 décembre, audit an signé Bernard. Enrégistrement desdittes lettres, pour jouir de l'effet d'icelles. Autre arrest de la cour de parlement de Paris, du 3e mars 1635, donné entre ledit sieur de la Marouzière et ses coheritiers, par lequel elle auroit ordonné que les biens de son deffunct père seroient partagé noblement, suivant la coustume des lieux, pour luy en estre délivrés les deux tiers comme aisné. Nous, octroyant acte audit Boylesve, sieur de la Maurouzière, de la représentation des pièces cy-dessus, ordonnons qu'il jouira des privilèges attribués aux gentilshommes de ce royaume et, en ce faisant, qu'il demeure deschargé de la contribution des taxes d'aises, emprunts et subsistances par nous faicte sur les habitans de ladicte ville et fauxbourgs, et qu'il sera rayé du roolle de laditte paroisse de Saint-Michel-du-Tertre. Donné à Angers, le 16e may 1641.

Belot. (Scellé.)

Par mondit sieur Brethe.

Original en parchemin et copie collationnée à l'original, « ce fait rendu par les notaires du Roy sousbsignés. Angers, le 30 et dernier juin 1641 ».

J. Bommier. Serezin.

On voit par ce qui précède, que Mathurin Boylesve, pour être déchargé, produisit simplement les lettres de chevalerie données à son père en 1597, sans avoir besoin de remonter plus haut.

Le 21 février 1665, Michel Boylesve, sieur de la Galaisière, fut maintenu dans sa noblesse de race par arrêt de la cour des Aydes.

Bibliothèque nationale. Cabinet d'Hozier, vol. 51, n° 21. — Extrait des registres de la cour des aydes. Entre le procureur général du Roy, poursuitte et dilligence de maistre Thomas Bousseau, chargé de l'exécution des déclarations de Sa Majesté, des huit febvrier 1661 et 22 juin 1664, demandeur au fin de l'arrest en forme de commission, du 23 juillet 1664, à ce que le deffendeur cy-après nommé fust tenu d'aporter au greffe de ladicte cour les lettres et titres en vertu desquelles il prend la quallité d'Escuyer, d'une part, et Michel Boylesve, Sieur de la Galezière, deffendeur, d'autre part, veu par la cour lesdites déclarations du Roy, ladite commission dudit jour, 23e juillet 1664. L'exploit de signification contenant commandement et assignation donnée en la cour audit Boilesve, le 24e jour de novembre dernier, production dudit Boylesve, acte de désistement dudit Bousseau, signiffiée au procureur dudit Boilesve, le 24e janvier 1665, production nouvelle dudit Boylesve, reçue suivant la requeste du 14e février dernier, forclusion de fournir de contredits contre ladite production nouvelle, conclusions du procureur général du Roy et tout considéré, la cour faisant droit sur l'instance, a renvoyé et renvoye ledit Michel Boylesve, Sieur de la Galezière, de l'assignation à luy donnée à la requeste du procureur général du Roy, poursuitte et dilligence dudit Bousseau. Ce faisant, a déclaré et déclare ledit Boylesve noble et issu de noble race et lignée, pour jouir, par luy et sa posteritté née et à naistre en loyal mariage, des privileiges atribuez aux nobles du royaume, tant et si longuement qu'ils vivront noblement et ne feront actes desrogeants à noblesse et sans despens de l'instance. Prononcé le 21e jour de febvrier 1665. (*Signé*) Ollivier. Et ensuitte est escrit :

Le 23 febvrier 1665 fut le present signifié et baillé copie à Maistre de Benoist, procureur de Maistre Thomas Bousseau, partye adverse, par moy, huissier de ladite cour, soubsigné. (*Signé*) H. Maury.

Collationné la présente copie sur une grosse en parchemin, signée ainsy que dit est et à une des marges de laquelle est escrit, paraffé *ne varietur*, Voisin de la Noiraye, à nous representée et ce fait rendue après la collation faite par nous, notaire royaux à Angers, soubzsignés ce jourd'hui 14e février 1702. (*Signé*) Guesdon, notaire royal. A. Gasnier.

Copie sur papier.

Dans cette maintenue, obtenue contradictoirement, on voit qu'il n'est encore nullement question de noblesse d'échevinage, puisque la cour reconnaît que Michel Boylesve était « noble et issu de noble race et lignée ».

Le 7 juin 1667, Louis Boylesve, sieur de la Gillière, produisit ses titres et fut maintenu dans sa noblesse par M. Voisin de la Noiraye, Intendant de Touraine.

Chartrier de Boylesve. — Inventaire des titres de noblesse que Louis Boylesve, Escuyer, Sieur de la Gillière et du Plantys, Conseiller du Roy en ses conseils, président au siège présidial d'Angers et cy-devant Lieutenant général au même siège, tant pour luy que pour Henry Boylesve, Escuyer, Sieur de la Morinière, Charles Boylesve, Escuyer, Sieur des Aulnays, Conseiller du Roy en sa cour de parlement de Bretagne, ses frères, et pour Louis Boylesve, Escuyer, Sieur de la Gillière, Conseiller du Roy en ses conseils et Lieutenant général au siège présidial d'Angers, Jacques Boylesve, Escuyer, Sieur du Plantys, ses enfans; Charles Boylesve, Escuyer, Sieur des Aulnays, fils dudit Charles, Conseiller au parlement de Bretagne, tous demeurans en la ville d'Angers, met et produit devant vous, Monseigneur Voysin, Chevalier, Sieur de la Noiraye, Conseiller du Roy en tous ses conseils, Me des requêtes ordinaire de son hostel, commissaire départy pour l'exécution des ordres de Sa Majesté ès provinces de Touraine, Anjou et Maine, pour satisfaire à l'arrêt du conseil du 22 mars 1666 et à votre ordonnance en conséquance à eux signifiée à la requeste de Me Jean de Laspeyre, chargé de la recherche des usurpateurs de noblesse, avec assignation pour representer devant vous, Monseigneur, les titres en vertu desquels ils prennent la qualité d'Escuyer.

Premièrement. — Produit le blazon des armes de la maison qui sont *d'azur à trois sautoirs d'or, deux en chef et l'autre en pointe,* au bas duquel est l'arbre généalogique de sa famille et ensuite un certificat portant qu'il ne connoist autres personnes de son nom et armes que ceux y contenus. Cotté.

A.

Pour faire voir que François Boylesve a esté eschevin de la ville d'Angers, produit deux pièces en papier [1].

La première, du 26 juin 1562, est copie d'une lettre écrite à M[rs] les maire, eschevins et conseillers de la ville d'Angers, par Monseigneur le duc de Montpensier, pair de France, gouverneur et lieutenant général pour le Roy en ses pays d'Anjoû et du Maine, par laquelle pour les choses y contenues, il les prie de pourvoir Me François Boylesve d'un estat et office d'Eschevin de la ville d'Angers, ladite copie signée Le Poictevin.

La seconde, du 7 juillet 1562, est un extrait du greffe de la ville et mairie d'Angers portant la nomination, eslection dudit François Boylesve en ladicte charge d'Eschevin et conseiller perpétuel fait en l'hotel commun de ladite ville. Ledit extrait signé Le Poictevin. Lesdites deux pièces attachées ensemble et cottées. B.

Pour faire voir que Charles Boylesve, Escuyer, Sieur de la Gillière, Conseiller du Roy au parlement de Bretagne étoit fils de François Boylesve, vivant Sieur de la Brizardière, Conseiller du Roy, Lieutenant en la prévosté, ville et quinte d'Angers, et de D[lle] Philippe Prioulleau, dame de la Brizardière, et qu'il avoit épousé D[lle] Marie Nicolas, produit cinq pièces.

La première, en papier, du 19 novembre 1594, est un contrat de mariage fait entre Noble homme Charles Boylesve, Sieur de la Gillière, Conseiller du Roy en sa cour de parlement de Bretagne, fils de Noble homme François Boylesve, vivant Sieur de la Brizardière, Conseiller du Roy, Lieutenant en la prévosté, ville et quinte d'Angers et de D[lle] Philippe Prioulleau, dame de la Brisardière, d'une part, et D[lle] Marie

[1] On lit en note d'une écriture du XVIIIe siècle : Les titres qui prouvent l'ancienne noblesse d'extraction de nom et d'armes de la maison de Boylesve et qui sont référés dans le vu de l'arrêt du parlement de 1587 avoient été soustraits par les ennemis de la maison, cet arrêt même étoit alors ignoré de cette branche. Il étoit plus que suffisant pour obtenir la décharge du commissaire, mais la preuve que François Boylesve, qu'on dit icy avoir été nommé échevin de la ville d'Angers, n'avoit pas besoin de la noblesse que donnoient alors les places municipales, c'est qu'il y est qualifié d'Ecuyer et ne fit point sa déclaration à un greffe des différentes juridictions, de prétendre jouir de cette noblesse, ce que ont constamment fait tous les chefs de famille qui les ont recherchées et que n'ont jamais pratiqué les nobles qui, en différents temps et très souvent, ont accepté ces places.

Nicolas, fille de deffunt Noble personne René Nicolas et dame Blouin, vivant Sieur et D^e de la Thomasserie et de la Guérinière, d'autre; auquel contract estoient présents scavoir pour ledit futur, ladite Prioulleau, dame de la Brisardière, sa mère, Noble homme Maurice Boylesve, Sieur de la Brisardière, Conseiller du Roi en sa cour de parlement de Bretagne, Marin Boylesve, Sieur de la Maurousière, Lieutenant général d'Anjou, ses frères, et de la part de ladite future, dudit Sieur de la Morousière, Lieutenant général, mari de D^lle Renée Nicolas, sœur aisnée de la future. Ledit contract passé devant Jean Bardin, notaire royal à Angers, signé Bardin.

La seconde, en parchemin, du 14 may 1593, sont les lettres de provision de la charge de Conseiller au parlement de Bretagne, signées, sur le reply, par le Roy, Combault, et scellées du grand sceau de cire jaune, données à Mante en faveur dudit Charles Boylesve et, à costé, est l'acte de sa reception en ladite charge du premier mars 1593, signé Courcolle.

La troisiesme, aussy en parchemin, du 16 septembre 1594, signée par le Roy en son conseil, Dreux, sont des lettres de surannation obtenues par ledit Charles Boylesve, Escuyer, pour se faire recevoir en ladicte charge de Conseiller au parlement de Bretagne.

La quatriesme, aussy en parchemin, du 13 mars 1595, est une attache du bureau des finances de Bretagne, obtenue par ledit Charles Boylesve sur lesdittes lettres, signée Cornullier.

La cinquiesme, aussy en parchemin, du 22 décembre 1618, sont les lettres d'honneur obtenues par ledit Charles Boylesve, après avoir exercé ladite charge de Conseiller au parlement de Bretagne l'espace de 24 ans. Lesdittes lettres signées Louis et, plus bas, par le Roy, de Lomenie et scellées du grand sceau de cire jaune et, à costé, est l'acte de registrement desdittes lettres au parlement de Rennes, du 21 février 1619, signé Monneraye. Lesdittes cinq pièces attachées ensemble et cottées. C.

Pour faire voir que Louis Boylesve, Escuyer, Sieur de la Gillière, estoit fils dudit deffunt Charles Boylesve, vivant Escuyer, sieur dudit lieu de la Gillière et de ladite D^lle Marie Nicolas et qu'il a épousé D^lle Perrine Born, produit trois pièces.

La première, en papier, du 22 janvier 1628, est un contrat de mariage passé devant Serezin, notaire royal à Angers, fait entre M. Me Louis Boylesve, Escuyer, sieur de la Gillière, Conseiller du Roy, Lieutenant particulier, assesseur civil et criminel en la sénéchaussée et siège présidial d'Anjou, fils de M. Me Charles Boylesve, Escuyer, Sieur de la Gillière, Conseiller du Roy en sa cour de parlement de Bretagne, et de Dlle Marie Nicollas, d'une part, et Dlle Perrine Born, fille de Noble homme Jacques Born, Sieur des Noullis, Conseiller du Roy, receveur général des traites et impositions foraines d'Anjou, et de Dlle Anne Porcé, d'autre, ledit contrat signé dudit Serezin.

La deuxiesme, aussy en papier, du 10 novembre 1643, sont les lots et partages des biens et successions de deffunt Me Charles Boylesve, vivant sieur de la Gillière, Conseiller du Roy en ses conseils et doyen du parlement de Bretagne, et de dame Marie Nicolas, son espouse, que Louis Boylesve, Escuyer, Sieur du Planty, Conseiller du Roy, Lieutenant général en la sénéchaussée d'Anjou et siège présidial d'Angers, fils aisné et principal héritier et noble desdits deffunts Sieur et Dame de la Gillière, par lequel il donne en propriété à Mre Gabriel Boylesve, Conseiller du Roy en son parlement de Bretagne et abbé de Saint-Aubin-des-Bois, Claude Boylesve, Escuyer, Sieur de la Guérinière, Conseiller et secrétaire du Roy, maison et couronne de France, Henry Boylesve, Escuyer Sieur de la Mauricière. Me Charles Boylesve, Escuyer, Sieur des Aulnays, Conseiller du Roy en son parlement de Bretagne et M. Me François Grimaudet, Sieur de la Croiserie, Conseiller du Roy audit parlement de Bretagne, mary de dame Geneviève Boylesve, ses frères et sœur puisnés, pour leur tiers et partage des biens desdites successions, les choses y contenues. Ledit partage fait devant Guillaume Mesnager, Conseiller du Roy, Lieutenant particulier au siège d'Angers. Signé Marest, greffier.

Le troisiesme, en parchemin, du 5 mars 1652, signée Louis et, plus bas, par le Roy, Phelypeaux, et scellée du grand sceau de cire jaune, sont les lettres de provision données et octroyées à Me Louis Boylesve, Conseiller du Roy et Lieutenant général au siège présidial d'Angers de la charge de Conseiller au conseil de Sa Majesté, d'Estat et privé et finances, et à costé est l'acte de prestation de serment fait par ledit Boylesve, dudit office ès-mains de Mgr Mollé, chevallier, garde des sceaux de France et premier président au parlement de Paris, ledit acte signé de Mons. Lesdittes trois pièces attachées ensemble et cottées. D.

Pour faire voir que Charles Boylesve, Escuyer, Sieur des Aulnays, Conseiller du Roy en sa cour de parlement de Bretagne, est fils dudit Charles Boylesve, Escuyer, vivant aussi Conseiller audit parlement et de deffunte dame Marie Nicolas, lequel a épousé D[lle] Renée Gandon, produit trois pièces.

La première, en papier, du 8 février 1640, est le contrat de mariage dudit Charles Boylesve, Escuyer, Sieur des Aulnays, fils de Mre Charles Boylesve, Sieur de la Gillière, Conseiller et doyen du parlement de Bretagne, et de deffunte dame Marie Nicolas, avec D[lle] Renée Gandon, fille de deffunt Noble homme Simon Gandon, vivant Sieur de Lestang, et de Dame Anne Mondières, auquel contrat de mariage étoient présents et consentants ledit Charles Boylesve, père du futur, Me François Grimaudet, Sieur de la Croisière, Conseiller du Roy audit parlement de Bretagne, beau-frère dudit futur, M. Me Louis Boylesve, Conseiller du Roy, Lieutenant général de Monsieur le Sénéchal d'Anjou, frère dudit futur, Henry Boylesve, Escuyer, Sieur de la Mauricière, aussy son frère, et Mathurin Boylesve, Escuyer, Sieur de la Maurousière, son cousin-germain et autres parents et amis du futur. Ledit contrat de mariage passé devant Serezin, notaire royal à Angers. Signé Guyet, garde nottes dudit Serezin.

La deuxiesme en papier, du 17 octobre 1641 est copie de provisions de la charge de conseiller au parlement de Bretagne, données en faveur du dit Charles Boylesve, au bas des quelles est l'acte de réception d'iceluy Boylesve en ladite charge en datte du dernier décembre 1641, ladite copie signée par extrait des registres J. Le Clasvier.

La troisiesme, en parchemin, signée Marescot est l'original de la ditte réception. Les dittes trois pièces attachées ensemble et cottées E.

Pour faire voir que Louis Boylesve, Escuyer, Sieur de la Gillière, Conseiller du Roy en ses conseils, Lieutenant général à Angers est fils aisné dudit Louis Boylesve et de D[lle] Perrine Born et que Jacques Boylesve, Escuyer, Sieur du Planty et François Boylesve, Escuyer, Sieur des Noullis sont ses frères puisnés, que ledit Louis a espousé D[lle] Perrine Le Chap, et ledit Jacques en premières nopces Dame Marie Julliot, et en seconde Dame Jeanne Gobin produit trois pièces en parchemin.

La première, du 12 février 1654, est un contrat de mariage passé devant Moreau, notaire royal à Angers, fait entre M. Me Louis Boylesve, conseiller du Roy, Lieutenant général au siège présidial d'Angers, fils de M. Louis Boylesve, conseiller du Roy en ses conseils et Dame Perrine Born d'une part, et Dlle Perrine Le Chapt, fille de M. Me Pierre Le Chapt, vivant aussy conseiller du Roy, Lieutenant général criminel audit siège et de Dlle Anne Ayrault, auquel contract étoient présents pour les dits futurs les Sieurs et Dames leurs pères et mères et autres leurs parents et amis. Ledit contrat signé Moreau.

La seconde, du 25 may 1661, est le contrat de mariage de Me Jacques Boylesve, Chevalier, Sieur du Planty, fils de Me Louis Boylesve, Chevalier, Sieur du Planty et de la Gillière, Conseiller du Roy en ses conseils d'estat et privé, Lieutenant général de M. Le Sénéchal d'Anjou et du Siège présidial d'Angers et de deffuncte Dame Perrine Born, vivante son épouse, avec Dlle Marie Julliot, fille de deffunct N. H. Toussaint Julliot, vivant Sieur de la Rousselière, Conseiller du Roy et esleu en l'élection de Mauléon et de Dlle Françoise Bélouin, auquel contract estoient presents et consentants pour ledit futur ledit Sieur Boylesve, Lieutenant général, son père, et pour ladite future n. h. Me Abel Belouin, Sieur de la Brouarderie, advocat au siège présidial d'Angers et autres leurs parents et amis. Ledit contract passé devant Charon, notaire royal à Angers, signé dudit Charon.

La troisiesme, du 7 janvier 1667, est un autre contrat de mariage dudit Jacques Boylesve, Chevalier, Sieur du Planty avec Dlle Jeanne Gohin, fille de François Gohin, Escuyer, Sieur des Aunays, secrétaire ordinaire de la Reine et de Dame Marguerite Serezin; auquel contract etoient presents pour ledit futur M. Louis Boylesve, Conseiller du Roy en ses conseils, président au présidial d'Angers, son père, Me Louis Boylesve, Sieur de la Gillière, aussy Conseiller du Roy en ses conseils, Lieutenant général audit siège, son frère aisné, et François Boylesne, Escuyer, Sieur des Nouillis aussy son frère puisné, et de la part de ladite future Les dits Sieurs et Dames ses père et mère, et autres leurs parents et amis. Ledit contract passé devant Lenffant et Drouin, nottaires royaux à Angers et d'eux signé. Les dittes trois pièces attachées ensemble et cottées F.

Plus produit le présent inventaire au moyen duquel et des

pièces y contenues il requiert qu'il vous plaise, Monseigneur, le maintenir en sa qualité d'Escuyer et aux privilèges et exemptions attribués aux nobles du Royaume, ce faisant l'envoyer des demandes, fins et conclusions dudit Laspeyre. Ledit inventaire cotté G.

(Signé) Du PLANTYS-BOYLESVE.

Comme caution de Me Jean de Laspeyre, chargé de la recherche des usurpateurs du titre de noblesse, reconnois qu'ayant eu communication de la production des titres de noblesse mentionnés au présent inventaire, je n'entens et renonce à contester la qualité d'Escuyer aux dits Sieurs les Boylesve, fait au Chasteau du Loir le 7 juin 1667. Signé Cohade.

Veu l'inventaire cy dessus et pièces y énoncées, désistement du Sieur Laspeyre, je n'empesche pour le Roy que les dits sieurs Boylesve ne soient renvoyés des assignations à eux données à la requeste dudit Laspeyre et consents qu'ils prennent à l'advenir la qualité d'Escuyer et jouissent de privilèges de noblesse tant qu'ils ne feront acte de dérogeance, fait à Tours le 7 juin 1667. Signé Guillart.

Jean Baptiste Voysin, Chevalier, Sieur de la Noyraye, conseiller du Roy en ses conseils, Me des requestes ordinaire de son hostel, commissaire déparly pour l'exécution des ordres de sa Majesté ès provinces de Touraine, Anjou et Mayne.

Veu l'inventaire cy dessus et pièces y énoncées, désistement dudit Laspeyre, conclusions du procureur de Sa Majesté, Nous commissaire susdit avons donné acte aus dits Sieurs Boylesve de la représentation de leurs titres mentionnés en l'inventaire cy dessus, pour y avoir égard lors de la confection du cathalogue des gentishommes ordonné par l'arrest du conseil du 22 mars 1666. Fait au Chateau du Loir le 7 juin 1667. Signé Voysin.

Copie du XVIIIe siècle, avec l'arbre généalogique et le certificat de parenté.

Recherche de la Noblesse dans la Généralité de Tours, par l'abbé Chambois et Paul de Farcy. P. 128. — Boylesve (Louis), Sieur de la Gillière et du Plantis, Conseiller du Roy en ses conseils, président en la sénéchaussée d'Anjou, demeurant à

Angers le 20 mars 1667, tant en son nom que pour Louis Boylesve, son fils aisné, Sieur dudit Lieu, Lieutenant Général en ladite Sénéchaussée que pour Jacques Boylesve aussy son fils, Sieur du Plantis et Henri Boylesve, Sieur de la Morinière, frère aisné dudit Sieur président, tous demeurans audit Angers, par M. Jean Ferregeau leur procureur, lequel a dit qu'ils entendent soustenir la qualité d'Escuyer par eux prise et ont offert produire les titres justificatifs de leur noblesse. Signé Ferregeau.

P. 129. Louis Boylesve, Escuyer, Sieur de la Gillière et du Planty, président au présidial d'Angers, cy devant Lieutenant Général, Henry Boylesve, Sieur de la Mauricière, Charles Boylesve, Sieur des Aulnays, Conseiller au parlement de Bretagne tous frères, Louis Boylesve, sieur de la Gillière, Lieutenant général au présidial d'Angers, Jacques Boylesve, Sieur du Plantis, François Boislesve, Sieur des Noullis, bénéficier, frères et enfans dudit Louis Boylesve, président..... Charles Boylesve, Escuyer, Sieur des Aulnays, fils dudit Charles, Conseiller au parlement de Bretagne..... ont justifié estre descendus de François Boylesve, échevin en 1562, ayeul desdits trois premiers, et bisayeul des autres quatre.

Tous ces membres de la famille Boylesve, plutôt que d'avoir recours aux titres anciens précédemment fournis par leur père et oncles, se contentèrent de fournir les 100 ans exigés et s'arrêtèrent à François, l'échevin d'Angers, ce qui faisait croire qu'ils tiraient leur noblesse des privilèges accordés à cette fonction municipale.

Le 7 juin 1667, Marin Boylesve, Sieur de la Mauricière, fut aussi maintenu par Mr Voysin de la Noiraye.

Chartrier de Boylesve et titres d'Achon, 1667. — Arbre généalogique de Marin Boylesve, Escuyer, Seigneur de la Maurousière, Conseiller du Roy en ses conseils, et son maistre d'hôtel ordinaire demeurant en la ville d'Angers.

Bisayeul
François Boylesve, Escuyer,
Sieur de la Brizardière,
Conseiller du Roy et Lieutenant
en la prévosté d'Angers,
mary de D[lle] Philippes Prioulleau.

Les armes porte
d'azur à 3 sautoirs d'or,
deux en chef et l'autre en pointe,
au chef
chargé de trois fleurs de lis d'or.

Ayeul
Marin Boylesve, Escuyer,
Sieur de la Maurousière,
Conseiller du Roy, Lieutenant général
au siège présidial d'Angers,
mary de Dlle Renée Nicollas.

Père
Mathurin Boylesve, Escuyer,
Sieur de la Maurousière,
Conseiller du Roy
au siège présidial d'Angers,
mary de Dlle Marie Le Clerc.

Présentant
Marin Boylesve, Escuyer,
Sieur de la Maurousière,
mari de Dlle Marie Lasnier.

Dlle Françoise Boylesve,
épouse de M. M.-François Grimaudet,
Escuyer,
Sieur de la Croiserie,
Conseiller
au Parlement de Bretagne.

Marin Boylesve, Escuyer,
Sieur de la Tessonnière,
aisné en bas âge.

N. Boylesve,
Escuyer,
puiné, non marié.

Claude, Madeleine, Marie,
Anne et Gabrielle,
Dlles en bas âge.

Je soussigné confesse à tous qu'il appartiendra ne connoitre autres personnes de mon nom et famille que ceux contenus en l'arbre généalogique de Louis Boylesve, Escuyer, Sieur de la Gillière, fait au Château du Loir le 7 juillet 1667.

(Signé) M. Boylesve de la Maurousière.

Inventaire des titres de noblesse que Marin Boylesve, Escuyer, Sieur de la Maurousière, Conseiller du Roy en ses conseils, Maistre d'hotel ordinaire de Sa Majesté, demeurant en la ville d'Angers, met et produit devant vous Monseigneur Voysin, Chevalier, Seigneur de la Noiraye, Conseiller du Roy en tous ses conseils, Maistre des requestes ordinaire de son hostel, commissaire départy pour l'exécution des ordres de Sa Majesté ès provinces de Touraine, Anjou et Maine, pour satisfaire à l'arrest du conseil du 22 mars 1666 et à vostre ordonnance, en consequence à luy signiffiée à la requeste de Me Jean de Laspeyre, chargé de la recherche des usurpateurs de Noblesse, avec assignation pour réprésenter devant vous, Monseigneur, les titres en vertu desquels il prend la qualité d'Escuyer.

Premièrement. — Emploie le blazon des armes, arbres généalogiques et titres de noblesse produits à vostre greffe par Louis Boylesve, Escuyer, Sieur de la Gillière et du Planty, Conseiller du Roy et Lieutenant général au siège présidial d'Angers, aîné de la famille et produit le blazon de ses armes qui sont : *d'azur à trois sautoirs d'or, deux en chef et l'autre en pointe, au chef chargé de trois fleurs de lys d'or*, au bas duquel est l'arbre généalogique de sa famille, le tout cotté A.

Pour faire voir que Marin Boylesve, Escuyer, Sieur de la Maurousière, vivant Conseiller du Roy, Lieutenant général au siège présidial d'Angers, estoit fils de deffunt François Boylesve vivant Escuyer, Sieur de la Brizardière, Conseiller du Roy, Lieutenant de la prevosté de la ville d'Angers, et de D[lle] Philippes Prioulleau, lequel avoit épousé D[lle] Renée Nicollas, produit six pièces en parchemin.

La première, du 8 novembre 1578, est un contrat de mariage fait entre noble homme Marin Boylesve, avocat en Parlement à Paris, fils de noble homme Me François Boylesve, Conseiller du Roy, Lieutenant en la prevosté royalle d'Angers, Sieur de la Brizardière et de la Maurousière, et de D[lle] Philippes Prioulleau, d'une part, et Renée Nicolas, fille de honorable homme Louis Nicolas, Seigneur de la Thomassière, et d'Anne Blouin, d'autre part ; ledit contrat passé devant Feré, notaire royal à Angers et de luy signé.

La deuxiesme, du 19 may 1597, signée Henry et sur le reply par le Roy Pottier, et scellé du grand sceau de cire verte, sont des lettres patentes du Roy Henry IV, d'heureuse mémoire, par lesquelles Sa Majesté, pour les causes y contenues, auroit donné et octroyé à Marin Boylesve, Sieur de la Maurousière, Conseiller du Roy, Lieutenant général au siège présidial d'Angers, le nom, titre et grade de Chevalier, sur le reply des quelles lettres sont les arrests de registrement des dites lettres, tant à la cour des aydes que chambre des comptes de Paris des 24 novembre et 12 décembre 1597. Signés Dane et Bernard.

La troisième, du 3 août 1597, signée Antoine de Silly et, plus bas, par mon dit Seigneur Pirot et scellée, est une ordonnance de Monsieur le comte de la Rochepot, damoiseau de Commercy, Seigneur souverain de Denville et autres lieux, Chevalier des deux ordres du Roy et Lieutenant général pour Sa Majesté ès pays et duché d'Anjou, par laquelle ledit Marin Boylesve, Escuyer, Sieur de la Maurousière, Conseiller du

Roy, Lieutenant général au siège présidial d'Angers, a esté admis et receu au rang et nombre des Chevalliers.

La quatriesme, du 12 décembre 1597, est un arrest de la cour des aydes signé Bernard sur le registrement des lettres cy dessus.

La cinquiesme, du mois de janvier 1598, signée sur le reply par le Roy Pottier et scellé du grand sceau de cire verte sur lacs de soie rouge et verte, sont des lettres pattentes du Roy Henri IV, d'heureuse mémoire, par lesquelles Sa Majesté, pour les causes y contenues, a permis audit Marin de Boylesve, Conseiller du Roy, Lieutenant général en Anjou, d'ajouter en l'écu et blazon de ses armes deux ou trois fleurs de lys en chef, pour par luy et sa postérité les porter afin d'estendre cy après cette grâce, faveur et honneur sur les siens.

La sixiesme, du dernier avril 1598, signée Henry et, plus bas, Pottier, est un brevet du Roy Henry IV, d'heureuse mémoire, portant que Sa Majesté a retenu le Sieur de la Maurousière-Boylesve, Chevalier, Conseiller du Roy et Lieutenant général en Anjou, pour l'un de ses conseillers en son Conseil d'Estat. Les dittes six pièces attachées ensemble et cottées B.

Pour faire voir que Mathurin Boylesve, Escuyer, Seigneur de la Maurousière, vivant Conseiller du Roy, juge magistrat au siège présidial d'Angers, estoit fils du dit deffunct Marin Boylesve, vivant aussi Escuyer, Sieur dudit lieu de la Maurousière, Conseiller du Roy, Lieutenant général au siège présidial dudit Angers, et de D^lle Renée Nicolas, et qu'il avoit espousé D^lle Marie Le Clerc, produit deux pièces en parchemin.

La première, du 5 septembre 1624, est un contrat de mariage fait entre Mathurin Boylesve, Escuyer, Seigneur de la Maurousière, Conseiller du Roy, juge magistrat au siège présidial d'Angers, fils aisné et principal héritier de deffunct Mre Marin Boylesve, vivant Chevalier, Seigneur de la Maurousière, Conseiller de Sa Majesté et Lieutenant général audit siège, et de Dame Renée Nicolas, d'une part, et D^lle Marie Le Clerc, fille puisnée de François Le Clerc, Escuyer, Seigneur de la Plissonnière, commandant au chasteau de Mortagne, et de Françoise Perret, d'autre, auquel contract estoient présens et consentans lesdits Sieurs et Dames, pères et mères desdits futurs, ledit contrat passé devant Pothuau et Delhumeau, notaires en la cour dudit Mortagne, et d'eux signé.

La deuxiesme, du 3 mars 1635, est un arrest de la cour de Parlement rendu entre Mathurin Boylesve, Escuyer, Seigneur de la Maurousière, Conseiller du Roy au siège présidial d'Angers, fils aisné et principal héritier de deffunct Mre Marin Boylesve, vivant Chevalier et Lieutenant général audit Angers, et de deffuncte Dame Renée Nicolas, d'une part, et Me Pierre Le Chat, Conseiller du Roy et Lieutenant criminel audit siège présidial d'Angers, et D^lle^ Anne Hérault, sa femme, et Guillaume Avril, Escuyer, Sieur de Beusse, tuteur naturel de Marin Avril, son fils, par lequel il est ordonné, entr'autres choses, que les biens délaissés par ledit deffunct Boylesve père seront partagés noblement entre les parties suivant la coustume des lieux. Ledit arrest signé Radiguet. Lesdites deux pièces attachées ensemble et cottées C.

Pour faire voir que Marin Boylesve, Escuyer, Sieur de la Maurousière, est fils dudit deffunct Mathurin Boylesve, vivant Seigneur dudit lieu de la Maurousière, et de ladite D^lle^ Marie Le Clerc, et qu'il a espousé D^lle^ Madeleine Lanier, produit quatre pièces en parchemin.

La première, du 10 février 1649, est un contract de mariage faict entre Marin Boylesve, Escuyer, Seigneur de la Maurousière, fils de Mathurin Boylesve, Escuyer, et de Dame Marie Le Clerc, d'une part, et D^lle^ Madelaine Lasnier, fille de Mre Jacques Lanier, Seigneur de Saint-Lambert, du Margat et de Contigny, Conseiller du Roy en ses conseils, président au siège présidial d'Angers, et de Dame Anne Born, auquel contract estoient presens et consentans pour lesdits futurs époux, leurs dits pères et mères et outre estoient presents Nicolas Perret, Escuyer, procureur de Dame Claude Le Clerc, veuve de Messire Philippe d'Altaunizy, vivant Chevalier, Seigneur Baron de Castellane, tante dudit futur, Messire Louis Boylesve, Conseiller du Roy en ses conseils, Lieutenant général en la seneschaussée d'Anjou, Henry Boylesve, Escuyer, Seigneur de la Mauricière et autres leurs parents et amis. Ledit contrat passé devant Mareau, notaire royal à Angers, et de luy signé.

La seconde, du 15 juillet 1659, est un partage noble fait entre Mre Marin Boylesve, Chevalier, Seigneur de la Maurousière, Conseiller du Roy en ses conseils, Maistre d'hotel ordinaire de Sa Majesté, et Mre François Grimaudet, Seigneur de la Rochebouet, Conseiller du Roy en son Parlement de Bretagne, et Dame Françoise Boylesve, son épouse, enfans et héritiers de deffunct Mathurin Boylesve, vivant Escuyer, Seigneur de la Maurousière, Conseiller du Roy, juge magistrat au siège présidial de cette ville, et de Dame Marie Le Clerc, par lequel partage il se voit que ledit Sieur de la Maurousière, comme fils aisné et principal héritier noble d'icelluy deffunct, est fondé au préciput et aux deux parts de tous les héritages et biens immeubles de la succession de son père, ledit partage passé devant Drouin, notaire royal à Angers, signé Drouin et scellé.

La troisiesme, du 1er avril 1656, signée Louis et, plus bas, par le Roy, de Guénegaud et scellé du cachet secret de Sa Majesté, sont les provisions de la charge de l'un des Conseillers et Maistre d'hotel ordinaire des 12 créés par déclaration de Sa Majesté, données et octroyées audit Mre Marin Boylesve, Chevalier, Seigneur de la Maurousière, au bas desquelles est l'acte de prestation de serment de ladite charge par ledit Sieur de la Maurousière entre les mains de Monseigneur le Prince de Conty, prince du sang, pair et grand maistre de France, en date du 8 mars 1657, signées Guilleragues.

La quatriesme, du 13 avril 1656, signée Louis et, plus bas de Guénegaud, est un brevet de Sa Majesté par lequel elle entend que ledit Sieur de la Maurousière ou celuy qui sera pourveu de l'une des charges de ses 12 Conseillers et Maistres d'hotel ordinaires n'en puisse estre dépossédé. Lesdites quatre pièces attachées ensemble et cottées D.

Plus produit le present inventaire au moyen duquel et des pièces y contenues il requiert qu'il vous plaise, Monseigneur, le maintenir en sa qualité d'Escuyer et aux privilèges et exemptions attribués aux autres nobles de ce Royaume. Et, en conséquence, l'envoyer des demandes, fins et conclusions dudit Laspeyre. Ledit inventaire cotté E.

(Signé) M. Boislève de la Maurousière.

Comme caution de M. Jean de Laspeire, chargé de la recherche des usurpateurs du titre de noblesse, je reconnois qu'ayant eu communication de la production des titres de noblesse mentionnés au present inventaire, je renonce à contester la qualité d'Escuyer audit Sieur Boislève. Fait au Chasteau du Loir, le 7 juin 1667. (Signé) Cohade.

Veu l'inventaire cy dessus et pièces y énoncées, désistement dudit Laspeyre, je n'empesche pour le Roy que ledit Sieur Boislève ne soit renvoyé de l'assignation à luy donnée à la requeste dudit Laspeire et consens qu'il jouisse des privilèges de noblesse tant qu'il ne fera acte de desrogeance. Fait au Chasteau du Loir le 7 juin 1667. (Signé) Guillart.

Jean-Baptiste Voysin, Chevalier, Seigneur de la Noiraye, Conseiller du Roy en ses conseils, Maistre des requestes ordinaire de son hostel, commissaire departy pour l'exécution des ordres de Sa Majesté ès provinces de Touraine Anjou et Maine, Veu l'inventaire cy dessus et pièces y énoncées, desistement dudit Laspayre, conclusions du procureur de Sa Majesté, Nous, commissaire susdit, avons donné acte audit Marin Boislève, Sieur de la Maurousière, de la représentation de ses titres mentionnés en l'inventaire cy dessus pour y avoir égard lors de la confection du Cathalogue des gentilshommes, ordonné par l'arrest du conseil du 22 mars 1666. Fait au Chateau du Loir le 8 juin 1667. (Signé) Voysin.

Grosse originale en parchemin et copie collationnée.

Le contenu cy dessus a esté par les conseillers notaires gardes-notes du Roy au Chastelet de Paris, soussignés extraict et collationné sur les originaux estant dans un régistre relié de parchemin representé par Me Jacques Diers, sécrétaire de Monsieur Voisin, Conseiller d'Etat, dans lequel registre sont inserés les tiltres de noblesse des personnes domicilliées dans l'eslection d'Angers et ordonnance de Mr Voysin, lors intendant de la Généralité de Tours, ledit registre repris par ledit sieur Diers pour estre remis à mondit Sieur Voysin, Conseiller d'Estat le 22 décembre 1705.

(Signé) Goriot et .....

Il résulte de cette maintenue que Marin Boylesve, s'appuyant sur celle obtenue par Louis, Seigneur de la Gillière (qu'il qualifie à tort d'aîné), ne fournit même pas, par titre, la preuve de 100 ans puisque la première pièce qu'il produisit est de l'an 1578.

— Le neuf avril 1669, Michel Boylesve, Seigneur de la Galaisière, fut aussi maintenu par M. Voisin de la Noiraye.

Chartrier de Boylesve : 1669. Inventaire des titres de noblesse que Michel Boylesve, Escuyer, Sieur de la Galaisière, demeurant à Baugé, paroisse de Saint-Pierre, Election et ressort dudit lieu, tant pour luy que pour Dlle Perrine de Binel, veuve de Henry de Boylesve, Escuyer, son frère, demeurant paroisse de Gouys, élection de la Flèche, et encore pour Dlles Angelique et Henriette Boylesve, filles dudit Henry de Boylesve et de ladite de Binel, demeurantes avec leur mère, mettent et produisent devant vous, Monseigneur Voisin, Chevalier, Sieur de la Noiraye, Conseiller du Roy en ses conseils, Maistre des requestes ordinaire de son hostel, commissaire départy pour l'exécution des ordres de Sa Majesté ès provinces de Touraine, Anjou et Maine, pour obéir à l'arrêt du conseil du 22 mars 1666 et à votre ordonnance intervenue en conséquence, poursuitte et diligence de Me Jean Laspeire, chargé de la recherche des usurpateurs du tiltre de noblesse, demandeur.

Premièrement. — Produit sa généalogie avec le blazon de ses armes au dessous duquel est le certificat de leur procureur portant qu'ils ne connoissent autres personnes du nom de Boylesve, que ceux dénoncés en laditte généalogie et Messieurs Boylesve leurs parents, de la province d'Anjou, cotté A.

Item pour faire voir que lesdits sieurs Boylesve produisants sont véritables nobles et issus de noble race, que leurs prédécesseurs ont toujours possédé les premières charges de la province d'Anjou et mêmes plusieurs conseillers au parlement de Bretagne et que François Boylesve, Sieur de la Brizardière leur ayeul, fut nommé échevin de la ville d'Angers en l'année 1562, qui est celuy dont ils ont acquis leur noblesse[1], quoique d'ailleurs elle soit assez bien establie par les charges et emplois considérables qu'ils ont possédé comme je viens

[1] En marge, on lit : erreur grossière dans laquelle on fait tomber MM. de la Galaisière par ignorance où l'on étoit de leurs droits qu'ils ne connoissoient pas eux-mêmes. La branche de François Boylesve, tombée dans la misère, avoit perdu de vue et son ancienne extraction et selon les apparences étoit dépouillée des titres qui l'établissaient, dont néanmoins Michel Boylesve avoit fait tirer de la manière la plus authentique des copies collationnées devant le juge et contradictoirement avec les habitans de Gouis, suivant la sentence de l'élection de la Flèche de 1635.

de le dire cy dessus et que possèdent encore aujourd'hui les Sieurs Boylesve, employant l'inventaire des titres de noblesse fait et produit devant vous, Monseigneur, par Louis Boylesve, Escuyer, Sieur de la Gillière et du Planty, Conseiller du Roy en ses conseils, président au siège présidial d'Angers et cy devant Lieutenant général au même siège, tant pour luy que pour les autres y dénomés au bas duquel est votre ordonnance de renvoy rendue au profit desdits sieurs Boylesves le 7 juin 1667, desquels inventaire et ordonnance la teneur en suit... cotté B.

Item pour faire voir que Maurice Boylesve estoit véritable noble comme étant issu fils de François Boylesve, Escuyer, Sieur de la Brisarderie, eschevin de la ville d'Angers, ainsy qu'il est cy devant justifié et que ledit Maurice fut receu et pourveu en la charge de Conseiller au parlement de Bretagne dès l'année 1576 et qu'il espousa D^lle^ Marie Le Loup, produit quatre pièces attachées ensemble.

La première, du 3 septembre 1576, est une quittance par laquelle il paroist que Messire Morice Boylesve a payé la somme de (*sic*) pour l'un des offices de Conseiller non originaire nouvellement crée en la cour du parlement de Bretagne. Signé Taron.

La seconde, du 4 septembre 1576, sont lettres de provisions de léstat et charge de Conseiller non originaire au parlement de Bretagne donnée par le Roy à Messire Morice Boylesve pour par luy en jouir aux gages et droits y attribués, signé sur le reply par le Roy et plus bas Pottier. Et à costé est l'acte de prestation de serment fait par ledit Sieur Boylesve, au parlement de Bretagne, le 12 mars 1577. Signé Laudun.

La troisiesme est une requeste présentée à M^rs^ du parlement de Bretagne par Maurice Boylesve, advocat audit parlement, tandante à ce qu'il plust à la cour le recevoir en l'estat et office de Conseiller audit parlement, dont il estoit pourveu par lettres, sur laquelle, après que M^r^ le procureur du Roy audit parlement eut donné ses conclusions, M. René Breslay, Conseiller, fut commis et députté pour procéder à l'information des vie, mœurs et conversation dudit Sieur Boylesve, le 21 février 1577.

La quatriesme, du 27 février 1609, est un arrest du parlement d'enregistrement de lettres patentes du Roy, données à

Paris le 16 janvier audit an, signées Henry, scellée du grand sceau de cire jaulne obtenue par Mre Maurice Boylesve, Conseiller audit parlement par lesquelles ledit Sieur Roy luy permet que nonobstant la résignation qu'il a fait de son dit office de conseiller, il puisse durant sa vie continuer l'entrée audit parlement, prendre le même rang, séance, voix et opinion, et jouir des honneurs, authorités, prérogatives, préeminences, franchises et libertés à la charge touttesfois qu'il ne pourra prétendre aucuns gages ny émoluments. Les dittes pièces cottées B.

Item pour faire voir que Michel Boylesve, Escuyer, Conseiller au parlement de Bretagne, estoit fils de Maurice de Boylesve, Escuyer, Conseiller au parlement de Bretagne qu'il a épousé Marie de Carrion, produit six pièces attachées ensemble.

La première, du 23 décembre 1608, est une procuration passée au chatelet de Paris par n. h. Maurice Boylesve de la Brisarderie, Conseiller du Roy audit parlement de Bretagne portant pouvoir, puissance de resigner et remettre ès mains du Roy son dit office de Conseiller du Roy audit parlement de Bretagne pour, au nom et en faveur de Me Michel Boylesve, Sieur des Gaudières, son fils, advocat en la cour signé M. Boylesve, Parque et Cottereau, notaires.

La seconde est copie de plusieurs quittances de finances dudit office de Conseiller au parlement de Bretagne payées par M. Maurice Boylesve, Sieur de la Brisarderie et M. Michel Boylesve, Conseillers non originaires audit parlement de Bretagne, dattés des 24 janvier 1607, 23 janvier 1608 et dernier décembre audit an. Signé Croiset.

La troisiesme, du dernier jour de décembre 1608, sont lettres de provisions de l'office de conseiller non originaire au Parlement de Bretagne donnée par le Roy à M. Michel Boylesve, que exerçoit cy devant M. Maurice Boylesve son père, dernier paisible possesseur d'iceluy. Signé sur le reply par le Roy Croiset, et à costé est l'acte de prestation de serment par luy faicte le 27e jour de février 1609.

La quatriesme, du 24 mars 1609, est l'enterinement desdites lettres de provisions cy dessus au bureau des finances de Bretagne. Signé Cornulier.

La cinquiesme, du 29 octobre 1612, est un contract de mariage passé en la cour de Reinnes entre Michel Boylesve,

Escuyer, Sieur des Gaudrées, Conseiller du Roy en sa cour du Parlement de Bretagne, fils aisné de Maurice Boylesve, Escuyer, Sieur de la Brisarderie, aussi conseiller audit Parlement, et de D[lle] Marie Le Loup, sa femme, ses père et mère, d'une part, et D[lle] Marie de Carrion, fille d'Escuyer Jacques de Carrion, Sieur de la Noë-Guénardaye, et seulle héritière de deffuncte D[lle] Gilette Bahulots, en son vivant première femme et espouse dudit Jacques de Carrion, d'autre part, signé Chenans et Morhouau, notaires.

La sixiesme, du 12 juillet 1630, est un contract de partage passé en la cour royale d'Angers entre Messire Michel Boylesve, Chevalier, Sieur des Gaudrées, fils aisné, principal héritier noble de deffuncts Maurice Boylesve, vivant Escuyer, Sieur de la Brisarderie, Conseiller du Roy en sa cour du Parlement de Bretagne, et de D[lle] Marie Le Loup et François Boylesve, Escuyer, Sieur des Roches, Conseiller du Roy, Maistre des comptes en Bretagne, et Dame Françoise Boylesve, veuve de deffuncte Mathurin Guischard, vivant Escuyer, Sieur de Martigné, Conseiller du Roy en sa cour du Parlement de Bretagne, ses frère et sœur puisnés, des biens des successions desdits deffuncts Maurice Boylesve, Escuyer, et de D[lle] Marie Le Loup, leurs père et mère, par lequel il se voit qu'ils ont partagé lesdites successions en deux parts et au tiers, par consequant noblement avec le préciput demeuré à l'aisné. Signé Serezin, notaire. Les dittes pièces cottées C.

Item pour faire voir que dudit Michel Boylesve, Escuyer, Conseiller au Parlement de Bretagne, et de D[lle] Marie de Carrion sont issus Michel Boylesve, Escuyer, Sieur de la Galaisière, qui a espousé Renée du Rideo, et Henry Boylesve, Escuyer, Sieur d'Auvers, qui espousa D[lle] Perrine de Binel, dont sont issus D[lles] Angelique et Henriette Boylesve, leurs filles, produit six pièces attachées ensemble.

La première, du 20 mars 1649, est un contract de mariage passé en la cour royale d'Angers entre Henry Boylesve, Escuyer, Sieur d'Auvers, fils aisné de Messire Michel Boylesve, Chevalier, Sieur des Gaudrées, et de D[lle] Marie de Carrion, son espouse, d'une part, et D[lle] Perrine de Binel, fille majeure et unique héritière de deffuncts Claude de Binel, vivant Escuyer, Sieur de la Bruhoue, et de D[lle] Perrine de la Barre, son espouse, d'autre part, signé Guret, notaire.

La seconde, du 13 mars 1652, est un contract de mariage passé en la cour royale à Baugé entre Michel Boylesve, Escuyer, Sieur de la Galaisière, fils de Mre Michel Boylesve, Chevalier, Sieur des Gaudrées, et de Dame Marie de Carrion, d'une part, et Dlle Renée du Rideo, fille de n. h. Jean du Rideo, Conseiller du Roy et esleu en l'élection de Baugé, et de deffuncte Dlle Louise Boumard, d'autre part, signé Pointeau, notaire.

La troisiesme, du 9 février 1664, est un contract de partage passé en la cour royale à Angers entre Dame Perrine de Binel, veuve de deffunct M. Henry Boylesve, vivant Chevalier, Sieur d'Auvers, au nom et comme mère et garde noble des enfants mineurs dudit deffunt et d'elle, lequel Sieur d'Auvers étoit fils aisné de deffunt Me Michel Boylesve, Chevalier, Sieur des Gaudrées, et de De Marie Carrion, leur ayeule et créantiers dudit deffunt Me Michel Boylesve, d'une part, Michel Boylesve, Escuyer, Sieur de la Galaisière, demeurant à Baugé, Pierre Amis, Escuyer, Sieur du Ponceau, capitaine de la ville et chateau de Sablé, tant en son nom que soy faisant fort de Dlle Marie Boylesve, sa femme, ledit Sieur de la Gallaisière et ladite Dlle du Ponceau, enfants puisnés desdits deffunts Sieur et Dame des Gaudrées, donataires de ladite Dame de Carrion leur mère, d'autre part, des biens de la succession de ladite Dame de Carrion et dudit deffunt Michel Boylesve, leurs père et mère, par lesquels ils ont partagé en deux parts et au tiers avec le préciput qui est demeuré à ladite dame de Binel, representant son dit deffunt mary par consequant noblement. Signé Drouin, notaire.

La quatriesme, du 24 janvier 1665, est un désistement signifié à la requeste de Me Thomas Bousseau, chargé de la recherche des usurpateurs du titre de noblesse à Michel Boylesve, Escuyer, Sieur de la Galaisière, par lequel il n'entend point luy contester la qualité d'Escuyer et consent qu'il soit déchargé des assignations qu'il luy a fait donner à la cour des aydes de Paris. Signé Cohade. de Benoist. Regis.

La cinquiesme, du 21 février 1665, est un arrest de la cour des aydes randu au profit de Michel Boylesve, Sieur de la Galaisière, par lequel ladite cour l'a renvoyé de l'assignation à luy donnée à la requeste de M. le procureur général de ladite cour, poursuitte et diligence de Me Thomas Bousseau, chargé de la recherche des usurpateurs du titre de noblesse, et ce faisant a déclaré ledit Boylesve noble et issu de noble race et lignée. Signé Ollivier.

La sixiesme est un extraict de baptême de la paroisse de Gouis par lequel il se voit que le 19 octobre 1651 ont esté baptisé deux filles jumelles appartenant à Henry Boylesve, Escuyer, Sieur d'Auvers, et D[lle] Perrine de Binel, lesquelles furent nomées scavoir, la première Angelique et la seconde Henriette. Ledit extraict délivré par François Chesneau, vicquaire de ladite église, le 17e jour de novembre 1668. Signé F. Chesneau. Les dittes pièces cottées D.

Plus produit le present inventaire cotté E.

Fait et aresté à Tours le 2e jour de janvier 1669. Signé Miré.

Jean Baptiste Voysin, Chevalier, Sieur de la Noiraye, Conseiller du Roy en ses conseils, Me des requestes ordinaire de son hostel, commissaire départy pour l'exécution des ordres de Sa Majesté ès provinces de Touraine, Anjou et le Mainne.

Veu l'inventaire cy dessus, pièces y énoncées, désistement du Sieur Laspeyre et conclusions du procureur de Sa Majesté.

Nous commissaire susdit, avons donné acte aux dits Sieurs Boylesve de la représentation de leurs titres mentionnés au present inventaire pour y avoir esgard lors de la confection du cathalogue des gentilshommes ordonné par l'arrest du conseil du 22 mars 1666, fait à Tours le 9e avril 1669. Signé Voysin de la Noiraye.

Copie du XVIIIe siècle.

Recherche de la noblesse de Touraine en 1666. P. 129. — Boylesve (Michel), Sieur de la Galaizière, demeurant à Baugé, paroisse Saint-Pierre, comparant le 9e janvier 1669 par Me Jacques-Paul Miré tant pour luy que pour D[lle] Perrine de Bueil (Binel) veuve de Henry de Boylesve, Sieur d'Auvers son frère, demeurant paroisse de Gouis, eslection de la Flèche et encor pour D[lles] Angélique et Henriette Boylesve, filles de ladite D[lle] de Bueil, demeurant avec leur dite mère, lequel Miré a dict qu'ils entendent maintenir la qualité d'Escuyer et qu'outre Mr Boylesve, Lieutenant général d'Angers, ils n'en connaissent d'autres de leur nom et armes qui sont *trois sautoirs de gueules* (sic) *en champ d'azur* et pour la justification de leur qualité, ledit Miré a mis au greffe les pièces et tiltres dont ils entendent se servir et a signé Miré.

Id. vol. 439. Michel Boislève, Escuyer, Sieur de la Galaizière... Perrine Binel veuve de Henry Boislève Escuyer, son frère,... ont aussi justiffié estre descendus de François Boislève en 1562, leur bisayeul. Michel et Perrine Binel eurent acte de la représentation de leurs titres le 9 août 1669.

Le 18 mars 1671, Charles Boylesve, Sieur du Plessis, fut maintenu noble et issu d'ancienne extraction noble par arrêt de la Chambre établie pour la réformation de la noblesse de Bretagne.

Chartrier de Boylesve. — Extrait des registres de la Chambre établie par le Roy pour la réformation de la noblesse du pays et duché de Bretagne, par lettres patentes de Sa Majesté, du mois de janvier 1668, vérifiées en parlement le 30 juin suivant.

Entre le procureur général du Roy, demandeur d'une part, et Messire Charles Boilesve, Chevalier, Sieur du Plessis, Conseiller du Roy au parlement de Bretagne, demeurant hors son semestre en la ville d'Angers, deffendeur d'autre part. Vu par la Chambre la déclaration faite au greffe d'icelle par ledit deffendeur, de soutenir les qualitez de noble et d'écuyer d'ancienne extraction, de Messire et de Chevalier et de porter pour armes *d'azur chargé de trois sautoirs d'or*, du 7 mars 1671, signé : Le Clavier, greffier. Induction dudit Sieur du Plessix, sur le seing de Maistre Pierre Busson, procureur, fournie et signifiée au procureur général du Roy par Gandon, huissier en la Cour, le 17 mars présent mois, par laquelle il soutient estre noble, issu d'ancienne extraction noble, et comme tel devoir lui et ses descendans en mariage légitime estre maintenus dans la qualité d'Écuyer et de Chevalier et dans tous les droits, privilèges, prééminences, exemptions, immunités, honneurs, prérogatives et avantages attribués aux autres nobles de cette province et, qu'à cet effet, son nom sera employé au rolle et catalogue desdits nobles de la sénéchaussée de Rennes. Articulant ces faits de généalogie qu'il a épousé dame Jeanne Cupif, fille d'Écuyer Nicolas Cupif, Seigneur de Teildras, Conseiller du Roy, juge-magistrat au siège présidial d'Angers, et de dame Jeanne Treton, sa compagne, et qu'il est fils de Messire Charles Boilesve, Seigneur des Aulnoys, Conseiller du Roy au parlement de Bretagne, de son mariage avec Renée Gandon, sa première femme, que ledit Messire Charles Boilesve, est fils d'autre Messire Charles Boilesve, Seigneur de la Gillière, Conseiller au même parlement, et deffunte dame Marie Nicolas, que ledit Charles était fils de Messire François Boislève, vivant Seigneur de la Brizarderie, Conseiller du Roy, lieutenant en la prévosté, ville et quinte d'Angers, et de demoiselle Philipe Priouleau, que ledit François était fils puisné d'Écuyer Marin Boislève, Sieur de la Brizardière, et de demoiselle Simonne Quintin, leurs père et mère, lequel François comme puisné fut partagé noblement et avantageusement dans la succession de sesdits père et mère par Écuyer Charles Boilève, Sieur du Rocher, son frère, leur fils aisné, héritier principal et noble, lequel aisné est saisi des principaux titres justificatifs de leur qualité et gouvernement noble. Les actes et pièces mentionnées en ladite induction, et tout ce que par ledit deffendeur a été mis et induit, conclusions du procureur général du Roy, considéré, la Chambre faisant droit sur l'instance a déclaré et déclare ledit Boilesve et ses descendans en mariage légitime, nobles, issus d'ancienne extraction noble, et comme tels a permis audit Boilesve de prendre les qualités d'Écuyer et de Chevalier et l'a maintenu au droit d'avoir armes et écussons, timbrés, appartenants à ladite qualité, et à jouir de tous droits, franchises, privilèges, prééminences attribués aux nobles de cette province, et ordonné que son nom sera employé au rolle et catalogue desdits nobles de la sénéchaussée de Rennes. Fait en ladite Chambre, à Rennes, le dix-huitiesme mars mil six cens soixante-onze.

(Signé) : B. Le Clavier.

Original.

Extrait du mémoire imprimé, en 1715, pour Marie-Jacquine Ménardeau, veuve Marin Boylesve.

Bibliothèque nationale Carrés de d'Hozier, vol. 101, fol. 335. — Arrest de la Chambre établie par le Roy, pour la réformation de la noblesse de Bretagne, rendu à Rennes le 18 de mars de l'an 1671, par lequel elle déclare noble et issu d'ancienne extraction noble Messire Charles Boilesve, Chevalier, Sieur du Plantis, Conseiller du Roy au parlement de Bretagne... cet arrest signé Clavier.

Analyse du XVIIIe siècle.

Catalogue des nobles de Bretagne, manuscrit. Titres de Farcy. — Charles Boyslève, Sieur du Plessix, Conseiller en la Cour, demeurant hors de son semestre à Angers, maintenu Chevallier d'ancienne extraction : *d'azur chargé de 3 sautoirs d'or*, du 20 mars 1671. Monsieur Lefebvre, rapporteur.

Les pièces fournies remontaient à 1510 et il n'est plus question de la noblesse de mairie.

En 1714, Marin Boylesve, Seigneur de la Maurouzière, fut maintenu dans sa noblesse par Messire Chauvelin, intendant de Touraine.

Chartrier de Boylesve et titres d'Achon, 1714. — Arbre généalogique de la branche des Boilesve de la Maurouzière, de la ville d'Angers.

Trisayeul
Marin Boylesve, Chevalier,
Sieur de la Maurouzière,
Lieutenant général d'Angers
et Conseiller d'Etat, fait Chevalier en 1597,
mari de Renée Nicolas.

Les armes sont
d'azur à 3 sautoirs d'or,
2 en chef et l'autre en pointe,
au chef
chargé de 3 fleurs de lis d'or.

Bisayeul
Mathurin Boylesve, Escuyer,
Sieur de la Maurouzière,
mari de Marie Le Clerc.

Ayeul
Marin Boylesve, Escuyer,
Sieur de la Maurousière,
mari de Madeleine Lasnier.

Père
Marin Boylesve, IIIe du nom, Escuyer,
Sieur de la Maurousière,
Président au présidial d'Angers,
mari de Marie-Jacquine Ménardeau.

Mère présentant
Marie-Jacquine Ménardeau,
femme dudit Marin...
mère et tutrice de ses enfants.

Marin Boylesve,
IV du nom, Escuyer,
Sieur
de la Maurousiére,
mineur.

Joseph-François Boylesve,
Escuyer, Chevalier
de la Maurousière,
mineur.

Jacques-Mathurin
Boylesve, Escuyer,
Sieur de Saint-Hilaire,
mineur.

Je soussigné déclare à tous qu'il appartiendra ne connoistre autres personnes de la famille, nom et armes de mes enfans de la branche des Boislève-Maurouzière, que Honoré Boilesve, Escuyer, Seigneur de la Maurouzière, frère puisné de deffunt mon mary, Marie Boylesve, femme de Gabriel Boilesve, Escuyer, Seigneur du Saulay, sœur de deffunt mon mary, Gabrielle Boilesve, femme de Louis-Augustin de Lesperonnière, Escuyer, Seigneur de Vris, autre sœur de mon mary estant décédée. Il y a d'autres branches des Boilesve dont je n'ai pas une connoissance assez exacte pour en rendre compte.

Fait à Angers, le 3 août 1714.

(Signé) : Marie-Jacquine Ménardeau.

Inventaire des tiltres de noblesse que dame Marie-Jacquine Ménardeau, veuve de Marin Boilesve, vivant, Escuyer, Seigneur de la Maurouzière, président au présidial d'Angers, cy-devant garde noble et à present tutrice naturelle de Marin Boilesve, IVe du nom, Escuyer, Seigneur de la Maurouzière, de Joseph-François Boilesve, nommé le Chevalier de la Maurouzière, et de Jacques-Mathurin Boilesve, Escuyer, Seigneur de Saint-Hilaire, ses enfants mineurs, et dudit deffunt Sieur de la Maurouzière, président au siège présidial d'Angers, met et produit devant vous Monseigneur Chauvelin, Chevalier, Seigneur de Beauséjour, Conseiller du Roy en ses conseils, Maistre des requestes ordinaire de son hostel, intendant de justice, police et finance en la généralité de Tours, pour satisfaire à la déclaration du Roy, du 16 janvier 1714, et autres précédentes, et à l'assignation à elle donnée à la requeste de Me François Ferrand, chargé de la recherche de noblesse, par exploit de Maille, huissier, le 10 juillet 1714, pour représenter devant vous, Monseigneur, ses titres de noblesse.

Premièrement. — Produit l'arbre généalogique de la famille des susdits enfans avec le blazon de leurs armes, d'autre part, tenu pour cotté A.

Plus produit cinq pièces attachées ensemble.

La première, du 8 juin 1667, est une ordonnance de Mr Voisin, lors intendant de la généralité de Tours, par laquelle Marin Boislesve, IIe du nom, ayeul de ses enfans, a esté maintenu dans sa noblesse. Ladite ordonnance collationnée sur l'original retenu par mon dit Sieur Voisin, et représentée par ses ordres devant deux notaires du Chastelet de Paris, qui ont signé ladite copie, celle qui estoit restée audit Seigneur de la Marouzière, ayant esté adhirée lors de son décès.

La seconde, du 14 juillet 1707, est un arrest du bureau de la recherche de la noblesse, par lequel ladite dame Ménardeau, comme garde noble de ses enfans, est renvoyée de l'assignation à elle donnée à la requeste de François Ferrant, pour représenter les tiltres de noblesse de Marin Boilesve, son mary, et dans laquelle instance ledit Ferrant concluoit à ce que ladite Ménardeau, audit nom, fust condamnée comme usurpatrice du titre de noblesse, en grosses amendes et restitutions, comme il est porté au 1er feuillet et au 10e verso dudit arrest. Lequel est d'autant plus considérable, qu'il paroist par le vœu dudit arrest que la question a estée agitée avec beaucoup de contention parce que les beaux-frères de ladite dame Ménardeau s'estoient joints audit Ferrant pour contester la noblesse d'extraction dudit Marin Boilesve, Maistre d'hostel du Roy, à l'effet d'empescher le partage noble de sa succession, prétendant qu'il n'avoit que la noblesse d'échevinage comme il est porté au feuillet 7e dudit arrest et la contestation dudit Ferrant a été trouvée si insoutenable que, contre l'usage, ledit Ferrant a esté condamné aux dépens liquidés à 100 liv. envers ladite dame Ménardeau.

La troisiesme est le mémoire de ladite dame Ménardeau, imprimé et fourny dans ladite instance, dans lequel sont expliqués les titres de noblesse de ses enfans et on a fait voir que la meilleure manière d'estre annobly est d'estre fait Chevalier de l'accolade par le Roy.

La quatriesme, du 6 aoust 1708, est grosse de la sentence des requestes du palais à Paris, où par le susdit arrest du bureau de la recherche des nobles, les partis auroient esté renvoiées par laquelle il est ordonné contradictoirement avec les beaux-frères et belles-sœurs de ladite dame Ménardeau que la succession de Marin Boylesve, Maistre d'hôtel du Roy, ayeul de ses enfans, seroit partagée noblement.

La cinquiesme du 10 juillet 1711 est grosse de l'arrest du parlement par lequel la sentence cy dessus est confirmée et les apélations qui en auroient été interjetées sont mises au néant. Les dites pièces cottées B.

Ces cinq pièces suffiroient pour établir la noblesse des enfants de ladite dame Ménardeau, puisqu'elle a esté confirmée dans tous les tribunaux où l'on a eu la témérité de la contester, mesme contradictoirement avec François Ferrant, à la requeste duquel ladite dame est aujourd'hui assignée devant vous, Monseigneur, mais, pour ne laisser aucun doute là-dessus, ladite dame Ménardeau adjoutera les pièces suivantes :

Pour faire voir que Marin Boilesve, Ier du nom, Lieutenant général d'Angers, trisayeul des enfants de ladite dame Ménardeau, estant noble d'extraction, a esté élevé à la dignité de Chevalier et décoré de divers autres titres de noblesse.

Produit cinq pièces attachées ensemble, collationnées à leurs originaux en parchemin, en présence des parties intéressées et dont elle offre représenter les originaux si besoin est.

La première, du 19 mars 1597, est les lettres de Chevalier... Voir plus haut.

La deuxiesme, du 3 août 1597, est le procès-verbal de l'accolade...

La troisiesme, du 12 décembre 1597, est l'arrest d'enregistrement...

La quatriesme, du mois de janvier 1597, est des lettres patentes...

La cinquiesme, du dernier avril 1598, est un brevet du Roy...

Ces divers titres d'honneur accumulés dans une mesme personne auroient esté capables d'annoblir trois familles s'ils avoient été partagés entre elles et ne peuvent estre suspects parce qu'ils ont été produits en originaux devant Mr Voisin, en 1667, et au bureau de la recherche des nobles, en 1707, ainsi qu'il paroit par l'ordonnance de Mr Voisin et par le veu de l'arrest du bureau de la recherche des nobles.

Pour faire voir que les enfans de ladite dame Ménardeau descendent en ligne directe dudit Marin Boilesve, leur trisayeul, et que leur noblesse a esté confirmée, mesme pour le partage noble dans tous les temps produit les pièces cy après.

La première, du 5 septembre 1624, est la grosse en parchemin du contrat de mariage de Mathurin Boylesve, Escuyer, Seigneur de la Maurouzière, Conseiller du Roy au présidial d'Angers, fils aisné et principal héritier de deffunt Mr Marin Boilesve, vivant Chevalier, Seigneur de la Maurousière, Lieutenant général au présidial d'Angers, et de Dame Renée Nicolas, ses père et mère, avec Dlle Marie Le Clerc, fille de François Le Clerc, Escuyer, Seigneur de la Plissonnière.

La deuxiesme, du 3 mars 1635, est grosse d'un arrest du parlement portant que la succession de deffunt Messire Marin Boilesve, Chevalier, Lieutenant général d'Angers serait partagée noblement entre ledit Mathurin Boilesve, Escuyer, Seigneur de la Maurouzière, son fils aisné et ses autres enfans.

La troisiesme, du 10 février 1649, est le contrat de mariage de Marin Boilesve, IIe du nom, Escuyer, Seigneur de la Maurouzière, fils dudit Mathurin Boilesve et de Dame Marie Le Clerc, avec D[lle] Magdelaine Lanier, deuement légalisé.

La quatriesme, du 1er avril 1656, est les provisions de maistre d'hotel ordinaire du Roy en faveur dudit Marin Boilesve, qualifié par le Roy, Chevalier, Seigneur de la Maurouzière.

La cinquiesme, du 18 juillet 1659, est grosse en parchemin du partage noble de la succession dudit Mathurin Boilesve entre ledit Marin Boilesve, IIe du nom, maistre d'hôtel du Roy, aisné, et Dame Françoise Boilesve, femme de Mr François Grinaudet, Conseiller au parlement de Bretagne, puisnée.

La sixiesme, du 27 mars 1686, est le contrat de mariage de Marin Boilesve, IIIe du nom, Chevalier, Seigneur de la Maurouzière, président au présidial d'Angers, fils dudit Marin Boilesve, IIe du nom, et de ladite Dame Madelaine Lannier, avec ladite Dame Marie-Jacquine Ménardeau, présentant, deuement légalizé.

Les 7e, 8e et 9e sont les extraits baptistaires, légalisés par les juges des lieux, de Marin Boilesve, IVe du nom, de Joseph-François Boilesve et de Jacques-Mathurin Boilesve, enfans de ladite dame Ménardeau et de Mr Marin Boilesve, IIIe du nom, Chevalier, Seigneur de la Maurouzière, président au présidial d'Angers, qui sont encore sous la tutelle de ladite dame Ménardeau, et dont la noblesse a esté confirmée par ledit arrest du bureau de la recherche des nobles, mesme pour le partage noble, par la sentence du 6e aoust 1708, et arrest confirmatif du 10 juillet 1711, cy devant produits.

La dixiesme, du 10 juillet 1714, est l'assignation donnée à ladite Dame Ménardeau, à la requeste de Me François Ferrant, pour produire ses titres devant vous, Monseigneur, lesdites pièces cottées D.

Plus produit le présent inventaire au moyen duquel et des pièces y contenues ladite dame Ménardeau requiert qu'il vous plaise, Monseigneur, la maintenir comme veuve d'un noble aux privilèges, exemptions attribuées aux veuves des nobles, et lesdits Marin Boilesve, Joseph-François Boilesve et Jacques-Mathurin Boilesve, ses enfants, en leurs qualités d'Escuyers aux privilèges et exemptions attribués aux autres nobles de ce Royaume, et en conséquence l'envoyer, elle et ses enfants des demandes, fins et conclusions dudit Ferrant qui mériteroit bien d'estre encore une fois condamné aux dépens pour son indue véxation, pour avoir de nouveau assigné ladite dame Ménardeau, nonobstant l'arrest de décharge du 14 juillet 1707, rendu contre luy au bureau de la recherche des nobles, cy devant produit.

(Signé) : Marie-Jacquine Ménardeau. Frapier.

Soit la requeste et pièces communiquées audit Ferrand ou son préposé pour y fournir de réponses et montrées au procureur du Roy de la commission pour donner ses conclusions, pour le tout veu et à nous rapporté estre ordonné ce qu'il appartiendra ; à Tours, le 4 octobre 1714.

Le préposé dudit Ferrand qui a pris communication du présent inventaire et des pièces y énoncées déclare qu'au moyen du jugement de Messieurs les commissaires généraux pour la recherche de la noblesse du 14 juillet 1707 par lequel la produisante a esté déchargée de pareille assignation à elle donnée à la requeste dudit Ferrand devant mesdits sieurs les commissaires généraux il n'empesche pareillement par ledit Ferrand qu'elle soit deschargée de la dernière assignation qui lui a esté donnée devant vous, Monseigneur, pour la représentation des titres de noblesse de son deffunt mary ; fait à Tours, ce 16 février 1715.

Roulleau.

Veu l'assignation donnée le 10 de juillet dernier, à la requeste de François Ferrand, chargé de la continuation de la recherche des usurpateurs du titre de noblesse à la dame Marie-Jacquine Ménardeau, veuve Marin Boilesve, Seigneur de la Morousière, le présent inventaire, pièces et titres y énoncés, la réponse du préposé du traitant, je n'empesche pour le Roy que ladite dame Marie-Jacquine Ménardeau, veuve Marin Boislève de la Morousière jouisse des privilèges accordés aux veuves des Gentilshommes du Royaume, et que les sieurs Marin, Joseph-François, et Jacques-Mathurin Boislève ses enfants, et dudit Seigneur Marin Boislève de la Morousière soient maintenus dans leurs qualités de nobles et d'Escuyers, qu'ils jouissent et leur postérité, tant qu'ils ne feront acte dérogeant des privilèges accordés aux Gentilshommes du Royaume, et qu'à cet effet, ils soient inscrits au catalogue des nobles de cette généralité; à Tours, le 21 février 1715.

(Signé) GROLLEAU.

Du registre des gentilshommes, assignés par devant nous, Bernard Chauvelin, Chevalier, Seigneur de Beauséjour, Conseiller du Roy en ses conseils, maitre des requestes ordinaire de son hostel, intendant de justice, police et finances de la généralité de Tours, à la requeste de François Ferrand, chargé par sa Majesté de la continuation de la recherche des usurpateurs du titre de noblesse, en exécution des déclarations du Roy des 4 septembre 1696, 30 may 1702, et 30 janvier 1703, et 16 janvier 1714, et arrestés du Conseil rendus en consequance qui nous ont representé des arrests du conseil ou jugemens de Mrs les commissaires généraux ou ordonnances de Mrs Voysin de la Noiraye, de Miromesnil, et Turgot cy devant intendant de cette généralité rendues en leur faveur et auxquels nous avons donné acte de laditte représentation pour y avoir égard lors de la confection du catalogue des gentilshommes de cette généralité, a esté extraict ce qui suit :

Du 21e jour de février 1715, Marie-Jacquine Ménardeau, veuve de Marin Boilesve, vivant Escuier, Sieur de la Morousière, président au présidial d'Angers, demeurant en la ville d'Angers, laquelle sur l'assignation à elle donnée à la requeste dudit Ferrand du 17 juillet 1714 par Maille, huissier, à comparoir par devant nous pour rapporter les titres en vertu desquels elle prend la qualité de veuve de noble et veuve d'Escuyer, a représenté le jugement rendu par les Mrs les commissaires généraux du conseil députés par le Roy pour l'exécution desdittes déclarations des 4 septembre 1696, 30 mai 1702, et 30 janvier 1703, et arrest du conseil rendus en conséquence en datte du 14 juillet 1707, par lequel ladite Marie-Jacquine Ménardeau, veuve de Marin Boilesve, Seigneur de la Morousière, et garde noble de Marin, Joseph-François, et Jacques-Mathurin Boilesve, leurs enfans, a esté déchargée de l'assignation qui lui a esté donnée par devant lesdits Sieurs commissaires le 17 septembre 1705, à la requestè dudit Ferrand et maintenue en sa noblesse, et ledit Ferrand condamné aux dépens, le désistement du préposé dudit Ferrand du 16 du présent mois, les conclusions du procureur du Roy.

Nous, intendant et commissaire susdit, avons donné acte à laditte veuve Marie-Jacquine Ménardeau, veuve de Marin Boilesve, Escuyer, Seigneur de la Morousière de ladite représentation, en conséquence, l'avons déchargée de l'assignation à elle donnée le 17 juillet 1714, et ordonnons qu'elle ensemble lesdits Marin, Joseph-François, et Jacques-Mathurin Boylesve, ses enfants, et dudit feu Sieur Marin Boilesve de la Morousière seront inscrits au catalogue des gentilshommes de cette généralité ; fait à Tours, les jour et an que dessus et est signé en l'original Chauvelin, et plus bas par Monseigneur Baizé de Méré.

Le 26 février 1715, à la requeste de Me Mathurin Frapier, procureur de Mme veuve Boilesve de la Morouzière, ès noms et qualités qu'elle procède, signifié copie de l'ordonnance cy dessus et des autres parts à Me Gabriel Roulleau, procureur et directeur dudit Ferrand, parlant à son commis par moy huissier.

GODIN.

Titres d'Achon. — Collationné la présente copie qui a esté faite et tirée sur son original, signée comme dit est, représentée par Mr Marin Boylesve, Chevalier, Seigneur de la Maurouzière, demeurant Angers, paroisse de Saint-Michel du Tertre. Ce fait à luy rendue par les notaires royaux à Angers, soussignés le 20 septembre 1748.

BOYLESVE DE LA MAUROUZIÈRE.

DEVILLE. .....

On voit combien grandes étaient les vexations causées aux Gentilhommes par les traitants, dont la mauvaise foi était souvent constatée par les amendes qu'on leur imposait !

Titres d'Achon, 1715.—A Monseigneur, Monseigneur Chauvelin, intendant de la Généralité de Tours.

Suplie humblement Jacques-Honoré Boylesve, Chevalier, Seigneur de la Marouzière, demeurant à Angers, disant que le (*sic*) 1714, il auroit esté assigné à la requeste de Me François Ferrand, chargé de la continuation de la recherche des usurpateurs du titre de noblesse, poursuitte et diligence de Me Gabriel Roulleau, son procureur et directeur en cette généralité, pour représenter devant vous les titres en vertu desquels il prend la qualité d'Escuyer et s'exempte du payement des tailles et autres impositions depuis et compris l'année 1614.

Pour satisfaire à cette demande et faire voir le droit que le supliant a de prendre la qualité de noble et d'escüyer, il produist trois pièces :

La première est copie collationnée d'un inventaire de production, faite devant Mre Voisin de la Noyrage, cy-devant intendant de cette généralité par Marin Boilesve, Escuyer, Seigneur de la Maurousière, des titres justificatifs de sa noblesse d'extraction parmy lesquels est visé son contrat de mariage avec demoiselle Magdelaine Lasnier, du 10 février 1649, et ensuite est coppie de l'ordonnance de mon dit Sieur Voisin, portant acte de ladite représentation pour y avoir égard lors de la confection du catalogue des nobles du 8 juillet 1667.

La seconde est grosse en parchemin du contrat de mariage de Jacques-Honoré Boylesve, supliant, avec demoiselle Marie-Anne Poisson, passé par devant Bory, notaire royal à Angers, le 12 décembre 1692, par lequel il est qualifié Chevalier de la Maurouzière, fils dudit Marin Boylesve, Chevalier, Sieur dudit lieu, Conseiller et maistre d'hostel ordinaire du Roy et de ladite dame Magdelaine Lanier.

La troisiesme est la grosse en parchemin d'une ordonnance rendue par Messieurs les commissaires généraux du Conseil, deputtés par le Roy, pour la recherche de la noblesse du 14 juillet 1707, par laquelle ledit Sieur Jacques-Honoré Boylesve, supliant, a esté déchargé de l'assignation à luy donnée à la requeste dudit Ferrand, le 17 septembre 1705.

Ce considéré, Monseigneur, il vous plaise donner acte au supliant de la représentation qu'il vous fait des pièces cy-dessus et, en conséquence, le décharger de l'assignation à luy donnée à la requeste dudit Ferrand et le maintenir et garder (ensemble ses enfans et posterité nez et à naistre) dans le droit de prendre la qualité de noble et d'Escuyer et ordonner qu'ils jouiront des privilèges accordés à la noblesse de ce royaume. Et ferez justice (signé) : Frapier.

Soit la requeste et pièces communiquées au préposé dudit Ferrand, pour y fournir de réponses et montrée au procureur du Roy de la Commission pour donner ses conclusions, pour le tout à nous raporté, estre ordonné ce qu'il appartiendra. Fait à Tours, le 23 aoust 1715. Chauvelin.

Le préposé dudit Ferrand qui a pris communication de la présente requeste et pièces y énoncées dit, en premier lieu, que la prétendue ordonnance de Mr Voisin, n'étant rapportée que sous coppie collationnée, ne fait aucune preuve pour le fait dont il s'agit et, en second lieu, que le jugement de Messieurs les commissaires généraux pour la recherche de la noblesse du 14 juillet 1707, ne confirme point les partyes qui y sont dénommées en leur noblesse, mais seulement renvoye lesdites parties en la 1re Chambre des requestes du palais pour y procedder suivant les Ainsy ledit jugement n'étant point un jugement de maintenue, le supliant ne peut se dispenser de justifier sa prétendue qualité d'Escuyer par titres en bonne forme. C'est à quoy conclud ledit Ferrand, à Tours, le 6 janvier 1716. Roulleau.

Le supliant rapporte par production nouvelle l'original de l'inventaire des tiltres de noblesse produits par Marin Boislève, Escuier, Sieur de la Maurousière, son père, le 8 juin 1667, au moyen de quoy il persiste en la maintenue par luy requise. Frapier.

Chartrier de Boylesve, 1716. — Bernard Chauvelin, Chevalier, Seigneur de Beauséjour, Conseiller du Roy en ses conseils, Me des requestes ordinaires de son hostel, intendant de justice, police et finances en la généralité de Tours.

Entre François Ferrand, chargé de la continuation de la recherche des usurpateurs du titre de noblesse, ordonnées par les déclarations du Roy des 14 septembre 1696, 30 may 1702, 30 janvier 1703 et 16 janvier 1714, poursuitte et diligence de Me Gabriel Roulleau, son procureur et directeur en cette généralité, demandeur suivant l'exploit du..... 1714, d'une part.

Et Jacques-Honoré Boylesve, Seigneur de la Maurousière, demeurant à Angers, deffendeur, d'autre part.

Vu lesdites déclarations du Roy des 14 septembre 1896... les arrêts du Conseil des 26 février 1697, 15 mai 1703 et autres rendus pour l'exécution desdites déclarations, l'exploit d'assignation donné à la requeste dudit Ferrand, le... 1714, à comparoir par devant nous pour représenter les titres en vertu desquels il prend la quallité de Chevallier, la requeste par lui à nous présentée signée Frapier, procureur, contenant inventaire de production des titres justificatifs de sa noblesse et tendant à ce qu'il nous plust le maintenir dans sa noblesse, ladite production composée d'un inventaire de production fait devant Mr Voisin de la Noiraye, ci-devant intendant de cette généralité par Marin Boylesve, Escuyer, Seigneur de la Maurousière, des titres justificatifs de sa noblesse d'extraction ; dans lequel est énoncé son contrat de mariage avec demoiselle Madeleine Lasnier, en date du 10 février 1649, au bas duquel inventaire est l'ordonnance de mon dit Sieur Voisin, par laquelle il luy est donné acte de ladite représentation pour y avoir égard lors de la confection du catalogue des nobles du 8 juillet 1667. Extrait de baptême de Jacques-Honoré Boylesne, en date du 21 novembre 1667, par lequel il paroit qu'il est fils de Marin Boylesve, Escuyer, Seigneur de la Maurousière et de dame Magdelaine Lasnier, délivré par le Sieur Michon, curé de Saint-Hillaire, près Mortagne, le 3 aoust 1715 et légalisé par le Sieur Boutillier, seneschal de la ville et baronnie de Mortagne, le 24 août audit an 1715. Grosse en parchemin du contrat de mariage de Jacques-Honoré Boylesve, produisant, avecq demoiselle Marie-Anne Poisson, par lequel il est qualifié Chevallier de la Maurousière, fils de feu Messire Marin Boylesve, vivant, Chevalier, Seigneur de la Maurousière, Conseiller, Me d'hotel ordinaire du Roy et de dame Madelaine Lasnier, passé devant Bory, notaire, le 12 décembre 1692. Grosse en parchemin d'une ordonnance rendue par Messieurs les commissaires généraux du Conseil, députés par le Roy pour la recherche de la noblesse, en date du 14 juillet 1707, par laquelle ledit Sieur Jacques-Honoré Boylesve, produisant et autres ont été déchargés de l'assignation à eux donnée à la requeste dudit Ferrand, le 19 septembre 1705, notre ordonnance portant que ladite requeste et pièces, dudit Sieur Boylesve, seroient communiquées au préposé dudit Ferrand, pour y fournir de réponses et montrées au procureur du Roy de la Commission pour donner ses conclusions, la réponse dudit préposé, les repliques du produisant, les conclusions dudit procureur du Roy, et tout considéré.

Nous, intendant susdit, avons donné acte audit Sieur Jacques-Honoré Boylesve de la Maurouzière de ladite représentation, en conséquence, l'avons déchargé de l'assignation... l'avons maintenu et gardé dans le droit de prendre la qualité de noble et d'Escuyer, ordonnons qu'il jouira... et, qu'à cet effet, ledit Jacques-Honoré Boylesve sera inscrit au catalogue des gentilshommes de cette générosité qui sera exécuté en vertu de l'arrêt du conseil du 26 février 1697; fait à Tours, ce 5e jour de novembre 1716.

(Signé) CHAUVELIN. Par Monseigneur : BAIZÉ DE MÉRÉ.

Original en parchemin.

Le 10 septembre 1716, Louis-Jacques Boylesve, Seigneur du Planty, fut aussi maintenu par Chauvelin, sur preuves remontant à 1510.

Bibliothèque nationale, Carrés de d'Hozier, vol. 101, fol. 349. — Ordonnance rendue à Tours, le 10 de septembre 1716, par Mr Chauvelin, maistre des requestes, intendant dans ladite généralité par laquelle, il donne acte à Louis-Jacques Boilesve, Seigneur du Planti, capitaine-exempt des gardes du corps du Roi, Chevalier de l'Ordre de Saint-Louis, et gouverneur de la ville de Lannion en Bretagne, demeurant dans la paroisse de Sainte-Christine, élection d'Angers, de la représentation qu'il avoit fait devant luy des titres justificatifs de sa noblesse depuis 1510 et, en conséquence, il le maintient dans la qualité de noble et d'Escuyer. Cette ordonnance, signée Chauvelin.

Analyse du XVIIIe siècle, renvoyant à l'original en parchemin.

En juillet 1728, Gabrielle-Marie-Anne Boilesve du Plantis fut reçue à Saint-Cyr sur preuves remontant à l'arrêt du Parlement de 1587.

Bibliothèque nationale ; cabinet des titres, vol. 302, n° 99.— Preuves de noblesse de D^lle^ Gabrielle-Marie-Jeanne Boilesve du Plantis, agréée pour être admise au nombre des filles Demoiselles que Sa Majesté fait élever dans la maison Royale de Saint-Louis, fondée à Saint-Cyr, dans le parc de Versailles : d'azur à 3 sautoirs d'or, posés 2 et 1.

1er degré. Gabrielle-Marie-Anne Boilesve du Plantis. Extrait des régistres des batesmes de la paroisse de Saint-Martin de la Place, au diocèse d'Angers, portant que Gabrielle-Marie-Anne, fille de Messire Anne Boilesve du Plantis, Chevalier, Seigneur de Razilli, capitaine de dragons dans le régiment de Beaucour, et de D^lle^ Marie-Félice Éveillon, sa femme, naquit le 15 et fut batizée le 17e d'août de l'an 1716. Cet extrait délivré le 26e d'avril de la présente année 1728, signé Parent, prêtre, curé de l'église de Saint-Martin de la Place, et légalisé.

2e degré. Père et mère. Anne Boilesve, Seigneur de Razilli, Marie-Félice Éveillon, sa femme, 1715, d'azur au chevron d'argent, accompagné de 3 quintefeuilles au naturel, posées 2 et 1 à la pointe de l'écu. Contract de mariage de Messire Anne Boilesve du Plantis, Chevalier, Seigneur de Razilli, capitaine de dragons dans le régiment de Cailus, fils de Jacques Boilesve vivant, Escuyer, Seigneur du Plantis, et de D^lle^ Jeanne Gohin, sa femme, accordé le 19e d'août de l'an 1715, avec D^lle^ Marie-Félice Éveillon, fille de Pierre Éveillon, Escuyer, Seigneur d'Espluchard, Conseiller du Roy, maître des eaux et forêts en la maîtrise particulière de la ville d'Angers, et de D^lle^ Marie-Marguerite Gohin. Ce contrat passé devant Daburon, notaire à Angers.

Nomination de la personne d'Antoine Bouchet, Seigneur de la Benardière pour estre pourveu de la chapelle de Saint-Julien, fondée dans le château de la Modetaie, faite à l'Évesque d'Angers, le 21e de mars de l'an 1726, par Mr Anne Boilesve, Seigneur dudit lieu de la Modetaye, de Court et de Rochefort, Chevalier de l'Ordre militaire de Saint-Louis. Cet acte reçu par Joubert, notaire à Angers.

3e degré. Ayeul, Jacques Boilesve, Seigneur du Plantis, Jeanne Gohin, sa femme, 1667 : d'azur à une croix d'or trefflée. Contract de mariage de Jacques Boilesve, Escuyer, Seigneur du Plantis, fils de Louis Boilesve, Conseiller du Roy en ses conseils, président en la sénéchaussée d'Anjou, et siège présidial d'Angers, et de D^lle^ Perrine Borne, sa femme, accordé le 7e de janvier 1667, avec Dlle Jeanne Gohin, fille de François Gohin, Escuyer, Seigneur des Aunais, sécrétaire ordinaire de la Reine, et de Dlle Marguerite Serezin. Ce contrat passé devant Drouin, notaire à Angers.

Partage noble dans les biens de Louis Boilesve vivant, Escuyer, Seigneur de la Gillière et du Plantis, Conseiller du Roy en ses conseils d'État et privé, président au présidial d'Angers, et de feue Dlle Perrine Born, sa femme, donné le 8e de janvier de l'an 1684, par Louis Boilesve leur fils ainé, et héritier principal et noble, Escuyer, Seigneur dudit lieu de la Gillière, Conseiller du Roy en ses conseils, lieutenant-général en la sénéchaussée d'Anjou et siège présidial d'Angers, à Jacques Boilesve, Escuyer, Seigneur du Plantis, et à François Boilesve, Seigneur des Noulis, Conseiller au Parlement de Bretagne, ses frères puisnés. Cet acte reçu par Yvard, notaire à Angers.

4e degré. Bisayeul. Louis Boilesve, Seigneur du Plantis, Perrine Born, sa femme, 1628. Contrat de mariage de Louis Boilesve, Escuyer et Seigneur de la Gillière, fils de Charles Boilesve, Escuyer, conseiller au parlement de Bretagne et de Dlle Marie Nicolas, sa femme, accordé le 22e janvier de l'an 1628, avec Dlle Perrine Born, fille de Jacques Born, Seigneur des Noulis, et de Dlle Anne Sorée. Ce contrat passé devant Serezin, notaire à Angers. Lettres de Conseiller du Roi en ses conseils d'état, privé et des finances, données à Saumur, par Sa Majesté, le 5e de mars de l'an 1652, à Louis Boilesve, Lieutenant général au siège présidial d'Angers. Ces lettres, signées Louis, contre-signées Phelipeaux et scellées. Partage noble dans les biens de Charles Boilesve, vivant Seigneur de la Gillière, Conseiller du Roy en ses conseils et doyen du parlement de Bretagne, et dans ceux de feue dame Marie Nicolas, sa femme, donné le 9e de novembre de l'année 1643, par Louis Boislesve, leur fils ainé et principal héritier noble, Escuyer, Seigneur du Plantis, Conseiller du Roy, Lieutenant général en la sénéchaussée d'Anjou et siège présidial d'Angers, à Gabriel Boilesve, abé de Saint-Aubin-du-Bois, conseiller au mesme parlement, à Claude Boilesve, Escuyer, Seigneur de la Guérinière, à Henri Boilesve, Escuyer, Seigneur de la Mauricière, et à Charles Boilesve, Escuyer, Seigneur des Aunais, Conseiller au parlement. Cet acte signé Ménage.

5e degré. Trisayeul. Charles Boislesve, Seigneur de la

Gillière, Marie Nicolas, sa femme, 1594 : d'azur à 3 fusées d'or posées 2 et 1. — Contrat de mariage de noble homme Charles Boilesve, Seigneur de la Gillière, conseiller au parlement de Bretagne, fils de noble homme François Boilesve, vivant Seigneur de la Brizardière, Conseiller du Roi, lieutenant en la prévôté d'Angers, et de D[lle] Philipe Priouleau, sa veuve, accordé le 19e jour du mois de novembre de l'an 1594, avec D[lle] Marie Nicolas, fille de nobles personnes Louis Nicolas, Seigneur de la Thomasserie et de la Guérinière, et Anne Blouin. Ce contrat passé devant Bardin, notaire à Angers.

Lettres de conseiller honoraire au parlement de Bretagne données par le Roy à Paris, le 22e de décembre de l'an 1618, à Charles Boilesve, Seigneur de la Gillière, en considération des services qu'il avait rendus pendant 24 ans d'exercice de l'ofice de conseiller audit parlement. Ces lettres signées Louis, contresignées de Lomenie et scellées, furent régistrées au mesme parlement le 21e de février de l'année suivante.

Arrest du parlement rendu le 10e de décembre de l'an 1587, par lequel, sur la requeste présentée par D[lle] Philipe Priouleau, veuve de François Boilesve, Conseiller du Roy, Lieutenant à Angers, et par Marin Boilesve, Conseiller au parlement de Bretagne, contenant qu'en haine de ce que ledit François Boilesve, par ordre de ladite cour, avoit fait faire le procès à Mathurin Cochelin, à cause des vexations et des malversations qu'il avoit comises dans l'exercice de son office de substitut du procureur général du Roy au siège présidial d'Angers, ledit Mathurin Cochelin avoit exposé un libelle diffamatoire en forme de factum contre l'honneur de la famille de Boilesve, et l'avoit fait imprimer et publier en divers lieux, et que pour cette raison ils suplièrent la cour de leur en adjuger reparation honorable et ordonna que ledit libelle seroit huslé en présence dudit Cochelin comme faux et calomniateur, et que le même Cochelin seroit condamné de les reconnoitre pour gens de bien, nés de noble et ancienne extraction.

Ladite cour, après avoir vu les titres de la noblesse des exposans et ayant égard à leur requeste, ordonne que ledit factum sera lacéré et suprimé. Elle condamne ledit Cochelin en 100 livres parisis d'amende et aux dépens, et elle lui fait défense de ne plus tomber en paieille faute, sous peine de punition exemplaire. Cet arrest signé du Tillet.

Nous, Louis-Pierre d'Hozier, juge d'armes de France, chevalier de l'ordre du Roy, son conseiller, maitre ordinaire en la Chambre des comptes, l'un des dix conseillers de cours supérieures en l'hôtel de ville, généalogiste de la maison et des écuries de Sa Majesté et de celles de la Reine, en survivance.

Certifions au Roy que D[lle] Gabrielle-Marie-Anne Boilesve du Plantis a la noblesse nécessaire pour estre admise au nombre des filles Demoiselles que Sa Majesté fait élever dans la maison royale de saint Louis, fondée à Saint-Cir, dans le parc de Versailles, comme il est justifié par les actes qui sont énoncés dans cette preuve, laquelle nous avons vérifiée et dressée à Paris le mardi 20e jour du mois de juillet de l'an 1728

(Signé) : d'Hozier.

Original en papier.

L'arrêt du 10 décembre 1587 énonçant les titres d'ancienne noblesse de la famille Boilesve est ici cité, sans qu'on ait jugé utile de remonter plus haut.

Le 30 mars 1767, Joseph-François de Boylesve de Chamballan fit ses preuves pour être reçu à l'École royale militaire.

Bibliothèque nationale. Cabinet des Titres. Preuves de l'École militaire, vol. 12, n° 12. — Procès-verbal des preuves de noblesse de Joseph-François de Boylesve de Chamballan, agréé par le Roy, pour être admis au nombre des gentilhommes que Sa Majesté fait élever dans l'hôtel de l'École royale militaire « d'azur à trois sautoirs d'or, posés deux et un ».

1er degré. Produisant. Joseph-François de Boylesve de Chamballan. Extraict des régistres de la paroisse de Vallerangue, diocèse d'Alais, portant que Joseph-François, fils légitime et naturel de Messire Claude-Joseph de Boylesve, Chevallier de Chamballan, capitaine de grenadiers au régiment de Bigorre, Chevalier de l'ordre royal et militaire de Saint-Louis, et de dame Suzanne d'Arnal, son épouse, naquit le 26 de septembre 1755 et fut baptisé le lendemain. Cet extrait signé Teissier, curé de Vallerangue et légalisé.

2e degré. Père. Claude-Joseph de Boylesve de Chamballan. Contrat de mariage de Messire Claude-Joseph de Boislesve, Chevallier de Chamballan, capitaine de grenadiers au régiment de Bigorre et Chevalier de l'ordre royal et militaire de Saint-Louis, originaire de la ville de Rennes en Bretagne, étant alors en quartier à Vallerangue, diocèse d'Alès, fils légitime et naturel de deffunts Messire Joseph-Hyacinthe-François de Boylesve, Chevalier, Seigneur Comte de Chamballan, Conseiller en la Grande Chambre du parlement de Bretagne et de dame Jeanne Gefroy de la Villeblanche, accordé le 21 de septembre 1754, avec demoiselle Suzal d'Arnal, fille légitime et naturelle de deffunts Messire Jean d'Arnal, avocat au parlement de Toulouse, et de demoiselle Suzanne de la Cour, demeurante audit Vallerangue où ce contrat fut passé devant Fesquet, notaire royal.

Extrait des régistres de l'église paroissiale de Saint-Étienne de Rennes, portant que Claude-Joseph, fils de Messire Joseph-François-Hyacinthe de Boyleve, Chevalier, Seigneur de Chamballan, Conseiller au parlement de Bretagne, et de dame Jeanne Geffroy, son épouse, naquit le 25 de janvier 1706 et fut baptisé le lendemain. Cet extrait signé Le Loué, recteur de Saint-Étienne et légalisé.

3e degré. Ayeul. Joseph-Hyacinthe-François de Boylesve de Chamballan, Jeanne-Thérèse Geffroys de la Villeblanche. Contrat de mariage de Messire Joseph-Hyacinthe de Boylesve, Chevalier, Seigneur Comte de Chamballan, Conseiller du Roy en son parlement de Bretagne, fils aisné, héritier principal et noble de deffunt Messire François de Boylesve, Chevalier, Seigneur dudit lieu, aussi Conseiller au même parlement, et de dame Anne-Françoise Huby, demeurant en son château de Chamballan, paroisse de Rougé, évêché de Nantes, accordé le 24 d'aoust 1701 avec demoiselle Jeanne-Thérèse Geffroys, dame de la Villeblanche, fille puisnée et héritière de deffunts Messire René-François Geffroys, Chevalier, Seigneur de la Villeblanche, et de dame Jeanne Le Livre, son épouse, demeurant au manoir de Querrevegant, où ce contrat fut passé devant Huo, notaire de la Cour et juridiction de la Rochemoison.

Partage noble et avantageux de la succession échue de feu Messire François de Boylesve, Chevalier, Seigneur dudit lieu, Conseiller du Roy au parlement de Bretagne, et de celle à échoir de dame Anne-Françoise Huby, sa veuve, fait le 31 mars 1701, par ladite dame veuve, entre Messire Joseph-Hyacinthe-François de Boylesve, Chevalier, Seigneur de Chambalan, leur fils aîné, héritier principal et noble, et dame Jeanne-Marie-Rose-Françoise de Boylesve, sa sœur leur fille puisnée et épouse de Messire François de la Bourdonnaye, Chevalier, Seigneur de Liré, Conseiller dudit parlement, tous demeurans à Rennes, paroisse de Saint-Étienne, par lequel la part de ladite dame de Liré, dans lesdites successions, est réglée à la somme de 112.148 livres et les surplus des biens des mêmes successions est adjugé audit Seigneur de Chambalan. Cet acte passé à Rennes, devant Berthelot, notaire royal en la même ville.

4e degré. Bisayeul. François Boylesve des Noulis et Anne-Françoise Huby de Kerverny, sa femme, 1675. Contrat de mariage de Messire François Boylesve, Chevalier, Seigneur dudit lieu et des Nouliz, Conseiller du Roy en sa Cour de parlement de Bretagne, fils puisné de Messire Louis Boylesve, Chevalier, Seigneur de la Gillière, du Planty et autres lieux, Conseiller du Roy et ancien président au présidial d'Angers, et de deffunte dame Perrine Born, son épouse, accordé le 30 de juin 1675 avec demoiselle Anne-Françoise Huby, dame de Kerverny, fille de deffunt noble homme Jean Huby, Sieur de Kerguyo, Uzel et autres lieux, et de demoiselle Jeanne Nouvel, sa veuve, demeurant en la ville de Rennes, où ce contrat fut passé devant du Chemin, notaire royal en la même ville.

Partages de la succession noble et bénéficiaire de deffunt Messire Louis Boylesve, Chevalier, Seigneur de la Gillière et du Plantis, Conseiller du Roy en ses conseils d'État, et président au siège présidial d'Angers, et de la succession pure et simple de deffunte Dame Perrine Born, son épouse, fait le 8 de janvier 1684 entre Mre Louis Boylesve, Chevalier, Seigneur de la Gillière, Conseiller du Roy en ses conseils, Lieutenant-général de la sénéchaussée d'Anjou, et siège présidial de la même ville d'Angers, fils aîné et principal héritier noble, sous bénéfice d'inventaire, dudit feu sieur président Boylesve, et aussi fils aîné et héritier pur et simple en partie de ladite dame Born, d'une part, Mre Jacques Boylesve, Chevalier, Seigneur du Planty, demeurant en sa maison Seigneuriale du Planty, et Messire François Boylesve, Chevalier,

Seigneur des Nouliz, Conseiller du Roy en sa cour de Parlement de Bretagne, demeurant à Rennes, paroisse de Saint-Étienne, lesdits Seigneur du Planty, et des Nouliz, enfans puinés et aussi héritiers, scavoir sous bénéfice d'inventaire dudit feu Seigneur, président Boylesve et purs et simples de ladite dame Born, d'autre part. Cet acte dans lequel il est fait mention de legs pieux faits par feu Messire Boylesve, évêque d'Avranches, oncle desdits partageants, fut passé à Angers devant Yvard, notaire royal, résidant en la même ville.

Jugement rendu au Château-du-Loir, le 7 de juin 1667, par Jean-Baptiste Voysin, Chevalier, Seigneur de la Noiraye, commissaire député par sa Majesté, ès provinces de Touraine, Anjou et Maine, par lequel, il donne acte à Louis Boylesve, Escuier, Seigneur de la Gillière et du Planty, Conseiller du Roy en ses conseils, président au siège présidial d'Angers, et cy devant Lieutenant-général au même siège, tant pour lui que pour Henri Boylesve, Escuyer, Seigneur de la Moricière, et Charles Boylesve, Seigneur des Aulnays, Conseiller du Roy en sa cour de Parlement de Bretagne, ses frères, et pour Louis Boylesve, Escuyer, Seigneur de la Gillière, Conseiller du Roy en ses conseils, Lieutenant-général au siège présidial d'Angers, et Jacques Boylesve, Escuyer, Seigneur du Planty, ses enfans, frères de François Boylesve, Escuyer, Seigneur des Noullis, et encore pour Jacques Boylesve, Escuyer, Seigneur des Aulnays, fils dudit Charles, Conseiller au Parlement de Bretagne, tous demeurant à Angers, de la représentation de leurs titres pour y avoir égard lors de la confection du catalogue des gentilshommes. Ce jugement, signé, Voisin.

Nous, Antoine-Marie d'Hozier de Sérigny, Chevalier, juge d'armes de la noblesse de France en survivance et, en cette qualité, commissaire du Roy pour certifier, à Sa Majesté, la noblesse des élèves de l'école royale militaire, et du collège royal de la Flèche, Chevalier, Grand Croix honoraire de l'Ordre royal Saint-Maurice de Sardaigne.

Certifions au Roy, que, Joseph-François de Boylesve de Chamballan, a la noblesse nécessaire pour être admis au nombre des gentilshommes que Sa Majesté fait élever dans l'hôtel de l'école royale militaire, ainsi qu'il est justifié par les actes énoncés et visés dans ce procès-verbal que nous avons dressé et signé à Paris, le 10e jour du mois de mars de l'an 1767.

(Signé) D'HOZIER DE SÉRIGNY.

Original en parchemin.

Il nous reste, maintenant, à donner la filiation de la famille de Boylesve : mais, auparavant, nous tenons à remercier ceux qui, par leurs gracieuses communications, ont facilité et rendu possible ce travail : M. Senot de la Loude, neveu du R. P. de Boylesve, dernier représentant de la branche de la Maurouzière et possesseur actuel du Chartrier, M. Charles d'Achon, qui en a recueilli une partie considérable, Mlle de Senot, Mme de la Motte Rouge, M. Saulnier, etc.

FILIATION DE LA FAMILLE BOYLESVE

Boilève, de Boylève, Beiclève, en latin Boisleveus.

Armoiries anciennes : *d'azur à 3 étoiles d'or, 2 et 1* et depuis 1396 : *d'azur à 3 sautoirs d'or, 2 et 1.*

Supports : deux lions — *alias* deux lévriers[1].

Devise : Dant adversa decus.

[1] L'écusson figuré ici décore un joli bougeoir en argent, Louis XV, appartenant à M. Michel, conservateur du Musée Saint-Jean d'Angers.

La branche de Boylesve de la Maurouzière fut autorisée, par lettres patentes d'Henri IV, à ajouter à ses armoiries *un chef d'azur à 3 fleurs de lys d'or, l'écu entouré d'un collier de l'ordre de Saint-Michel, cimier une fleur de lys d'or*. Devise Religio, Patria.

Cette famille a possédé les terres et seigneuries qui suivent :

La Baronnie d'Ancenis (Loire-Inférieure), 1657-1660.

Les Arcis.

Le Grand-Aunay, commune de Coron, canton de Vihiers (Maine-et-Loire) (I, 161)[1].

[1] Voir le *Dictionnaire historique de Maine-et-Loire*, par M. C. Port, pour les fiefs situés en Anjou.

Les Aunays, commune de Neuvy, canton de Chemillé (I, 160).

Auvers, commune de Durtal, canton de Baugé, 1594 (I, 165).

La Bauche-Boylesve, commune de Bouguenais (Loire-Inférieure).

Beauveau.

Béligan, commune de Sainte-Gemmes-sur-Loire, 1692 (I, 292).

Beauregard, 1358.

La Béraudière, commune de Neuvy, canton de Chemillé.

La Biquerie, commune de Saint-Aubin-de-Luigné, 1556 (I, 352).

La Bodinière, commune de Saint-Quentin-en-Mauges, 1403 (I, 384).

Bourdeloire, 1358.

La Bourdinière, commune de Coron, 1602 (I, 447).

La Bourelière, commune de Juigné-sur-Loire, canton des Ponts-de-Cé, 1358-1539 (I, 457).

La Braudière, commune de la Tourlandry, canton de Chemillé (I, 478).

Les Briffières, commune de Sainte-Christine, canton de Chemillé, 1678.

La Brisarderie, commune de Chanzeaux, canton de Thouarcé, 1539 (I, 509).

Cernusson.

Chamballan, commune de Rougé, arrondissement de Châteaubriant (Loire-Inférieure), 1700.

Chambon ou Jambon, commune de Pellouailles.

Chanzé, 1574.

Charrost, commune de Contigné, canton de Châteauneuf (I, 631).

La Chesnaie.

La Colleterie, commune de Saint-Lambert-la-Potherie, canton de Thouarcé, 1776-1834 (I, 728).

Cordé, commune de Chalonnes-sur-Loire, arrondissement d'Angers.

Forjau, 1330.

La Galaisière, commune de Saint-Quentin-en-Mauges, actuellement Durtal, 1654 (II, 221).

La Galtière, commune de Saint-Quentin-en-Mauges (II, 224).

La Gauderie.

Les Gaudrés, commune de Savennières, canton de Saint-Georges, 1615 (II, 235).

Gaugé, commune de Saint-Quentin-en-Mauges (II, 235).

La Gillière, commune de Saint-Quentin-en-Mauges, 1581-1629 (II, 261).

Le comté de Gonnord, commune de ce nom, canton de Thouarcé, 1662 (II, 278).

Grandchamp, 1330-1498.

Le Granger, commune du Pin-en-Mauges, canton de Beaupréau, 1649.

La Greffoire, commune de Chemillé, canton de Beaupréau, 1611.

La Guérinière, commune du May, canton de Beaupréau, 1643.

Le Marquisat d'Harroué, en Lorraine.

La Hubinière.

La Baronnie de Lézigny, commune de ce nom, canton de Brie (Seine-et-Marne).

Logeraye, 1273.

Malenoue, commune de Champtocé, conton de Saint-Georges (II, 581).

La Modetaie, commune de Blou, canton de Longué, 1723-1832 (II, 687).

La Moricière, 1580.

La Morousière, commune de Neuvy, canton de Chemillé, 1574-1612 (II, 746).

La Motte, commune de Jallais, canton de Beaupréau, 1358.

Noirieux, commune de Briollay, canton d'Angers, 1688 (III, 12).

Les Noulis, commune de Saint-Aubin-de-Luigné (III, 16).

Le fief Orceau.

La Baronnie d'Oulmes.

Les Paragères, commune de Chaudefonds, canton de Chalonnes, 1559.

Le Plantis, commune de Sainte-Christine, canton de Chemillé, 1638 (III, 113).

Le Plessis.

Le Plessis-Bernereau, commune de Saint-Laurent-de-la-Plaine, canton de Saint-Florent.

La Plissonnière, commune de Saint-Hilaire-de-Mortagne, canton de Mortagne (Vendée), 1624-1811.

La Poissonnière, commune de Saint-Quentin-en-Mauges (III, 134).

La Baronnie du Puy-du-Fou, commune des Épesses, canton des Herbiers (Vendée).

Puyguyon, commune de la Tessoualle, conton de Cholet.

La Quantinière, commune de Chanzeaux, canton de Thouarcé (I, 549).

Raizannes.

La Grande Ramée, commune de la Poitevinière, canton de Beaupréau, 1611 (III, 222).

Baronnie de Ramefort, commune de Blou, canton de Longué (III, 222).

Razilly, commune de Chemillé, 1715 (III, 228).

La Renardière, commune de Chalonnes-sur-Loire, 1358.

La Roche, commune de Rablay, canton de Thouarcé, 1539 (III, 274).

La Petite Roche, commune de Jallais, canton de Beaupréau (III, 275).

La Roche-Foulques, commune de Soucelles, canton de Tiercé, 1693 (III, 289).

Saint-Lambert-de-la-Potherie, commune du nom, canton de Thouarcé, 1700 (III, 402).

Le Saulay.

La Séguinière, commune de Gonnord, canton de Thouarcé, 1699 (III, 515).

Le Serin.

Sermaise.

Soucelles, commune de ce nom, canton de Tiercé (III, 537).

Le Tallud, commune de Tiercé (III, 558).

Tarot, en Bretagne, 1620.

Teildras, commune de Cheffes, canton de Briollay (III, 562.)

La Tessoualle, commune de ce nom, canton de Cholet.

Les Thibaudières, commune de Chaudefonds, canton de Chalonnes, 1559.

La Treille.

Le Verger, commune de Cantenay, canton d'Angers.

Villeblanche, commune de Chanzeaux, 1593 (III, 723).

N. Boylesve, Chevalier, vivait dans la seconde moitié du XIIe siècle et épousa N..., dont il eut trois enfants : Robert, Étienne et Geoffroy.

PREMIER DEGRÉ

1° Robert Boylesve, dont on ignore la destinée, eut son partage en 1228 ;

2° Étienne, qui continua la famille ;

3° Geoffroy BOYLESVE, Chevalier, épousa D^{lle} Pétronille de BEAUPRÉAU[1], dont il eut deux enfans : Adam et Ameline.

[1] De Beaupréau : *d'azur à 5 fusées d'or en fasce accompagnées de 7 croisettes bourdonnées de même 4 et 3.*

2e degré. 1° Adam BOYLESVE, clerc, Seigneur de Logeraye, partagea les successions de ses père et mère avec les filles de sa sœur en 1273;

2° Ameline BOYLESVE épousa N... dont postérité.

Chartrier de Boylesve, 1273. — Universis presentes litteras inspecturis vel audituris, officialis curie Andegavensis, salutem in domino. Noveritis quod cum contentio verteretur inter Matheam uxorem Eudonis Le Notonier et Petronillam uxorem Johannis de Thoarceio, clerici, sorores, filias defuncte Ameline quondam filie defunctorum Gaufridi Beicleve et Petronille quondam cognominate de Bello pratello, ex una parte, et Adam Beicleve clericum, filium quondam dictorum deffunctorum Gaufridi et Petronille, exaltera, super bonis mobilibus et immobilibus ex successionibus dictorum deffunctorum ad ipsos delatis et provenientibus, tandem ad hunc modum pacis dicte partes super premissis, coram nobis, in concordiam venerunt, concilio prudentium virorum super hoc accedentium, quod terra de Logeraye et omnia alia bona mobilia et immobilia, queque et ubicumque sint et quocumque jure et nomine censeantur, provenientes ex successionibus dictorum deffunctorum Gaufridi et Petronille, dicto Ade et suis heredibus perpetuo remanent pacifice et quiete, ad suam voluntatem penitus faciendam, nisi ex nova eschaeta eisdem Mathee et Petronille sororibus ex dono caduco deveniret, que eisdem sororibus et earum heredibus erit salva penitus et excepta. Ita tamen quod dictus Adam, per compositionem predictam, tenetur et tenebitur dictis sororibus et earum heredibus et successoribus reddere perpetuo, singulis annis, sexdecim sextaria siligenis annui redditus, bone, nove et legate ad mensuram de Bello pratello, apud Bellum Pratellum, in octavis festi assumptionis Beate Marie virginis... Et, pro bono pacis, dictus Adam dedit et numeravit eisdem sororibus quadraginta libras monete currentis, pro omne jus et portionem ipsas contingentem in bonis predictis... de quibus quadraginta libris... dicte sorores sunt contente... renunciantes... In cujus rei testimonium presentibus litteris sigillum curie Andegavensis, ad petitionem partium predictarum, duximus apponendum. Datum mense februarii anno Domini m° cc° LXX° tercio.

Original en parchemin, le sceau perdu. Au dos, est écrit en caractères du XIIIe siècle : Littera de heredibus deffuncti Adan Boylesve pro octo sex sextariis siliginis de Bello Pratello.

2° Étienne BOYLESVE, Chevalier, épousa du vivant de son père, en 1225, Demoiselle Marguerite de la GUESLE[1], dont il eut un fils nommé Fouques.

Il fut nommé Conseiller au parlement de Paris en 1248 et suivit le Roi Louis IX en Égypte ; il fut fait prisonnier à Damiette, avec ce prince, en 1249. Les Sarrazins exigèrent pour sa rançon 200 livres d'or, somme énorme, qu'il emprunta à Gaultier de la Guesle, son beau-frère, moyennant une rente de 10 livres d'or assise sur sa maison, près la porte de l'église Saint-Germain-l'Auxerrois, à Paris. Cette rente fut amortie, comme on le verra plus loin, par son arrière-petit-fils en 1368. Le Roi, voulant réformer les abus qui se commettaient dans le gouvernement de Paris et dans l'administration de la justice, fit chercher « un grand sage homme » auquel il pût confier l'un et l'autre. Son choix tomba sur Estienne Boylesve et il le nomma prévôt ou garde de la prévôté de Paris en 1258.

L'arrêt du parlement de Paris de 1587 cite « le contract de mariage d'Estienne Boylesve, Chevalier, et de Marguerite de la Guesle en 1225, et le partage entre ledit Estienne et ses frères Géoffroy et Robert en 1228 ». Ces pièces ne se trouvent plus au chartrier de Boylesve. Joinville dit « que saint Louis alloit souvent s'assoir près d'Estienne Boylesve pour apprendre luy même à rendre la justice et pour luy donner plus d'autorité dans la charge importante qu'il lui avoit confiée[2] ».

[1] De la Guesle : *d'or au chevron de gueules accompagné de 3 huchets de sable liés de gueules.*

[2] *Histoire de saint Louis.* — Président Hénault, *Abrégé chronologique,* I, p. 248. — Vély, *Histoire de France,* IV, p. 352. — Abbé Ladvocat, *Dictionnaire historique* (Suppl. lettre B). — Moreri, II, p. 214.

Il fit rédiger le *Livre des métiers*, dont il existait au XVIIIe siècle plusieurs copies, l'original ayant péri dans l'incendie de la Chambre des comptes en 1737. Le nom d'Étienne Boylesve a été fort mal lu par une foule d'auteurs. Les uns l'appellent Boileau, les autres Boiliave. Cependant, tous les documents du temps portent Boylesve, en latin *Boisleveus*. Voir notamment le contrat de mariage de son fils en 1258. Ménard, dans son *Histoire de saint Louis de Joinville*, a estropié une foule de noms et l'appelle Boileau. Du Cange affirme que le vrai nom est Boileve, ainsi qu'il était nommé dans les comptes des baillis de France en 1262, 1266 et 1268. Il était mort en 1270.

DEUXIÈME DEGRÉ

Fouques ou Fouquet BOYLESVE, Chevalier, épousa du vivant de son père, en 1258, Demoiselle Julienne de CHAZÉ[1], fille de Géoffroy, Chevalier, Seigneur du lieu, dont il eut un fils nommé Louis.

Chartrier de Boylesve, 1258. — Sachent toz que Estienne Boylesve, chevalier, prévost de Paris et Marguarite de la Guesle sa femme voutrent expressement et agrérent que si Julienne fille de Jouffrey de Chazé, chevalier, morect sans eir de Fouquet fuiz do dit Estienne et Marguarite que ils saraient tenus à rendre set vins livres de monnoie tornois as eir de la dite Julienne, dedans les treis premiers ans que lo seroit morte, s'obligent a ce le dit Estienne et Marguarite, eux et leurs eirs, et tos lours bians, où qu'il saient, et se le dit Fouquet moreit avant la dite Julienne, le dit Estienne et Marguarite seroient tenus a rendre à la dite Julienne cent livres de monnoie courante dedans les premiers dous ans qu'il seroit mort, chacun an cinquante livres, o les devans dits set vins livres, chacun an par les treis années quarante six livres, treise sous et oit deniers, obligent a ce tos lours bians où

[1] De Chazé : *de gueules à 6 alérions d'argent, 3, 2 et 1.*

qu'ils saient. Le present fet à Angers le mardy devant la Saint Denis l'an de grace mil dous cent cinquante et oit. — Lucas Baudry.

Original en parchemin, le sceau brisé.

TROISIÈME DEGRÉ

Louis Boylesve, Écuyer, Seigneur de Grandchamp, épousa en 1296 Damoiselle Jeanne de Ciercey[1], fille de feu Jean, Chevalier, Seigneur de la Frémondière, et de Hameline.

Il en eut trois enfants : Jean, Pierre et Charles.

Chartrier de Boylesve, 1296. — Sachent toz presens et avenir que en nostre cort en dreit estably, Monsour Guillaume de Ciercey, chevalier, cognut et confessa que il avait donné et octréyé et encores donne et octroye a tos jors mès perpetuellement en mariage o Johenne sa seur à Loys Boyleve Escuier cent franc d'or et neuf setiers de seige de annueu et de perpetuau rente à la mesure de Chemillé renddables, chascun an, le jor de la Saint Michel ou mont de Gargane en une gaennerye qui est vulgairement appellée la Fromondière[2], au dit Loys Boilesve et à la dite Johenne sa femme ou à qui aura cause de par eux, aux propres despens do dit de Ciercey ou de qui aura cause. De plus ses obligé iceluy Guillaume à rendre quatre setiers do dessus dit segle especialement une gaennerye o ses appartenances qui est dite la Fromondière et à rendre cinq setiers do dit segle icelui Guillaume oblige especialement la gaennerye de la Housaie, en telle manière que la dite Johenne a renoncé et encore renonce, o l'autorité do dit Boylesve, à tote la succession de feu Johan de Ciercey et de Hameline son père et sa mère, excepté eschaete de frère ou de seur, si comme les dites parties le confessèrent en nostre cort, en dreit, à ce tenir et entretenir les dictes parties obligent eux et lors hers et generaument tos lors biens meubles, immeubles presens et

[1] De Ciercey : *d'or à 10 tourteaux d'azur, 4, 3, 2 et 1.*

[2] La Frémondière, commune de Neuvy, canton de Chemillé (Maine-et-Loire), La Houssaie, commune et canton de Chemillé.

avenir en quelconque leu que il scent et ils enffurent jugiez et condampnés à lor requeste par le jugement de nostre cort, lafey de lors corps donnée en nostre main de ne venir en contre par aucune resson de fraude, de déception, tos privilèges et totes allégations de feit, de dreit et de costume, pour quoy cest present escript porroit estre destruict ou amenté en tot ou en partie. Ce fut faict au chasteau de Chalonne, le mardy avant la Saint Thomas l'apostre l'an de grace m° cc° quatre vins et seize.

Original en parchemin, scellé d'un sceau de cire verte ; au contresceau on ne lit plus que les deux lettres... AL...

QUATRIÈME DEGRÉ

1° Jean Boylesve, qui suit.

2° Pierre Boylesve, Écuyer, épousa N..., dont il eut Géoffroy. Il était mort avant 1358.

5° degré. Géoffroy Boylesve, Écuyer, Seigneur de la Motte, partagé le 8 octobre 1358 par Jean Boylesve, son oncle. (Voir plus loin.)

3° Charles Boylesve, Écuyer, Seigneur de Beauregard, partagé par son aîné avant 1358, figure à cette date comme conseil de son neveu Géoffroy.

1° Jean Boylesve, Chevalier, Seigneur de Forjan, chambellan de très haut Prince le Roi de Jérusalem, duc d'Anjou, son chancelier, gouverneur du château de Guise, épousa en 1330 Demoiselle Blanche de Villeneuve, fille de Robert, Chevalier. Il donna en 1358 son partage à son neveu Géoffroy et fut inhumé avec sa femme « à costé du grand autel de Saint-Jean de Chartres », laissant un fils, Jean.

Chartrier de Boylesve, 1330. — A tos ceux qui ces presentes verront et oiront, que Robert de Villeneuve Chevalier salut. Nous faisons à scavoir que entre nous Loys Boylesve Escuier Seigneur de Grandchamp soit scu par tos qui sont et qui seront que en ce jour de grace avons par bon heur, si à nostre Seigneur plaise, donné pour femme Blanche nostre fille à Jehan Boylesve Escuier Seigneur de Forjan, chambellan et capitaine de la ville et chasteau de Guise de très haut prince le Roy de Hierusalem, duc d'Anjou, Est fait et accordé en la manière qui s'ensuit : premièrement est accordé que le dit Robert donra à la dite Damoiselle sa fille en mariage trois cens francs d'or ou de la monnoie qui court au pais et poira deux mois après que la bénition dou dit mariage sera faite et quarante livres de rente, laquelle rente sera assise ainsy comme rente doit estre assise selon la coutume du pays par deux preudhommes prins l'un par une partie et l'autre par l'autre qui jureront sur saints Evangiles qu'ils feront ceste assise bien et loyaument jusques à tems que les dites quarante livres de rente soient parassises sur une maison ou sur autre chose des appartenances dou dit Robert. Et nous en cas que nous survivions nostre dit fils donnons à la dite Damoiselle cent livres de rente sur tos nos biens et une maison convenable pour la demourance et appartenance d'ycelle sans en rien retenir ny autre chose d'ycelle, et pour ce elle renoncera et doit renoncer des houres d'avant a tout autre droit de douaire qu'elle pourroit avoir de droit et de coutume. Et est encore accordé que s'il advinast que la dite damoiselle moreit depuis le mariage fait, que Dieu ne veille, que ce qui seroit payé ou devroit estre payé des deniers escheus ly donnés en mariage ne reviendra au dit Robert ains ou dit Jehan mari seulement. Les quelles convenances, promesses et octroys tous ensemble et chacun pour soy promettons en bonne foy et par nostre loyal serment tenir, garder et accomplir sans jamais venir en contre par nos ou par autres, obligeons quant à ce tos nos bians mobles et immobles presens et à venir quante part qu'ils soient. Et je Jehan davant dit et nos, fils do dit Loys dessus dit ès dessus dites choses et chacunes promets en la forme et meinière qu'elles sont en dessus divisées, octroyées et agrées et de bout en bout my consens et promets en bonne foy et par mon serment sur ce faict ès saints Evangiles, je toutes les dites choses tiendray et loyaument et accompliray sans venir en contre par quelque cause ou raison que ce soit par moy ne par autre en tems à venir et a greîgneur seuretté, ces choses a esté mis le scel du Roy duquel l'on use à Lodun au présentes. Ce fut fait le mardy avant la Saint Jehan l'an de grace mil trois cens trente. Et scellé en double queue de cire verte à une tour et deux fleurs de lys.

Vidimé et collationné la présente copie à son original étant en parchemin, sain et entier en sa date par nous Pierre Bouchet notaire royal en Poitou residant à Mortagne... le 25 may 1754. — *Signé :* Boylesve de la Maurousière, Hullin, Boucher, notaire royal et scellé.

Nous donnons ici le sceau et le contresceau de la Cour de Loudun d'après un acte de 1301 appartenant à M. de Terrebasse, à Cunault.

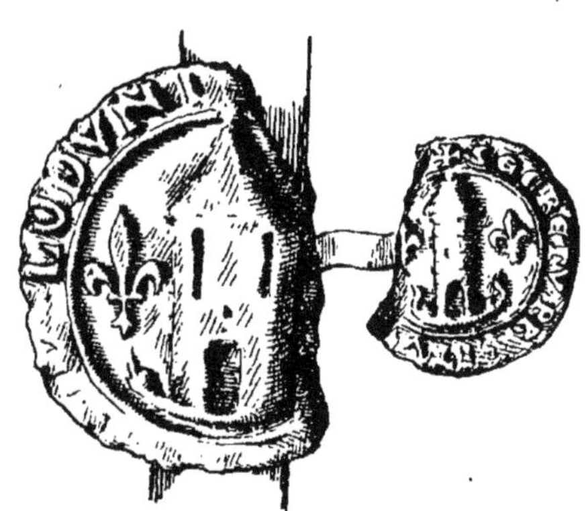

Chartrier de Boylesve, 1358. — Sachent tous presens et à venir que comme Monsour Jehan Boylesve, chevalier, et feu Pierre Boylesve, son frère, eussent plusieurs leurs terres, domaines et rentes en pluseurs leus communs entre eux, lesquels ne eussent oncques esté despartis entre eux, ja eust esté que les dessus dits sans en faire partage eussent chacun expleté par lon temps et tenus et pour seu une partie dedans ces choses non parties, et maintenant et à present contenz fust esmeu ou en espérance de esmouvoir entre ledit Messire Jehan Boylesve d'une partie et Géoffroy Boylesve, son neveu, fils dou dit Pierre Boylesve, son frère, d'autre part, à cause des dessus dites choses non parties, en nostre court d'Angers pardevant nous personnellement establis les dessus dits Messire Jehan et Géoffroy, soumettant eux et chacun d'eux, leurs heirs et tous lours bians au pouvoir et jurisdiction de nostre dite court, quant au faict, cognurent et confessent chacun de sa pleine volenté, sans pourforcement, estre venus à pez et à accort, et avoir fait ensemble à l'assentement et conseil de Monsieur Charles Boylesve, chevalier, seigneur de Beauregard, frère dudit Messire Jehan et oncle dou dit

Géoffroy et encores par ces présentes font partage entre eux de la manière qui s'ensuit. C'est à scavoir que au dit Messire Jehan Boylesve est escheu, competé et avenu par l'assentement dou dit Géoffroy et pour son préciput et par ledit partage feit entre eux, les terres, seignories, demaines de Bourgdeboire et la Bourelière et les appartenances tant mesons, hebergemens, courtils, garennes, bois, terres, vignes, prez, rentes, cens, desmes, moslins, pescheries et autres choses quelconques appartenans ausdits leus, à tenir, à avoir et espleter et posseder ledit Messire Jehan lesdites terres et ses appartenances en pez et sans contens, comme son droit, propre heritage, sans ce que ledit Géoffroy, ses héritiers, successeurs ne autres à cause de luy y puissent jamais rien demander et par ledit partage ainxin feit entre eux est escheu audit Géoffroy, competé et avenu pour son tierçage, la terre et appartenance de Motte, en la paroisse de Jallais, et doze septiers de seigle, d'annuelle et perpétuelle rente à tos jours més, mesure du grant Mourveu à prendre au lendemain de la feste de Sainte-Croix, en septembre, annuellement sur une gagnerie appellée la Renardière, paroisse de Saint-Maurille de Chalonnes, et ses appartenances par le assentement dou dit Messire Jehan, sans ce que luy, ses heirs ne autres à cause de luy y puissent jamais rien avoir ne demander, ains les veut ledit Géoffroy tenir et posseder comme son droit, heritage, auxquelles compositions et accordances et les partages dessus dits ainxin se garder, garantir, delivrer et deffendre l'une partie à l'autre en tant comme à chacun en touche et peut appartenir et sur ce garder l'un l'autre de tout dommaige, empeschement, obligent les dessus dits et chacun d'eux ses heirs et tous ses biens meubles et immeubles presens et à venir quelques ils soient et ont renoncé quant à ce les dessus dits et chacun d'eux à toutes exceptions, déceptions de mal ou de fraude, de débaras, de tricherie et générallement à toutes oppositions, allégations, empeschemens, appleigements, contrappleigements, à tout droit escrit et non escrit, à toutes coutumes de pays et usages de temps et à toute autre chose quelconque à ces presentes contraire. Et de tout ce que dessus est dit tenir, avoir ferme et stable sans jamais faire ne venir encontre par eux, ne par autre en aucune manière, sont tenus les dessus dits Messire Jehan et Géoffroy et chacun d'eux par la foy de lours corps donné sur ce en nostre main et condamnés à leur requeste par le jugement de nostre dite court. Ce fut donné sous nos sceaux le huictiesme jour du mois d'octobre, l'an de grâce mil trois cens cinquante-huit.

Original en parchemin, jadis scellé de cire verte.

Chartrier de Boylesve, 1364. — Loys, fils du Roy de France, duc d'Anjou, comte du Maine, seigneur de Guise et de Rebemont, scavoir faisons à tous que veu et oui et diligemment examiné les comptes de Julian Bouchery, clerc de la chambre des deniers de nostre très chère et très amée compagne la duchesse, rendus par devant nos amées et féaux, nostre chancellier Messire Jehan de Boylesve, gouverneur de nostre terre de Guise et autres de nos gens à ce accoustumés à appeler, de toutes les recettes et mises en deniers, tant ordinaires comme extraordinaires, faites par ly pour la dépense de nostre hostel et de l'hostel de nostre dite compagne à Guise, Oisy, Rebemont et Boulogne sur la mer, entre le premier jour d'aoust enclos mil trois cens soixante et deux que ledit Julian commença à faire l'effet de ladite chambre et le premier jour de mars exclu mil trois cens soixante-trois, toute monnoie d'or et autres à valoir à sol et à livre tournois à la monnoie courante à Guise au jour de la date de ces lettres, les recettes duquel faites entre ledit temps, montent à neuf mil onze livres quatre sols et deux deniers, toujours monnoie courant à Guise et les mises faites sur ce par ledit Julian monte à neuf mil vingt livres dix-huit sols, toujours telle monnoie comme dessus, si comme il appert plus à plein par les comptes sur ce faits et ois comme dit est et rendu à nostre court. Nous pour la fin et conclusion de son dernier compte, sommes tenus audit Julian pour plus mis que reçu en la somme de neuf livres treize sols six deniers, toujours de la monnoie devant dite, lesquels comptes ainsy rendus comme dit est, nous ratifions, gréons et approuvons par ces lettres sans ce que nous et nos successeurs en puissions rien demander pour le temps à venir sauf à nous toutes voies, toute erreur de compte. Donné en tesmoingn de ce sous nostre scel en nostre chatel de Guise, le vingt-quatriesme jour d'apvril l'an de grâce mil trois cens seixante et quatre.

Par nous presens les dessus nommés (signé) J. Creste.

Original en parchemin, sceau perdu.

CINQUIÈME DEGRÉ

Jean Boylesve, chevalier, seigneur de Granchamp, premier maître d'hôtel de Louis de France, duc d'Orléans, fils du Roi Charles V et frère du Roi Charles VI, épousa, le 3 mai 1360, demoiselle Andrée Briconnet[1].

Hugues de la Guesle, son cousin, obtint contre lui, en 1368, une sentence du prévôt de Paris pour l'obliger au paiement de la rente de 10 livres d'or, créée par son quatrième aïeul.

Il se croisa en 1396 pour aller en Hongrie au secours des chrétiens opprimés par les Turcs; mais, avant de partir, il fit son testament et ordonna à son fils aîné de changer ses armoiries et de prendre *trois croix de Saint-André au lieu de trois étoiles*. Il périt à la journée de Nicopolis, le 28 septembre 1396.

Sa femme était morte avant lui et fut inhumée près du grand autel de Saint-Jean de Chartres.

Ils laissaient deux fils : Pierre et Guillaume.

L'arrest du parlement de Paris de 1387 relate « la grosse « originale du contrat de mariage, du 3 mai 1360, de Jean « Boylesve et d'Andrée Briconnet. » Cette pièce n'existe plus.

Chartrier de Boylesve, 1368. — Hugo Aubriot, custos prepositure Pariensis, universis et singulis qui cumque literas istas viderint, perpetuam in domino salutem. Ordo rationis nos ammonet ea que in presentia nostra rationabiliter sunt definita attestationis nostre munire presidio et literarum custodie commendare ne processu temporum a memoria posterorum dilabantur. Inde est quod nos presentium significatione tam presentibus quam futuris notificandam duximus controversiam que in curia nostra mota est inter Johannem

[1] Briconnet : *d'azur à la bande componnée d'or et de gueules de 5 pièces, chargée sur le premier compon de gueules d'une étoile d'or et accompagnée en chef d'une autre étoile aussi d'or.*

Boisleveum et Hugonem a Guellea milites, judiciali sententia debere terminari prudentium et quidem nobilium consilio qui nobis adsunt et alii plures sapientes discreti clerici et laici et remotis partibus sanguine conjunctis que tamen invicem contendebant, attente considerantes ne sua jura armis dirimant, partim judicio, partim concordia, judicavimus hoc modo. Sic enim querela ista nunquam esset finem habitura videlicet quod dictus Johannes recipitur et recipietur in perpetuum et toties quoties ad amortisandum certum censum seu prestationem silicet decem librarum auri, nonobstante prescriptione centum viginti et plus annorum, quod dictus a Guellea in pace possiderat istum censum creatum per Stephanum Boisleveum prepositum parisiensem predecessorem nostrum et dicti Johannis attavum eo tempore quo D. Ludovicus rex obsederat civitatem Damietam et ubi dictus Stephanus a Sarracenis captus fuerat et pro redemptione sua Galterus a Guellea miles, mutuo dederat ducentas libras auri et postea censum annuum decem librarum auri illi assignaverat super domum suam sitam Parisius propre fanum sive edem sacram D. Germani de Lauxerio donec posset redimere istum censum annuum. Ut autem hoc judicium firmum et inviolabiliter permaneat presentem cartam sigillo nostre prepositure corroboravimus. Factum et datum est hoc Parisius anno ab incarnatione domini millesimo CCC° LXVIII° vero quinto Idus novembris. Carolo V° regnante in Francia et Edouardo in Anglia.

Original en parchemin, sceau perdu.

Il existe dans le *chartrier de Boylesve* et dans les *titres de M. Ch. d'Achon*, à Gennes (Maine-et-Loire), deux copies vidimées de cette sentence ; on y lit à la suite : signé R. de Baily et scellé sur le reply en double queue de parchemin où est ung sceau de cire verte tirant à present pour son ancienneté sur une couleur jaunastre où est empreint des deux costés une fleur de lys couronnée de deux couronnes sur les deux fleurons. Et à l'entour du sceau y a quelques lettres que l'on ne peut lire pour leur ancienneté, ainsi que le sceau, à l'endroit de l'escripture est en quelques endroictz escorné, duquel sceau la figure est telle :

(Ainsi dessiné à la plume.)

La coppie cy dessus escripte a esté par nous Jullian Deillé et Paul Sallays, notaires royaulx à Angers, soubzsignés collationnée à son original en parchemin signé et scellé, sain et entier, non vicié ne gasté, representé par Monsieur Me Maurice Boilesve, sieur de la Brisarderie, conseiller du Roy en son parlement de Bretaigne, ce réquerant illustre seigneur Messire Jacques de la Guesle, chevallier, conseiller du Roy en ses conseils d'Estat et privé et procureur général de Sa Majesté, pour lui servir ce que de raison. Au quel Boilesve, ladicte collation faicte, avons rendu ledict original. Fait à Angers, le dernier jour de décembre l'an mil six cens deux.

SALLAYS, J. DEILLÉ.

(Le sceau arraché.)

Cette sentence a été aussi imprimée par Ménage dans sa *Vie de Pierre Ayrault*, p. 233.

Chartrier de Boylesve, 1396. — Au nom de la très saincte et indivisible trinité, le Père, le Fils et le Sainct Esprict. Amen. Je, Jehan Boylesve, chevalier, sain de corps et de pansée, de bon engin, mémoire et entendement par la grace de Nostre Seigneur, faz et ordrenne mon testament et derraine voulenté et des bens et des chouses que Dieux m'a donnez je dispouse et ordrenne à la manière qui s'ensuit, auparavant mon partement et veaige que je delibère de faire en Hongrye où je me suis voué pour aller contre les Sarrazins et infidelles ennemys de la foy avec Monsior de Mathéfélon et de Partenay. Premièrement parce que l'ame d'homme est à prefferer à touttes chouses terriennes je recommande mon ame au gloyroux Roy de Paradis et à la benoiste gloirouse Verge Marie sa douce mère et veil que mon corps, quand il sera ellé de vie à trespassement soit ensepulturé à la cousté du grand auttel du moustier Sainct Jehan de Chartres [1] où mes feux père et mère et ma feue femme que Dieux absoilve, ont esté enterrés, en cas que Dieux ne feroit son commandement du corps de moy allant et venant de veiage de Hongrie où je tens aller. Et s'il avenoit que je dece-

[1] Dans les *Mémoires domestiques* et dans Ménage on lit à tort Notre-Dame, au lieu de Saint-Jean de Chartres.

dasse cest veiage durant je veil et ordrenne à mon plus principal heritier Pierres, mon fils, qu'il face faire mon service audit moustier de Sainct Jehan de Chartres comme si mon corps y estoit, et qu'il soit dict mil messe tant au jour de mon obiit que de mon seme et que chacun prestre ait deux sols six deniers. Item ge veil qu'il soit distribué aux pauvres trois cent francs par manière de charité tant le jour de mon obiit que de mon seme. Et s'il n'y venet si graude multitude de pauvres, vueil que les trois cent francs soint employés dans un ung mois après mon obiit. Item ge veil et ordrenne pour faire accomplir cest mienne charité que mon meuble soit le premier mis, vendu et adéméré, et s'il ne suffisoit au mains que mon testament soit accompli dans un an sur le revenu de ma terre et qu'à chacun des pauvres il soit donné cinq deniers. Item ge veil que mon dit filz ordrenne de mon luminaire à son plaisir et lequel ge charge d'accomplir mon testament et que mes debtes soient payées et mes torts faicts adressiez. Item ge veil, commande et ordrenne à mon dict filz aisné que doresnavant il prenne pour ses armes trois croix d'or panchées au lieu des trois estoiles d'or parce que entreprenant cest veaige à l'honneur de Dieux et de sa passion qu'il soufrit en la croix pour le salut et remède de l'ame de moy et de ma feue femme Andrée, ge me suis voué et faict peindre sur mon escu et jacquette d'armes les dictes trois croix. Item ge veil et commande à mon dict filz de demourer tousiours au service de très excellent et puissant prince Monseigneur le duc d'Orléans mon bon maistre, par congié et bon vouloir duquel ge fais cest veaige. Revocquant, rappellant et mettant du tout à néant tous austres testamens, escritures ou derraines volontez par moy faictez. Faict et signé au couvent de nostre Dame de Challoché ou diocèse d'Angers ou mois d'avril après Pasques l'an mil trois cens quatre vingtz seize. Et affin que madicte presente ordinacion et derraine vollenté vaille et tenge, et ait en soy fermeté et vertu ge prie et supplie la garde des sceaux establis aux contracts de la ville d'Angers qu'il veille mettre et aposer à ces presentes les sceaux desdicts contracts. Ce qu'a esté faict par moy Jehan Briand, clerc, à la supplication dudict testatour et la rellation de Jehan Fromont, notaire juré desdicts contracts davant lequel ledit testatour fit ordrenner les chouses dessus déclarées cy comme ledict notaire nous a rellaté en la presence de Monsieur l'abbé et de mon dit sieur de Mathéfelon et d'Estienne du Vau et de Gilles Lohéac, escuyers, ou diz moes d'avril et an. (Signé) Fromont.

Original, sans sceau.

Titres d'Achon. — Grosse en parchemin où l'original est dit scellé sur double queue de cire verte des armes d'Anjou.

Id. Autre copie collationnée à l'original représenté par Monsieur Me Marin Boilesve, escuier, sieur de la Maurouzière, conseiller du Roy, lieutenant général d'Anjou, conservateur des privilèges royaulx de l'Université d'Angers, et à luy rendu par moy soussigné greffier en ladite conservation.

(Signé) Lerat, avec paraphe.

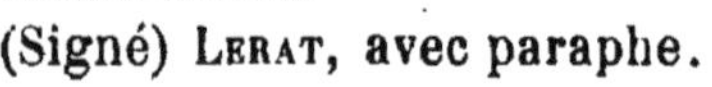

Ce testament a été également imprimé (*Vie de Pierre Ayrault*, p. 234.)

SIXIÈME DEGRÉ

1° Pierre Boylesve, qui suit.

2° Guillaume Boylesve, écuyer, sieur en partie de Grandchamp, reçut partage de son aîné en 1403.

Chartrier de Boylesve, 1403. — Sachent tous.. comme contens fut meu... entre Pierre Boylesve fils ainzné de feu Jehan Boylesve d'une part et Guillaume Boylesve fils puisné dudit feu Jehan Boylesve et frère dudit Pierre demeurant paroisse de Martigné-Briant, sur ce qu'il demandoit la moictié par indivis de tous et chacuns les biens meubles et mesnages demeurés du decest de leur dit feu père et aussi de toutes et chacunes les choses immeubles et heritaulx quelconques qui leurs sont venues, eschues, succedées et eschoistes dudit feu Jehan Boylesve leur père et disoylt oultre ledit Guillaume que ledit Pierre s'estayt ensaisiné de plusieurs biens meubles et mesnages demourés du decès de leur dit père après sa mort dont ledit Guillaume disoit la moitié d'yceulx biens à luy appartenir, requerant audit Pierre qu'il voulsit tourner et venir à partage tant des biens meubles que des heritages... et que sa partie et portion lui en fust baillée bien et justement, c'est assavoir la moictié par indivis. Et ledit Pierre disoit et proposoit plusieurs raisons au contraire, mesmement disoit que ils estoient personnes nobles devers la ligné de leur père et devers la ligné de leur mère et partant disoit que à nul puisné noble et extraict de noble lignée ne appartient nuls biens de succession ne de père, ne de mère ainczois sont et appartiennent à l'aisné et aussi disoit et maintenoit ledit Pierre que selon droit, raison et la coutume au pays d'Anjou nul puisné noble n'a droit d'avoir ne demander par heritage aulcune des choses heritaux de la succession mais en bien fait et à viage tant seullement. Toutes voyes après pluseurs altercations et debats euz sur ce... confessent d'un assentement et d'une mesme volenté... estre venus à un et à accord de tous les contems, descords, et desbats et oultre avoir faict et font entre eux les paraiges, divisions, traictés, compromis et conventions des choses meubles et heritaulx par la forme et manière qui s'ensuit... c'est assavoir que ledit Pierre aura... pour luy, ses hoirs les deux pars par indivis du lieu et appartenances de Grandchampt et des lieux de Bourgdeboire et de Forzon sise en la paroisse de Sanzay et de Mortaigne. Item deux sols six deniers et deux bousseaux de seille de rente assis sur la Gauderie. Item deux sols six deniers et deux bousseaux de seille sur les terres de la Bodinière et avecques les deux pars des deux sols de rente qu'ils avoient japiècza acquis par achapt de Jehan de la Rivière sur le bois de la Forfaitière qui des appartenances dudit lieu de Bourgdeboire et avecques ce auxi aura dix sols six deniers et deux bousseaux de selle assis sur les Arcis en la paroisse de Chanbrogne sans ce que ledit Guillaume ou ses heirs y puissent aucune chose demander... Ledit Guillaume pour sa part et portion aura la tierce partie par indivis des lieux de Grandchamp... et des dix sols de rente dessus dits... et sera tenu ledit Guillaume paier la tierce partie des devoirs et charges deues chacun an à cause desdites choses... et ledit Pierre sera tenu payer et continuer le surplus... Et pourtant que touche les vignes qui leur sont venues et eschues de la succession de leur dit père sises ès paroisses de Martigné-Briand et Saint-Aubin de Luigné, ledit Guillaume aura la tierce partie d'icelles, c'est à scavoir le demi quartier du Chasteigner et le demi quartier du Maupas... et sera tenu payer six deniers de cens... Et ledit Pierre aura pour lui le surplus de toutes et chacunes les vignes... et paiera tout le surplus des devoirs... Et sont et demourent audit Guillaume tous et chacuns les biens meubles et mesnages dont il est vestu et saisi excepté un lit garni de travers lit et de couvertures bon et complet qu'il sera tenu rendre audit Pierre et par ainsi que ledit Guillaume aura et prendra la moitié de toutes les bestes grosses et menues qui sont chez Guillaume de la Mesnage le jeune. Desquels partages... lesdites parties ont esté à un et à accord... Ce fut donné en double, d'assentement desdites parties, presents avec Jehan d'Aubigné, Michel Chenu et Guillaume de la Cour, escuiers, le darrain jour d'apvril l'an de grace mil quatre cens et trois.

(Signé) JALLOT.

Original en parchemin, le sceau arraché.

1° Pierre BOYLESVE, chevalier, seigneur de Grandchamp, de Bourgdeboire et de Forjean, gouverneur de Meun-sur-Loire, épousa, le 23 janvier 1414, demoiselle Perrette de COUÉ[1], veuve de Guillaume de la Rouaudière, sire de Teniers et fille de Jean, sire de Coué et de Julienne Le Roy. Il avait été d'abord secrétaire du duc d'Orléans et son intendant : il reçut de lui, en 1411, mandement de vendre des joyaulx et vaisselle d'or et d'argent, pour une somme de onze mille ecus[2].

Le 25 octobre 1415, il fut fait prisonnier à la bataille d'Azincourt, emmené en Angleterre et dut payer rançon. Il servait, en 1431, contre les Anglais, fut pris traiteusement par le fils du sire d'Escalles, gouverneur de Sainte-

[1] De Coué : *d'azur à 3 gerbes d'or, liées de gueules 2 et 1.*

[2] Malgré l'excessive longueur de cette pièce, on a tenu à la publier ici *in extenso,* tant elle est curieuse au point de vue archéologique et artistique. Voir aussi le *Bulletin archéologique, 1896.*

Suzanne et de Donfront, l'accusa de lui avoir dérobé un passeport du duc de Bedfort, le tua dans un combat singulier au Mans et obtint ainsi sa liberté. En 1443, il sollicita un nouveau passeport pour traiter de la délivrance des prisonniers français détenus par les Anglais.

Il mourut laissant plusieurs enfants outre Pierre et Jean, qui continua la filiation de la branche d'Anjou.

Henri BOYLESVE, chevalier, fut avocat général au Parlement de Paris en 1450 et son frère Guillaume fut conseiller au même Parlement en 1463. Il n'a pas été possible de reconstituer cette branche. On trouve successivement :

Jean BOYLESVE, petit-fils de Henri, reçu conseiller au Parlement de Paris en 1543.

Catherine OLIVIER, veuve de Pierre BOYLESVE, sieur de Persent, conseiller au grand Conseil, vivante en 1541.

Jeanne BOYLESVE, veuve de Roger de VAUDETARD, conseiller au Parlement, héritière de Nicolas, François et Jean BOYLESVE, baron de Persent et de Madeleine BOYLESVE, ses frères et sœurs, vivante en 1578.

François de BOYLESVE[1], autre petit-fils de Henri, sieur de Changé, conseiller au Parlement de Paris en 1546, au grand Conseil en 1559; de lui descendaient : Louis de BOYLESVE, sieur de Changé, vivant en 1581, Barthélemi de BOYLESVE, sieur du Loreau, mari de Marie GRENÈT, mort avant 1587, et Michel BOYLESVE, sieur de l'Orme-Couppé, qui épousa Jacqueline du FAY; il était mort le 3 août 1590, dont :

Louis de BOYLESVE, écuyer, sieur de l'Orme-Couppé et de la Tourneuve, épousa Isabelle de CHOLARD, dont :

[1] Ce François Boylesve pouvait être fils de François de Boylesve, écuyer, sieur de Changé, lieutenant particulier de la conservation des privilèges royaux de l'université de Paris en 1539-1540, que l'on verra en qualité de parent assister, en 1510, au mariage de Marin Boylesve, sieur de la Brizardière, avec Simonne Quentin.

Nous devons les renseignements sur cette branche, établie aux environs d'Epernon, à M. Merlet, archiviste d'Eure-et-Loir.

Louise-Isabelle et Françoise-Juliette, celle-ci née le 3 décembre 1619, épousa, en 1648, Alexandre de TRANCHE-LION, écuyer, et mourut le 4 février 1680.

Alexandre-Louis de BOYLESVE, écuyer, sieur desdites terres, épousa Catherine d'ABOT de la Palletière, dont :

Jules de BOYLESVE qui fit enregistrer ses armoiries en 1696. (*Paris*, IV, p. 168).

Charles de BOYLESVE, écuyer, sieur de la Tourneuve (*Id.* II, p. 1022).

Louis de BOYLESVE, écuyer, sieur de la Tourneuve, né en 1661, épousa, en 1692, Suzanne VASTINE de Grenet...

Chartrier de Boylesve, 1411. — Charles, duc d'Orléans et de Valoys, comte de Bloys et de Beaumont, et seigneur de Coucy, à tous ceulx qui ces presentes lettres verront, Salut. Comme par nos aultres lettres patentes données à Jargeau le vingt-quatriesme jour de juillet dernier passé, nous eussions commis et ordonné à nostre amé et féal segretaire Pierre Boylesve vaudre et adénerer oultre mer et engaiger les joyaulx et vaisselle cy-après desclarées à nous appartenans, ensemble ou par parties et nostre dict segretaire ait tous les diz joyaulz et vesselle excepté le rubis d'Orient, ainsi qu'il est spécifié et déclaré cy-après, lequel il a depuis rendu à nous-mêmes, naguères venduz et delivrez à Perrot la Doysne, marchant, demeurant en Bretaigne, pour le prix et somme de onze mil escus comme il appert plus à plain par instrument publicque faict et passé de la dicte vente comme la teneur s'ensuit : Sachent tous présens et advenir que comme noble homme et saige Messire Pierre Boilève, segretaire de très hault et puissant prince Monseigneur le duc d'Orléans, de Vallois, comte de Blois et de Beaumont et seigneur de Coucy, et commis par icelluy Seigneur à vaudre et adenerer oultre mer ou engaiger les joyaulx et vesselle ensemble ou par partyes appartenans audit Seigneur, dont la déclaration s'ensuit et en ensuivant icelle déclaration et tout en ung rolle de parchemin. S'ensuit la teneur des lettres dudit Seigneur, scellées de son grand scel de cire rouge, en queue simple si comme il nous est apparu de prime face : C'est la déclaration des joyaulx et vaisselle de Monseigneur le duc d'Orléans, baillez par ordonnance et commandement de mondict sieur et de son conseil à Messire Pierre Boylesve, segretaire de mondict sieur, le vingt-uniesme jour de juillet l'an mil quatre cens et onze, pour iceulx vendre et engaiger. Premièrement une grande croix d'argent doré sur laquelle est nostre Seigneur en croix, d'or esmaillé de blanc, une couronne d'espines d'or, au-dessus de sa teste Dieu le père couronné, le Sainct-Esprit en ray de souleil, ung rolle d'or esmaillé escript Jhesus Nazarenus, etc., et à un bout de dessus de la croix, ung ange d'or esmaillé de blanc, et aux deux costez du baston traversant le baston de la croix ung aultre ange tenant un calice, tous d'or. De l'ung des costés, l'image de Nostre-Dame, d'argent doré, la teste d'or et les mains d'or, ung diadesme d'or derrière le chef Nostre-Dame, a trois gros saphis, ung gros ballay et deux grosses perles ; de l'austre costé, une imaige de saint Jehan évangeliste, a une main et une teste d'or, derrière le chef ung diadesme d'or pareil du dessus dict, poisant environ XLVI^{m} III°. Item ung grand pié de ladicte croix, d'argent doré, à huict coulonnes au plus haut duquel a une montaigne bosselée, os et testes l'un, et entre les dictes huict collonnes ung sepulcre de cristal sur lequel a ung ange d'or tenant ung septre d'or, assis sur le couvercle dudit sepulcre et dedans le sepulcre Nostre Seigneur, d'or esmaillé de blanc, le devant dudit sepulcre environné de quatre ballaiz, six saphis et douze trosses de perles, deulx par trousse et sur le pié de devant ladicte croix assis et couchiez trois chevaliers gardant le sepulcre, pesant environ LI^{m} 11°. Item ung joyau d'or dont le pié est en manière d'ung pré, haye, assis sur quatre chappiteaulx, sur les deux, deux gros saphis et sur les deux aultres, deux grosses perles et en my le préau une fleur de lys blanche dedans laquelle est ung majesté de Nostre-Dame, esmaillée, tenant son enfant en son giron, assise en une chayère, aux quatre cornes de ladicte chayère quatre perles de compte, ung ange dessus en mintenant la couronne en la teste Nostre-Dame, au-dessus de l'ange ung petit camahieu environné de quatre grosses perles et ès deux boutz dudict préau sont deux arbres en manière de chesne, chascun d'yceulz garnis de perles et pierrerye, celuy du costé dextre deux grands saffirs, huict petits ballaiz et doze grosses perles. Et en l'aultre arbre autant de saffirs, de ballaiz et de perles, pesant environ IIIᵐ IIᵒ. Item une affiche d'or de vieille façzon fete à Ces, soustenus de lyons et à affichés esmaillées et environnées de menues perles, autour de ladicte affiche à cinq ballaiz et cinq trosses de perles de compte, quatre perles par trosse, et sur les trois desdictes trosses trois assez gros diamans poinctuz et sur les deux aultres trosses deux diamans plus petit et ung diamant à part luy à l'opposite d'une chasse vuide de pierre et en my ladicte affiche a une chasse où fut une pierre environnée de menues perles, pesant environ Iᵐ Iᵒ. Item ung gobelet d'or esmaillé de blanc à séraphins, environné le pié de trois saffis, de trois ballaiz et siz trosses de perles chascune de quatre petites perles, dessus le couvercle ung fretelet environné de perles de semence et y en fault trois, pesant environ IIIᵐ IIIᵒ. Item ung gobelet d'or assis sur une haie herbue pomerine, ledit gobelet à rameaux et fleurettes, garny le pié de trois saffis, quatre ballais, huict trosses de perles, deux perles pour trosse et dedans ledict gobelet ung sagitayre esmaillé à ung mantel à lettres escriptes : Je tire droict, et le couvercle dudict gobelet en forme d'une haye à cerfs et chiens environné de cinq ballays, cinq saffis, et neuf trosses de perles deulx et deulx, et le fretelet garni d'un saffyr environné de trois perles, pesant environ IIᵐ IVᵒ XVᵉ. Item ung petit miroer pendant à une chesne d'or tenue d'une main en nue, au-dessus d'icelluy deux damoiselles esmaillées, l'une tirant d'ung arc et l'aultre d'une arbalestre, environné ledict mirouer de six saffix, trois ballays et quatre trosses de perles de compte, quatre perles pour trosse, et au-dessus sur quatre chappiteaux chascune une perle de compte, pesant environ Iᵐ. Item une saincte Catherine d'or, émaillée de blanc, en une des mains une roe rompue et l'espée de costé, assis ladicte ymaige sur ung pied d'or, environné de deux ballais, quattre saffiz et douze trosses de perles, trois perles pour trosse, pesant environ ung marc, deux onces. Item une navette de cristal et d'or assise sur une haye en montaigne, environnée la haye toutte à perles, et au-dessus d'icelle, à l'ung des boutz a ung tigre d'or autour du col duquel est un collier ou deux cosses? assis sur ung pié et autour ung ballay, ung saffis, deux perles, à l'opposite une damoiselle tenant ung mirouer faict d'ung balay plat et autour de ladicte damoiselle ung ballay froissé, un saffir, trois perles et autour de la navette a six ballaiz, six saffirs et doze perles de compte, et dessus le couvercle a une fleur de lys au-dessus de laquelle a ung safir gros, pointu, et six grosses perles de compte, pesant environ V^{m} IV°. Item une dozaine de platz d'or pesant CI^{m} IV° V°. Item deux dozaines d'escuelles d'or, pesant LXXXIX^{m} I°. Item deux boutailles d'or en façon Dapmas, de cristal, emmy environnées chacune de quatre ballaiz et quatre trosses de perles de compte, deux perles pour trosse, pendant à ung tissu de soye cloué au long de fleurettes d'or environnées de perles de semence, et sur les toupillons de chascune ung saffir et trois perles, pesant ensemble les deux III^{m}. Item ung amirouer d'or double, en l'ung des deux costés est l'annonciation Nostre-Dame esmaillée, garny autour de trois ballays, trois saffirs et six trosses de perles de semence et en l'aultre costé ung mirail, une chasse vuide à mettre verre garnie d'autant de perles et pierrerye, et ung pigne d'ivoyre garny d'or et la broiche à faire la grève tout en ung estuy pendant à ung laz de soye quarré, azuré a deux bouttons de semence de perles, pesant environ II^{m} II°. Item ung ruby lié en or, pesant environ VI°, etc. — Charles, duc d'Orléans et de Valloys, comte de Bloys et de Beaumont, et seigneur de Coucy, à nostre amé et féal segrétaire d'estat, Messire Pierre Boylesve, salut et dillection. Comme pour certains et orgeans nos affaires, nous, par la délibération et advis de nostre conseil ayons ordonné les joyaulx cy-dessus desclarez estre par vous vendus et adenerez oultremer et engaigez au mieulx que faire ce pourra et terimés pour en convertir les deniers en nosdites affaires, nous confians aplain de vos sens et loyaulté, vous mandons expressement et enjoignons que lesdits joyaulx et vaissaille ensemble ou par partyes, pour tel prix que bon vous semblera et bonnement faire se pourra, dont nous chargeons vostre conscience, vous vendez et adenerez oultremer ou engaigiez à temps de les ravoir à une personne ou plusieurs desquels rapporterez une certification Et des deniers que vous en recouvrerez baillerez et delivrés à nostre amé et féal trésorier général Pierre Renier, en prenant de luy sure recongnoissance par laquelle vous demeurerez deschargé de ce que ainsi baillé luy aurez, déduisez aussy et rabattez aux marchans ou marchant la marchandise, proffict ou charge en tout ou en partye, sy comme il eschara et faire ce pourra, avec tous aultres fraiz dont et aussi de tous les despens que pour ce conviendra faire, nous voullons que vous soyez creu par votre simple serment et acertion et en estre payé et contanté par nostre dict trésorier général. Lesquels par rapportant coppie de ces presentes et lettres de recongnoissance signées de vostre main seullement seront et les voullons estre alloués et comptez d'icelluy nostre trésorier par nos amés et féaulx gens de nos comptes et vous en demeurerez deschargé a tousiours partout où il appartiendra et ce faire ès choses dessus dictes et en chascune d'icelles tout aultant que faire pourrions sy present y estions en nostre personne, jagoit ce que la chose requerst mandement plus especial et sur l'obligation de tous nos biens meubles et immeubles presens et advenir et les biens de nos hoirs, promettons les avoir fermes et agréables a tousiours et les rattifier et approuver touttes et quantes fois que mestier sera et requis, et feront fournir aussi et faire valloir nosdits joyaulx et vaisselle jusques à la somme que engaigez les aurez, sans que des choses dessus dites ne d'aulcunes d'icelles vous soient tenus de rendre aulcun compte ou raison fors ces presantes seullement ou vidimus, desquelles quand aux choses dessus dictes et chascune leurs circonstances et deppendances voullons planyère foy estre donnée et adjoustée comme à l'original. Donné à Jargeau le XXIIIe jour de juillet l'an de grâce mil IIII^c et unze. Ainsi signé par Monseigneur le duc en son conseil ou quel vous Messeigneurs de Bracquemont et de Herbault, Messire Guillaume Baitaillie et Me Loys de Cépoy estiez. P. Sauvaige. Ait icelluy Messire Pierre Boylesve, par vertu du pouvoir à luy donné en ceste partie par lesdictes lettres desus transcriptes, vandu, transporté aultrement à Perrot La Doisne, marchant, demeurant en Bretaigne, tous et chacun les joyaulx et vesselle dessus dicts sauf et excepté ung ruby d'Orient, ainsi qu'il est spécifié audict inventaire lequel est demeuré par devers ledit Messire Pierre Bœilesve, pesans tous chacunes les joyaulx et vaisselle d'or ensemble avec ladicte pierrerye deux cents sept marcs, une once et demye. C'est à scavoir un joyau d'or... (suit la nomenclature des pièces déjà décrites)... Et n'est pas en ce comprins la croix d'argent... et aussi le pié... Et aict esté faicte la vendition et transport pour le prix et somme de unze mille escuz dont il a esté payé six mille deux cens escus en or et trois cens escus en monnoye; et de toute ladicte somme de unze mille escuz ledit Messire Pierre se tient pour content et en ladicte vendition faisant aict promis ledit Messire Pierre d'apporter audit Perrot la Doyne, lettres dudit Monsieur d'Orléans d'approbation et ratification desdicts joyaulx et vaisselle et d'iceulx joyaulx et vaisselle parfaire et faire valloir la somme dessus dicte dedans le mardy après la Nostre-Dame my aoust prochaine venant, en la ville du Mans, à peine de cinq mille escus d'or à appliquer moictié à court et moictyé à partye. Pour ce en nostre court à Angers endroit par devant nous personnellement estably ledit Perrot la Doisne et Jehan Delaporte, marchant, demeurant à Angers, submectant eulx avecques tous et chascuns leurs biens presens et advenir à la jurediction, pouvoir et ou destroict de nostre dicte court quand à ce, confessent de leurs bons grè, sans aulcun pourforcement mais de leur pur esmouvement et pour ce que très bien leur plaist, touttes et chascunes les choses dessus dictes estre vraies, et que pour contemplation dudit Monseigneur le duc et aussi en consideration et regard à la valleur de la pierrerye, façon et ouvraige d'iceulx joyaulx et vaisselle, voullans en préférer bonne équité et rigueur, ont voullu, promis et accordé et par la teneur de ces presentes lettres veullent, promettent, accordent et consentent et chascun d'eulx pour letout que ledict Messire Pierre Boilesve pour ledit Seigneur, dedans le premier jour de janvier prochain venant, icelluy Messire Pierre ou aultre que ledit Seigneur y ordonneroit ou ordonnera, puisse ravoyr et rachater lesdits joyaulx et vaisselle en espèces, qualités et poix dessus desclarez par en rendant et paiant auxdits Perrot la Doisne et Jehan Delaporte ou aulcun d'eulx ou à leur certain commandement, portant et monstrant les lettres de ladicte vendition faite au susdict Perrot la Doisne desdits joyaulx et vaisselle, comme dit est, par ledit Messire Pierre en la ville d'Angers aux coustz et frais dudit Seigneur ladicte somme de unze mille escus en ou telle monnoie comme elle a esté paiée et baillée en faisant ledict achapt desdicts joyaulx et vaisselle, ausquelles choses dessus dictes, tenir et accomplyr sans jamais venir encontre par appleigement, contrappleigement, opposition ne aultrement en auculne manière, obligent lesdicts Perrot la Doisne et Jehan de la Porte, chascun d'eulx pour letout, eulx, leurs hoirs avec tous et chascuns leurs biens meubles et immeubles presens et advenir quelsqu'ils soient, renonczans par devant nous quand à ce à toutes et chascunes qui de faict, de droit et de coustume pourroient estre desduictes, alléguées, proposées ou objectées contre la forme, teneur et substance de ces presentes lettres et générallement à toutes et chascunes les choses a cest faict contraire et de tout ce que dessus est dict, tenir et accomplir sans jamais venir en contre, sont tenus lesdicts Perrot la Doisne et Jehan Delaporte chascun d'eulx pour letout par la foy et serment de leurs corps sur ce donné en nostre main et condempnez par le jugement de nostre dicte court à leurs requestes, presens à ce Michel de Losche et Pierre Nyvart. Ce fut faict et donné le XXVIIIe jour de juillet l'an de grace mil quatre cens et unze, ainsi signé G. Le Fevre. Scavoir faisons que ladicte vente et allienation et transport desdicts joyaulx et vaisselle fais et passés par la manière contenue ou dict instrument par nostre dict segretaire nous louons, agréons et aprouvons et par ces presentes icelles ratiffions et confirmons par la foy et serment de nostre corps et soubs l'obligacion de tous nos biens meubles et immeubles, presens et advenir, avoir et tenir ferme et agréable tout ce que par nostre dict segretaire a esté faict ès choses dessus dictes et en chascune d'icelles, leurs circonstances et deppendances et de non venir jamais faire ne pourchasser par quelconque voye ou manière que ce soyt aulcune chose allencontre. Et en tesmoing de ce nous avons faict mettre nostre scel à ces presentes. Donné en nostre chastel d'Yevre, le cinquiesme jour d'aoust l'an de grace mil quatre cens et unze.

Sur le reply par Monseigneur le duc en son conseil auquel vous Monseigneur l'archevesque de Sens, Messire de Saint-Charles, de Bracquemont et Messire Guillaume Batailie estiez.

P. Sauvaige.

Original en parchemin, sceau perdu.

Titres d'Achon. — Copie collationnée sur parchemin. — L'original y est dit scellé en ung grand sceau de cire rouge.

Collationné à l'original représenté par noble homme Marin Boilesve, conseiller du Roy, lieutenant général en Anjou, conservateur des privilèges royaulx de l'université d'Angers et à luy rendu par moy soubsigné greffier de la dicte conservation et délivré soubs mon sign et scel d'icelle conservation.

LESRAT, avec paraphe.

Scellé en papier.

Chartrier de Boylesve, 1414. — Sachent tous présens et à venir que parlant du mariage d'entre Noble homme Pierres Boylesve, Escuier, Capitaine du chasteau de Mun-sur-Loire, de par Monseigneur le duc d'Orléans, fils esné de feux Messire Johan Boylesve, chevalier, premier maistre d'oustel de feuz Monseigneur d'Orléans et de Damoiselle Andrée Briçonnet demandeur, d'une part, et Damoiselle Perrette de Coué veufve de feu Guillaume de la Rouaudière sire de Teniers, fille de Messire Johan Sire de Coué et Damoiselle Johanne le Roy sa femme d'autre part, avant que fiances furent promises ne bénédiction de mariage fut fait ne célébré entre eux en Sainte Eglise, en nostre court de Baugé, en droit les dites parties en dessus bien establis personnellement, soubmettant avant toutes œuvres, eux, leurs hoirs, biens et chouses meubles et immeubles présens et à venir ou pouvoir et jurisdiction et destroit de nostre dicte court sans rien y enfraindre, confessent de leurs bons grés et franches volentés comme en droit jugement, sans contrainte aucune, eux sur ce bien conseillés et délibérés, si comme ils disoient, avoir fait et font amiablement et de bonne foy les traités et convenances de mariage qui s'ensuivent c'est assavoir que lesdits Boylesve et de Coué ont promis et promettent prendre l'un d'eux l'autre par non de mariage le plus bief que faire se pourra, si Dieu et Sainte église si accordent, aux droiz que les dits futurs conjoints ont et peuvent avoir; ce present et partant ledit Boylesve donne à ladite de Coué sa future espouse douaire coustumier selon les coustumes d'Orléans et Poitou où ses biens sont assis à l'avoir et prendre incontinent après son décès sur tous ses biens présens et à venir et ou ladite de Coué serait empeschée audit douaire coustumier, ledit Pierres Boylesve lui a donné dès ce jour, constitué et assiné cent livres de rente annuelle et perpetuelle qui sera propre à elle et aux siens en faveur et contemplacion de ce present mariage; auxquels traités, accords et promesses, convenances et toutes et chacunes les chouses dessus dictes et en ces presentes lettres contenues et escriptes, obligent les dites parties tous et chacuns leurs biens presens et à venir quels qu'ils soient, renonçant par davant nous à l'autre et chacune les chouses qui de fait, de droit et de coustume pourront estre dites, propousées et objicées contre la teneur, forme et substance des presentes en aucune manière en tout ne en partie et a toutes autres chouses à ce fait contrères. Ce fut donné au lieu seigneurial de Coué paroisse de Seiches, le lundi après la Saint Martin et scellé des sceaux de la court de Baugé le vingt cinquiesme janvier l'an de grace mil IIII[c] quatorze, ès presence dudit Messire Johan de Coué père de la dite Perrette, de Macé de Coué son frère, de Geoffroy sire du Buron et de Damoiselle Marguerite de Coué sa femme seur germaine de ladite Perrette et noble homme Messire Johan de Charnacé Chevalier Seigneur dudit lieu, Michel d'Escherbie Sieur d'Ardanne parens.

JAMIN DE LA COURT.

Original en parchemin, fragment de sceau cire brune.

Voir Maintenue de 1447 aux Titre Généraux « Pierre Boylesve a payé rançon comme Escuyer en Angleterre ayant été prisonnier arrêté à la bataille d'Azincourt avec Mondit sieur d'Orléans ». Voir Azincourt par R. de Belleval, p. 274.

Chartrier de Boylesve, 1431. — Le duc de Bedfort et d'Anjou, conte du Maine, de Richemont, de Rendal et de Harcourt. — A vous Messire Jehan de Bueil chevalier scavoir faisons nous avoir faict veoir deux lectres ouvertes escriptes en nostre nom, les une le XVIIe et les aultres le XXIIe jours du mois de mars dernier passé et en chacune d'icelles estoit plaqué le sceel de vos armes. Les premières faisant mention en effet que de Saincte Suzanne ung chevallier de vostre party nommé Messire Pierres Boylesve Chevalier, que dictes avoir esté pris soulz nostre sauf conduict par aulcuns de la garnison du dict lieu et en enfreignant iceluy et dont procès est meu et pendant en nostre ville du Mans par davant nos bien amez Messire Richard Gethin Chevalier et Richard Lucas escuier bailli du Maine à estre transporté de nostre juridiction et mené a Danfront &. et les secondes faisant mention en effet d'un excès et abuz que dictes avoir été faictz et commis à l'encontre de nostre sauf conduict et ou grand grief, préjudice et domaige d'ung aultre chevallier de vostre dict party nommé Messire Jehan de Pontbriant par ung Anglois pour lors mareschal d'Alençon nommé Kyrkeby, au regard d'un scellé que contre bonnes mœurs il a exigé dudit Pontbriant de Messire Jacques de Dinan Chevalier Seigneur de Beaumanoir de non jamais faire poursuitte des injures, emprisonnemens, griefs et domaiges audit de Pontbriant faictz et inferré par ledit Guillaume de Kirkeby à l'enconstre de nostre dict sauf conduict et nous requierez et sommez de provision convenable sur les deux faits. Surquoy nous vous signifions que nos saufs conduits vouldrions garder et loialement entretenir et ceux de l'obeissance de Monsieur le Roy et de nous, qui les enfraindroient vigoreusement punir sans quelque dissimulation ne faintize, et de ce soyez certain. Et à ceste fin au regard dudit Messire Pierre Boylesve et pour sa délivrance ou au moing qu'il soit promptement mis et rendu en nostre dicte ville du Mans ès mains des dicts juges pour illec, partyes oyes, estre à droict, comme il appartient. Escrivons présentement et mandons très expressement à nostre amé et féal le sire de Scalles gouverneur de par nous de nos pays d'Anjou et du Maine et cappitaine des dicts lieux de Saincte Suzanne et de Danfront et ce signiffions à nos amés et faulx les gens de nostre conseil estans audit lieu du Mans, affin qu'ils en fassent dilligence, à la conservation de nostre honneur. Et au regard du faict dudict Messire Jehan de Pontbriant nous escrivons presentement vostre faict et complaincte à nostre bien amé Thomas Gower Escuyer nostre lieutenant à Alençon et luy mendons très expressement que inquisicion sur ce par luy faicte, de la matière, il face par le dict Guillaume de Kerkeby rendre et restituer audict de Pontbriand le scellé dudict Messire Jacques de Dinan, exigé au faict de la promesse de la non poursuitte dont dessus est faicte mention et ou cas que ce faire ledict Kirkeby soit refusant ou delaiant qu'il le mette réallement et de faict en arrest et ledict scellé preigne et mette en nostre main en assignant jour certain et compectant audit Guillaume Kirkeby d'estre et comparoir soulz caution suffisante par devant nous ou nos amés et féaulx chancelier et gens de notre conseil. Lequel jour face semblablement scavoir audict Messire Jehan de Pontbriand en certiffiant de tout son exploict nous ou nos dicts chancelier et gens de nostre conseil pour au surplus estre faict, proceddé, apoincté et ordonné par la manière qu'il appartiendra par raison. Sy tenons que par les dits seigneurs de Scalles et Thomas Gower sera tellement faict et proceddé chacun en son regard que par raison vous et les dicts deux chevaliers en debvez estre contans et n'aurez cause de vous vouloir de nous. Donné à Paris soulz le contrescel du scel de nos armes le quatriesme jour d'apvril après Pasques l'an de grace mil quatre cens trente et ung.

DROSAY.

Par Monseigneur le duc à la relacion du Grand conseil. Au dos est écrit : commission pour Messire Pierre Boylesve affin d'avoir raison du bris de son scellé par les Anglois.

Original en papier, scellé en placard de cire rouge, garnie de paille tressée.

Titres d'Achon. — Copie collationnée... idem.

Id. autre copie... scellée en placquart des armes de France et d'Angleterre et ung cercle de paille dessus. Collationnée en 1633.

Chartrier de Boylesve, 1431. — Comme despieça Messire Pierres Boylesve Chevalier, s'estoit rendu plaignant à nous et au gens de nostre conseil que ayant esté prisonnier arresté soulz nostre sauf conduit où estoit plaqué le scel de nos armes par le jeune sire de Scalles capitaine de Sainte Suzanne et de Donfront et que pour raison du bris nous avons ordonné que le plaignant et le deffendant seront mins et rendus par davant nostre feal Escuier Mr Richard Lucas bailly du Maine pour faire enqueste et justice audict Messire Pierre Boylesve pour sa délivrance et y allant avoir le dit Messire Pierre esté robé de nostre second scellé par ledict sire de Scalles lequel avoit denié et envoyé son gaige de bataille audict Messire Pierre qui l'avait levé en deffault d'autre preuve pourveu que le voulissions tenir soulz nostre sauf conduict parce qu'il n'est du party de Monsieur le Roy, pourquoy scavoir faisons que nos sauf conduict voulons garder loyaument sans dissimulation et faintise, à nostre honneur et pouvoir. Avons ordonné que les parties viendront ensemblement et afferme-ront sur saints évangiles et après que le dict de Scalles a mins la main sur Saint Evangile et dict qu'il avoit droit d'avoir appelé le dict Messire Pierre pour son honneur réparer et juré sur sa foy et baptême que il n'a sur lui ne sur son cheval, pierres, parolles, chartres, brevets ne nulle chouse où il y ait esperance qui lui puisse aider à grever son annemy fors son corps, son cheval et ses armes et que le dit Messire Pierre a juré semblablement que le dict sire de Scalles lui a robé ses scellés et sauf conduicts et contre iceulx l'avoit arresté pour ranczon en avoir. Et quand ils ont faict le serment tantost, chacun en son rang aiants monté à cheval, le soleil party par entre eux et se joignirent en leurs targes, aians mis leurs glaives en l'arrest, esperonnèrent les chevaulx et adressèrent l'un sur l'autre au plus droit qu'ils peurent et se ferrèrent si durement que ledict Messire Pierre Boylesve frappa le dict de Scalles par telle puissance et vertu qu'il luy perça le cœur et le corps tout oultre dont il cheut tout mort sur le champt. Et a esté ledict de Scalles vaincu. En assurance de quoy avons faict délivrer ces presentes scellées des armes de Monsieur Le Roy audit Messire Pierre lequel avons envoié absous et mins sa personne à délivrance et en la protection de Monsieur le Roy sans que aulcuns des nostres le puisse enfraindre. Donné en la ville du Mans le VIe jour d'avril après Pasques l'an de grace mille CCCC trente et cinq.

Par monseigneur le duc en son conseil ouquel vous Messieurs les Comtes de Suffolkt, de Salisbery, Messires Jehan Talbot, Robert de Villanglubi, Ambroise de Loré, Jehan de Bueil, Geoffroy de la Grezille Chevaliers et Richard Lucas Escuyer bailly du Maine estiez. J. Saint-Offange.

Original en parchemin, scellé de cire brune. Le sceau brisé en plusieurs morceaux : on y voit un écu avec des lions pour supports.

Chartrier de Boylesve, 1443. — Emond Comte Dorset, de Mortaing et de Harcourt, gouverneur et capitaine général pour Monseigneur le Roy des Pays d'Anjou et du Maine. A tous ceux qui ces lettres verront salut. Scavoir faisons avoir huy donné et donnons bon, seur et loyal sauf conduict durant trois moys entiers commençans le second jour de Juing prochain venant à Messire Pierre Boylesve portant ces présentes, un homme gentilhomme ou aultre et six femmes, dames, damoiselles, bourgeoises ou autres et ung page en sa compagnie sy bon luy semble ou au dessoulz portans ou non espeé, esperons, cousteaulx, surcotte ou argent monnoyé ou à mounoyer, robes, joyaulx, racquets, jacquettes, vestues, scelles d'armes ou aultres sur leurs bestes, lectres, papiers memoyres ou aultres escriptures et tous autres biens, vivres et choses quelconques exceptez vrais abillements de guerre deffendus aultres que les desssus dicts sauf que le desnommé pourra porter une dague s'il luy plaist pour seurement aller, venir, passer, séjourner, retourner de jour ou de nuict, à pied, à cheval, ou sur austres bestes partout où il luy plaira hors l'obéissance et subjection de mondit sieur le Roy et au pays de Bretagne, faire, quérir et pourchasser la délivrance et rançon de Thuagal et de Raveton et autres prisonniers estant en ceste place Maienne, y venir par une foy ou deux seul ou accompagné comme dict est sy bon luy semble, et aussi à Sillé-le-Guillaume, Le Mans et chacune d'elles tant pour la délivrance des dicts prisonniers que d'aultres estans en icelle, y séjourner et retourner où il luy plaira en son dict party en passant et traversant par le pays juré et obéissant à mondit sieur, en temps qu'il y en a desclaré entre les villes et forteresses de Laval, Sablé, Chasteau-Gontier, Saincte-Suzanne et les dicts lieux de Maienne, Sillé et le Mans, en allant, retournant de l'une d'icelles aux aultres, sans entrer en villes close ou forteresses des dictes obéissances sans congé suffisant, réaprochant d'ost ou siège tenu de ce party plus près que quatre liepues et sans séjourner en ses dictes obéissances, en faisant le dict travers sinon pour ung jour naturel en allant et retournant de l'une place de son dict partye à l'aultre seulement. Cy deffendons à tous ceux de nostre dicte charge, gouvernement et retenue, prions tous aultres qu'il appartiendra qu'au dit Pierre Boylesve ne à ceux de sadicte compagnie ilz ne meffacent ou souffrent meffaire en corps n'en bien en aucune manière soit pour mergue, contremergue, prinse, reprinse, requeste de parties et aultrement pourveu que soubz ombre de ces présentes ils ne feront ne pourchasseront chose autre et au préjudice de Monsieur le Roy ne aucuns ses subjectz, ou quel cas, s'il advenoit, ne voullons ce ne porter préjudice fors seulement à l'infracteur et ne pourra mener en compagnie autres de sa maison que les susnommés. Donné au dit lieu de Maienne soubz nostre scel le vingt septième jour de may l'an mil quatre centz quarante trois. Signé par Monseigneur le comte, à la relacion du garde du sceel, G. le Goulleur et scellé sur simple queue de soie rouge aux armes de France et d'Angleterre esquartelées.

Copie collationnée. *Titres d'Achon*. Autre copie vidimée en 1633.

SEPTIÈME DEGRÉ

1. Pierre BOYLESVE, Chevalier, Conseiller et Chambellan du duc d'Orléans, reçut le 10 janvier 1451 des lettres de ce prince pour porter son ordre du Camail ou Porcépic. On ignore s'il s'est marié.

Titres d'Achon, 1451. — Sachent tous présens et à venir que en nostre court, à Angers avons aujourdhuy veu, leu de mot à mot, et diligemment regardé une lettres de chevallerie scellée comme il nous est apparu de prime face des sceaux de Monseigneur le duc d'Orléans en simple queue de cire rouge, saines et entières en sceaux et escriptures non cancellées, non viciées, non malmises, ne en aucune d'icelles corrompues, des quelles la teneur s'ensuit : Charles duc d'Orléans, de Milan et Vallois, comte de Blois, de Maine et de Beaumont, Seigneur d'Ast et de Coucy à tous ceulx qui ces présentes lettres verront salut. Scavoir faisons que pour les bons rapports et tesmoignages que fait nous ont esté de la personne de nostre bien aimé Pierre Boylesve Escuier nostre conseiller et chambellan et ses noblesse et suffisances, nous à icelluy avons ce jourd'huy donné et octroyé, donnons et octroyons de grace spécial par ces presentes congé et licence de porter notre ordre du Camail auquel pend le Porc-espic, dont pour ce avons fait prendre et recepvoir le serment en tel cas pertinent par nostre très cher et bien aimé le Sieur de Thoulongeon, lequel à ce nous avons commis et comectons par ces dictes présentes. Données à Jargeau le dixiesme jour de janvier mil quatre cens cinquante et ung. Signées par Monseigneur le duc Messires Renou Freton, Charles d'Arbouville Chevaliers, et autres présents. E. Le Gout ; scellées en cire rouge et sur simple queue du grand scel du dit Seigneur duc. Au dos des quelles lettres est escript. Aujourdhuy Pierre Boylesve Escuier, nommé au blanc, a fait le serment dont en icelluy est faite mention le XVe jour de janvier mil CCCC cinquante et ung, ès mains de Monsieur de Thoulongeon. Signé G. Le Gout. Et fut fait et donné à Angers cest présent vidimus et scellé du scel estably aux contractz de nostre dict court le VIe jour de Mars mil CCCC soixante et quinze.

Collation faite à l'original par nous soussignés et rendu l'original au Seigneur de la Bourelière.

Lambert et Gollend avec paraphes.

Vidimus jadis scellé de cire verdâtre.

2. Jean Boylesve, Chevalier, Seigneur de la Bourlière, de Bourgdeboire, de Raizannes, Grandchamp etc., Gentilhomme ordinaire de Charles d'Anjou, Comte du Maine, épousa le 10 juillet 1444 Demoiselle Anne Danon[1] dame de la Bourlière, fille unique d'Emery Danon, Ecuyer, Seigneur du lieu, et de Eléonore de Montbron. Sa future reçut une dot de mille escus d'or du Roi de Sicille et de la Reine, dont elle était Demoiselle d'honneur.

Il fut maintenu dans son ancienne noblesse par sentence des élus d'Angers le 20 octobre 1447. Louis dauphin de France le nomma son Chambellan en 1450. Il servit à l'arrière ban en 1449 et 1471.

Il mourut le 12 février 1498 et fut inhumé « par exception unique » dit C. Port[2], dans la chapelle royale des

[1] Danon : *d'argent au sautoir de gueules, à l'écu de sable chargé d'un lion montant d'or.*

[2] C. Port, *Dict. hist. de M.-et-L.*, t. I, p. 47.

Cordeliers d'Angers. Ils laissaient deux enfans : René et Marin.

Chartrier de Boylesve, 1444. — Sachent tous présens et àvenir comme en traitant et accordant le mariage entre noble homme Jehan Boilesve Escuyer Seigneur de Grandchampt et de Raizannes gentilhomme ordinaire de Monseigneur le Comte du Maine et de Mortain, filz et hay de noble homme Messire Pierre Boilesve vivant Chevalier Seigneur desdits lieux, Capitaine du chasteau de Mun de par monseigneur le duc d'Orléans et intendant de sa maison et de Damoiselle Perrette de Coué d'une part, et Damoiselle Anne Danon fille et héritière unique de feu Emery Danon Ecuyer Seigneur de la Bourelière en pays d'Anjou et Damoiselle Alienor de Monbron sa femme d'aultre part, pour icelluy mariage estre faict, consommé et accomply, ait esté traicté et appointé entre les parties et amis des dits Boylesve et Danon o le bon plaisir et consentement, octroy et volonté du très excellent et puissant prince et princesse Le Roy et Royne de Jherusalem et de Sicille, duc et duchesse d'Anjou estans à ce presents, o service desquels ladicte Anne est de present, les choses cy après déclarées. Cest assavoir qu'en faveur dudit mariage outre les biens desquels elle est héritière et pour icelluy estre fait, consommé et accomply et pour les bons services que la dite Anne ses parents et amis ont faict et font chacun jour aux dits Seigneur et Dame, iceux Seigneur et Dame ont donné et octroyé, donnent et octroyent audit Boilesve et à ladite Anne Danon, ou diz mariage faisant la somme de mil escus d'or à present ayant cours, paiables dedans le jour des espousailles et à les garder de tous dommaiges, cousts et interests et despens par défault de paiement des dits mil escus de bon or, et de bon poix et les en dédommager si aucun dommaige en avoient et soustenoient. Et en ce faisant le dit Jehan commance à la dicte Anne son douaire sur ses terres et possessions et les prendre et lever sur les terres de Grandchamp et de prochain en prochain jusques à la tierce partie des héritages et possessions dudit Jehan s'il décède avant ladicte Anne ainsi que les coutumes le veullent et pour ce, en nostre court Angers, endroit par davant nous presants establis lesdits Jehan Boilesve d'une part et ladite Anne Danon d'autre part et aussi les dicts sieurs et Dames chacun d'eulx pour tant que l'un touche l'autre et appartient, submettant eux, leurs hoirs, avecques tous et chacuns leurs biens meubles et immeubles presens et à venir, quels qu'ils soient, confessent de leurs bons grés sans aucun parforcement les chouses dessus dites estre vraies et à icelles tenir et acomplir sans jamais faire ne venir en contre par aplegement, contraplegement opposition et aucune manière, se sont obligés et obligent, renonçans les dictes parties..... Ce fut donné et faict Angers et scellé du grigneur scel estably aux contracts de nostre dicte court le dixiesme jour de juillet mil quatre cens quarante et quatre : presens ad ce Révérend Père en Dieu Jehan abbé de Sainct-Florent près Saulmur, Messire Loys de Beauvau Seigneur de Beauvau, Messire Girard Haraucourt Chevalier, Messire Loys de Bournay, Me Allain le Queu archidiacre d'Angers et autres appellés.

(Signé) Duvau.

Original en parchemin. Sceau de cire brune.

Titres d'Achon. — Copie collationnée à l'original... (Signé) Lerat.

Chartrier de Boylesve, 1447. — Maintenue des élus d'Angers. (Voir aux titres généraux.)

Id., 1449. — Nous Artur, fils du duc de Bretagne, Comte de Richemont, Sieur de Parthenay, connestable de France et lieutenant général de Bretagne pour Monseigneur et nepveu le Duc, certiffions à tous que Jean Boylesve Escuyer Sieur de la Bourelière est venu et soy montré en bon et suffisant appareil et habillement d'homme d'armes, auquel habillement il a servy le Roy en charge et accompagné. Avons tenu et tenons le dit Jehan soy estre bien et deument acquitté du mandement qui luy avoit pu estre fait de par mondit Seigneur le Roy de venir en son dit service et l'en quittons. En tesmoin de ce nous avons signé ces presentes et y fait mettre nostre scel, le sixiesme jour de novembre l'an mil quattre cens quarante neuf.

Par Monseigneur le Comte Connestable. Le Roy.

Original en parchemin ; scel perdu.

Chartrier de Boylesve et titres d'Achon, 1450. — De par le Daulphin de Viennois, Maistres de nostre hostel et vous maistre et contreroleur de nostre chambre aux deniers, scavoir vous faisons que, tant pour la grant congnoissance que dès longtemps avons de la personne de nostre bien amé Jehan Boylesve, Escuier Seigneur de la Bourelière et de Bourdeloire, que pour la bonne relation qui, par plusieurs, nous a esté faicte de ses sens, noblesse, vaillance, preudommie et bonne diligence, icellui pour ces causes et aultres à ce nous mouvans, avons aujourd'huy retenu et retenons par ces présentes en nostre conseiller et chambellan pour, doresnavant, servir oudit office et ou nombre de nos aultres officiers de pareille retenue aux honneurs, gaiges, livroisons, hostellages, droitz, prouffiz et aultres émolumens accoustumés et qui y appartiennent tant qu'il vous plaira. Si vous mandons et à chacun de vous si comme à lui appartendra que prins et receu dudit Jehan de Boylesve le serment en tel cas accoustumé vous, nostre presente retenue, enregistriez ès papiers, escripts et registres de notre chambre aux deniers avec celles de nos aultres officiers. Et d'icellui office, ensemble desdits gaiges, lyvroisons, hostellaiges, droiz, prouffiz et émolumens accoustumés le faites et souffrez joyr et user plenement et paisiblement en luy comptant et payant iceulx gaiges et hostellaiges aux termes et en la manière accoustumé. Et par rapportant ces presentes ou vidimes d'icelles fait soubs scel autentique, pour une fois seulement nous voulons et mandons tout ce qui paié en aura esté, estre alloué en la despense des comptes de vous, vous maistre de nostre dicte chambre aux deniers partout où besoing sera sans aucun contredit ou difficulté, nonobstant quelsconques ordonnances, restrictions, mandemens ou deffences à ce contraires.

Donné à la Tour du Pin, le XVIIIe jour d'octobre, l'an mil IIIIc cinquante.

Par monseigneur le Daulphin.

Le gouverneur du Daulphiné et aultres presens.

Thoreau.

Originaux en parchemin. Sceaux plaqués sur papier.

Chartrier de Boylesve et titres d'Achon, 1471. — Jehan de Montespedon, dict Houaste, Escuyer Sire de Bazoges et de Beaupreau, Seigneur de la Jumelière, conseiller, premier varlet de chambre du Roy, nostre sire et son bailly de Rouen. A tous ceux qui ces presentes lettres verront et orront salut, scavoir faisons que à la monstre générale des nobles subiects au ban et arrière ban de ce pais et duchié d'Anjou, tenu par nous commissaire et cappitaine à ce député par le Roy, nostre sire et par très hault et très puissant prince René Roy de Sécile, duc d'Anjou, à l'appeaument qui faict a esté des nobles subiectz audit ban et arrière ban s'est représenté Jehan Boylesve, Escuyer Sieur de la Bourelière en ce pais d'Anjou, bien monté et armé en l'estat de gendarme. A quoy il a esté receu et faict le serment de bien et leaument servir le Roy nostre dict sire et monseigneur le Roy de Sécile, soulz nostre charge vers et contre tous. En tesmoign de quoy avons cy appousé nostre sign de nostre main et faict sceller du scel de nos armes. Donné Angers, le sixiesme jour de janvier, l'an mil quatre cens soixante et unze. Signé Houaste et scellé en cire rouge.

Copies collationnées... (Signé) : Lerat. Scellées.

Chartrier de Boylesve, 1498. — Extrait d'un livre en forme de calendrier escript à la main, contenant XXIIII feuillets de parchemin couverts de bazanne noyre où sont escripts les jours des obits de ceulx qui sont décédés et ont esté ensepulturés au couvent des Cordeliers de ceste ville d'Angers, commençant par ces mots au premier feuillet non tourné.

Jani prima dies, &.

Januarius habet dies XXXI ; luna XXX.

Et finissant au penultiesme feuillet non tourné par ces mots.

December habet dies XXXI ; luna XXX et à XXIIIIe feuillet retourné : obiit domicella Maria de Domiliaco, &.

Ut febri quarta procedit tercia finem.

Februarius habet dies XXVIII ; luna XXIX.

Et dudit feuillet, icelluy tourné, a esté extraict ce qui s'en suit.

A II Id. obiit nobilis vir Johannes Boilesve, miles, dominus de la Bourelière, sepultus in capella regia anno domini M^o CCCC^o nonagesimo octavo.

Fait et collationné à l'original representé par frère François

Fourmond religieux et secretain dudit couvent des Cordeliers et à luy rendu par moy greffier de la conservation des privilèges royaulx de l'Université d'Angers soubsigné.

LERAT.

Extrait sur parchemin.

HUITIÈME DEGRÉ

1° René BOYLESVE Escuyer, Seigneur de la Bourelière, Grandchamp, partagea son frère cadet en 1519 et dut mourir sans postérité.

Chartrier de Boylesve, 1519. — Sachent tous presens et à venir que en nostre court de Rochefort-sur-Loire en droit par devant nous personnellement establi et deuement soumis René Boylesve Escuier Sieur de la Bourelière fils majeur et unique héritier de deffunct Escuyer Jean Boylesve Sieur dudit lieu et de Grandchamp et de Damoiselle Anne Danon sa femme d'une part, et Marin Boylesve aussi Escuyer son frère fils puisné dudit deffunct et de ladite dame Danon, tous deux paroissiens de Saint-Aubin-de-Luigné d'autre part, lesquels du partage des choses de la succession dudit deffunct et du délai à eux fait par ladite Danon de tous ses biens, en ont accordé et appointé par entre eux en la manière que s'en suit. C'est à scavoir que ledit Boylesve aisné a baillé et octroyé, baille et octroye par ces presentes à tous jours mais, perpetuellement, par héritage et à perpéptuité audit Boylesve puisné pour son droit de tiersaige ès biens de la dicte succession et dudit délai, les choses héritaux cy après déclarées : Premièrement la terre fief et seigneurie de la Bourelière sise en la paroisse de Juigné et ès environs..... Item toutes et chacunes les rentes de blé, seigle..... qui à leurs dits père et mère appartenoient..... Item dix-huit quartiers de vignes sises en divers endroits des paroisses de Rochefort et de Saint-Aubin-de-Luigné..... à la charge de contribuer par ledit puisné, à l'avenir, à la somme de 30 l. par an pour la nourriture et entretien de leur dite mère..... Ce fut fait et donné le VIe jour de juin mil cinq cent dix neuf.

(Signé) G. GOUAISNON.

Copie sur papier.

2° Marin Boylesve, Escuyer, Seigneur de la Bourelière, de la Brizarderie, des Roches de Rablay, épousa par contrat du 6 février 1510 Demoiselle Simone Quentin[1], fille de Vincent Quentin, Seigneur de la Lande, la Brizarderie, la Quentinière et de Jeanne Robinet sa femme.

Il fut partagé, comme on l'a vu en 1519 par son aîné, reçut en 1526 commission de René, Sire de Montejean pour recevoir les comptes et les deniers de son receveur général, rendit aveu au Roi en 1539 pour ses fiefs et servit à l'arrière ban d'Anjou en 1541.

Ils eurent de leur union deux enfans : Charles qui suit et François (voir après la descendance de son aîné).

Chartrier de Boylesve, 1510. — Sachent tous presens et à venir que en traitant et accordant le mariage a estre fait et accompli en face de Sainte Eglise, entre Marin Boylesve Escuyer fils puisné de deffunct Noble homme Jean Boylesve en son vivant Escuyer Sieur de la Bourelière et de Grand-champ et de Damoiselle Anne Danon son épouse a present demeurants ou chastel de la Grande Guyerche paroisse de Sainct-Aubin-de-Luigné, d'une part, et Simonne Quentin fille de Vincent Quentin Seigneur de la Lande et de Jeanne Robinet sa femme demeurants à Chemillé paroisse de Notre-Dame d'autre part, avant aucune bénédiction nuptiale, ont esté présents personnellement establis en droit par devant nous sous la court de Rochefort les dite Danon et Boylesve son fils et les dits Quentin et sa femme et Simonne leur fille, ladite mère et fille deuement authorizées dudit Quentin quand à ce, lesquels ont fait et font entre eux les accords qui s'en suivent. Scavoir est que ledit Marin, o le vouloir et consentement de ladite Damoiselle sa mère, et de haute et Puissante Damoiselle Mademoiselle Marie de Montespedon dame de la Jumellière et de la Guierche à ce présente, a promis et promet prendre ladite Simonne Quentin pour sa femme et espouse toutes fois qu'il en sera requis, aussy a ladite Simonne promis et promet prendre ledit Marin pour mari et espoux, o le

[1] Quentin : *de sable au chevron d'argent accompagné de trois mâcles de même, 2 et 1.*

vouloir et consentement de ses dits père et mère. En faveur duquel mariage qui autrement n'eust été fait les dits Quentin et sa femme ont donné et donnent à leur dite fille en attendant succession la métairie de la Brizarderie sise en la paroisse de Chanzeaux, en ce compris le bois taillis et marmental et encore la somme de 1500 l. Et quand à ladite Danon elle a donné à son dit fils sa maison et appartenances de Saint-Aubin-de-Luigné avec la pièce de pré joignant icelle. Item quinze quartiers de vignes dependantes de ladite maison sises en partie au clous de la Forge et au lieu appelé Sarzon, près Vallées, et Bouères près Chaulmes. Item les vignes et maisons de Martigné-Briand avec les terres labourables qui en dépendent, sises aux Arlys près les Saulayes. Item toutes et chacunes les rentes de deniers, froments, seilles, et avoines que ladite Danon à droit de prendre tant en la paroisse du Puy-Notre-Dame que ès environ jusques à deux lieues autour. Et a ledit futur espoux assigné et assigne à ladite Simonne Quentin sa future espouse douaire coustumier sur tous et chacuns ses biens presens et à venir, aux us et coutumes des lieux où ils se trouvent situés. Aux quelles choses sus dites tenir et accomplir d'une part et d'autre, obligent les dites parties, eulx, leurs hoirs, biens et choses presentes et à venir, renonçants à toutes choses à ce contraires, dont elles sont tenues par leur foy et serment sur ce donné en nos mains et en ont esté jugés par le jugement et condamnation de nostre dite cour à leur requeste et de leur consentement, renonçans..... Fait et passé au lieu et chastel de la Grande Guierche en presence de ma dite Damoiselle et de noble homme René Boylesve Escuyer Seigneur de la Bourelière frère aîné dudit Marin et de son consentement, de François Boylesve Escuyer Seigneur de Chaugé, Pierre d'Allonville Seigneur du Prouthay, Jean de Gauville Sieur de Faulory demeurants au bailliage de Chartres et de noble et vénérable religieux frère Pierre du Pont prieur du bourg de Saint-Pierre-de-Chemillé, tous cousins de ladite Danon et Boylesve et de noble homme Guillaume Baudry Sieur d'Auversenne et François Couty maistre d'hotel de ma dite D[lle] de la Jumellière, le sixiesme jour de fevrier l'an mil cinq cent dix.

Gouaisnon.

Grosse en parchemin.

Chartrier de Boylesve, 11 juin 1519. — Voir le partage à lui donné par René Boylesve, son aîné.

Id., 1529. — René, sire de Monte Jehan, Baron de Sillé, de Combor, de Beaupreau et de Chemillé. A tous ceux qui ces presentes voyront salut. Scavoir faisons que nous à plain confiant des bons sens, loyautté et diligence de la personne de Marin Boylesve, Escuier, sieur de la Brizarderie, iceluy, pour ces causes et aultres à ce nous mouvans, avons cejourdhuy commins et institué et par ces presentes commettons, instituons pour ouir tous les comptes, tant de nostre recepveur général que particulier, du revenu de toutes nos terres et seigneuries pour icelle exercer durant nostre plaisir et recueillir tous et chacuns les deniers qui nous sont deus tant ordinaires que extraordinaires, à la charge de nous en rendre bon et loyal compte quand sera nostre plaisir. Si mandons à tous nos officiers de nos dites seigneuries et à chacun d'eux d'estre aidans et rendre nos subjects obeissans audit Boylesve en exerçant sa charge et commission. Car tel est nostre plaisir. En tesmoins de vérité avons signé ces presentes de notre main et fait sceller du scel de nos armes. Donné à Cholet le XXVIIIe jour de mars, l'an mil cinq cens vingt et six.

(Signé) : De Monte Jehan.

Original en parchemin. Le sceau, plaqué sur papier, est effacé.

Audouis, Tome II, Bibliothèque d'Angers, Mss. 1005, 1539. — Extrait des déclarations faites devant Monsieur le Sénéchal d'Anjou ou son Lieutenant à Angers, commissaire du Roy, conformement aux lettres patentes du 15 octobre 1539..... En obeissant au vouloir et édit du Roy nostre sire, Marin Boylesve, sieur de la Brisarderie, demeurant à Saint-Aubin de Luigné, déclare par devant vous... tenir tant en fief que arrière fief et à hommage... les maisons, ayraux, jardins... de la Brisarderie sise en la paroisse de Chanzeaux et 20 septiers de terre... tenus du sieur du Plessis Florentin, pourquoy il est du à l'angevine sept setiers de bled de seigle, mesure de Chemillé, et quinze sols tournois et peuvent valoir lesdites choses... la somme de 4 l. de revenu annuel... Item du Seigneur de Touarcé le fief des Roches de Rablay, en la paroisse de Rablay, qui vaut... dix livres et par blé sept septiers, mesure de Touarcé, par vin un tiers de pipe, le tout valant vingt livres de rente annuelle. Item du Seigneur de la Guerche le petit fief de la Burellière sis à Juigné-sur-Loire, valant soixante sous... Ai signé de mon seing cy mis. Le 23e jour de mars mil cinq cent trente-neuf.

(Signé) : M. Boileve.

Après sieur de la Boisarderie, Audouys a écrit *coustourier* et ajoute en note le « mot coustourier couvert d'encre afin qu'on ne puisse le lire, mais on peut le faire facilement ». — (Voir au commencement ce qui est dit à ce sujet.)

Il faut remarquer que, par son aveu, il accuse 27 l. de revenu, chiffre que l'on retrouve à l'acte suivant :

Chartrier de Boylesve, 1541. — Des registres du ban et arrière ban tenu par Me Poyet, sieur des Granges et d'Escharbot, lieutenant général de la sénéchaussée d'Anjou et siège présidial d'Angers, le huit mars mil cinq cent quarante un, en exécution de lettres patentes du Roy données à Blois le dix-neuf mars mil cinq cent quarante, a été extrait ce qui suit :

Cy après s'ensuivent ceulx qui tiennent en fief au dessus et au dessous de cent livres de rente.

Jean d'Antenaise, Seigneur du Port, pour son revenu annuel vallant	CXL l.
Antoine de la Rochefoucault, pour son revenu annuel vallant.	CXX l.
Mathurin de Rougé, Sieur des Rues, pour son revenu annuel vallant	IIIIxx l.
Pierre de Montallays, Sieur de la Cour du Moulin, pour	LXX l.
Simon de Champaigné, Seigneur de la Haye, pour.	LX l.
Lancelot d'Andigné, Seigneur de Mongranger, pour.	LV l.
Jean Giffart, Seigneur, de la Perrine, pour	XLV l.
René de Meaulne, pour.	XL l.
Marin Boylesve, pour.	XXVII l.

&, &, & (*sic*) délivré pour extrait conforme à l'original étant au greffe de la sénéchaussée et siège présidial d'Angers sous la cotte D, premier. Signé Levenier, commis greffier au présidial, avec paraphe, ce requerant Messire Marin de Boylesve, chevalier, sieur de la Maurouzière, par moi greffier en chef auxdits sièges, soussigné.

(Signé) : JARET, avec paraphe.

Extrait sur papier.

Chartrier de Boylesve, 1557. — Simonne Quentin, dame de la Brizarderie, achète 33 l. 6 s. de rente de n. h. Florent du Tour, sieur de la Haye, par acte du 8 juin 1557.

NEUVIÈME DEGRÉ

1° Charles BOYLESVE, Écuyer, Seigneur d'Auvers, des Roches de Rablay, de la Quantinière, receveur des tailles d'Angers, épousa Demoiselle Gatienne CHARLOT[1], fille de noble homme Estienne Charlot, sieur de Quelaines, lieutenant général à Châteaugontier, contrôleur et intendant de Mme la duchesse d'Alençon et de Guyonne Erfroy, sa seconde femme.

Il mourut à Paris le 6 février 1578, laissant deux enfans : Etienne et Renée.

On trouvera à l'article de son frère les partages qu'il fit le 28 juin 1571 avec François Boylesve.

Il eut pour son préciput et les deux tiers, comme héritier principal et noble...

La maison seigneuriale des Roches.

La Chotardière, les métairies de la Quantinière, de la Brouarderie, les closeries de Vallet et des Oiseaux, le bordage des Garellières, trente quartiers de prés, une maison sise rue de l'Hôpital, une somme de 18.000 l. payée par les dits deffunts, sieur et dame de la Brizarderie pour l'achat de l'office de receveur des tailles d'Angers, 500 l. de rente sur

[1] Charlot : *d'azur au chevron d'or, accompagné de trois croissans d'argent, celui de la pointe surmonté d'un trèfle d'or.*

divers particuliers, à charge d'acquiter les dettes des dites successions.

DIXIÈME DEGRÉ

1° Étienne, qui suit.

2° Renée BOYLESVE épousa, par contrat du 9 février 1578, André HURAULT[1], Chevalier, Seigneur de Maesse, Conseiller d'État et ambassadeur à Venise. Elle testa le 9 février 1582 devant Thibault, notaire au Châtelet de Paris, et mourut sans enfans avant 1594. Lui fut inhumé le 22 septembre 1607 en l'abbaye de Morigny.

Chartrier de Boylesve, 1578. — En la cour du Roy nostre Sire et de Monseigneur duc d'Anjou à Angers par devant René Fouree, notaire royal... Noble homme André Hurault Conseiller du Roy, maitre des requêtes ordinaire de son hostel, sieur de Maisse, demeurant en la ville de Paris, en présence de noble homme Jean Hurault, Conseiller du Roy et maitre des requestes ordinaire de son hostel et de Jacques Brosset, Escuyer, sieur de Davionville d'une part et Damoiselle Renée Boylesve, fille de deffunt noble homme Charles Boylesve, vivant sieur des Roches et du Grand Auvers et de deffuncte Gatienne Charlot, demeurant à Angers en la maison de noble homme maistre François Boylesve, Conseiller du Roy, lieutenant en la prevosté d'Angers et conservateur des privilèges de l'Université, sieur de la Brizardière et de la Maurousière, ledit sieur de la Brizarderie, oncle paternel de laditte Renée, present, d'autre part,... le futur constitue une rente au denier 20 sur la seigneurie de Maisse et promet un douaire de 500 l. de rente; la future apporte en dot 15.000 l. en deniers... Fait à Angers, le 9 février 1578 en présence du sieur de Bueil, du sieur de la Bovardaie Brosset et de noble homme Fiacre Goureau, sieur de la Chambraie, Hector Brosset, Heliant et honorable Jean Lefebre, sieur de Laubrière.

R. FOUREE.

Grosse en papier.

[1] Hurault : *d'or à la croix d'azur cantonnée de quatre ombres de soleil de gueules.*

Chartrier de Boylesve, 1578. — En la Cour du Roy, nostre sire et de Monseigneur le duc d'Anjou, Angers devant René Fourré, notaire... Noble homme François Boylesve, Conseiller du Roy et de Monseigneur, lieutenant au siège de la prevosté royalle d'Anjou et conservateur des privilèges royaux de l'Université dudit lieu, sieur de la Brizarderie d'une part et noble homme André Hurault, sieur de Maissé, Conseiller du Roy et maître des requestes ordinaire de son hostel et Demoiselle Renée Boylesve son espouse... et noble homme Estienne Boylesve, sieur des Roches, les dits Estienne et Renée héritiers de deffunt noble homme Charles Boylesve vivant sieur des Roches et d'Auvers... transigent sur une somme de 9.500 l. due par Charles Boylesve, à son frère François pour un prêt fait par une cédulle du 1er avril 1576 et sur le règlement de diverses dépenses... François avait nourri pendant sept années ladite Renée en sa maison avec sa servante, à raison de cent escus sol par an, ils avaient emprunté par moitié cinquante escus de noble homme Anthoine de Lesperonnière, sieur du Pineau, pour ventes de rentes acquises par deffunte Simonne Quantin, leur mère, de François du Vau, sieur du lieu... et s'accordent pour une somme de 4.005 escus, deux tiers d'écu, treize sous quatre deniers... Fait à Angers le 22 février mil cinq cens soixante et dix-huit, présence de noble homme François Lefebvre, sieur de Laubrière, avocat au siège présidial d'Angers et Fiacre Gourreau, sieur de la Chamberye. FAUVEAU.

Grosse en papier.

Audouis, Mss 1.005, 1594. — Transaction entre Messire André Hurault, sieur de Maesse, Conseiller d'État, cy devant ambassadeur vers le duc et seigneur de Venise, mari de feue Renée Boylesve et noble homme Estienne Boylesve, sieur d'Auvers, Conseiller, notaire secrétaire du Roy, frère et unique héritier de la dite deffunte dame morte sans postérité.

1° Étienne BOYLESVE, Ecuyer, Seigneur du Grand Auvers, des Roches, Conseiller, notaire et secrétaire du Roy, épousa Demoiselle Thierrye ou Théodora VIGNOYS, fille de René Vignoys, Docteur en médecine et de Thierrye Richer ; elle épousa en deuxièmes noces Lazare de Selve, seigneur de Breuil et de Marignan, Conseiller du Roy en son Conseil d'État et privé, président ès villes, comtés et évêchés de Metz et Toul, en 1606.

Il fit une fondation dans la chapelle des Boylesve aux Cordeliers d'Angers et mourut le 14 avril 1597. Sa veuve augmenta cette donation. Ils laissaient trois enfans mineurs : Gabriel, René et Charles.

Chartrier de Boylesve. — Il transigea comme nous l'avons vu, ainsi que sa sœur, avec François Boylesve, sieur de la Brizarderie, le 22 février 1578.

Bibliothèque Nationale, *Pièces Originales*, *vol.* 382, 1584. — Quittance en parchemin signée de Estienne Boylesve, sieur d'Auvers, notaire et secrétaire du Roy, maison et couronne de France.

État civil d'Angers, 1587. — Noble homme Estienne Boylesve, Conseiller, notaire secrétaire du Roy, sieur du Grand Auvers, parain à l'église Saint-Pierre.

Bibliothèque Nationale, *Nouveau D'Hozier*, *vol.* 48, 1592. — Ratification faite par noble homme Estienne Boylesve, sieur d'Auvers, Conseiller, notaire et secrétaire du Roy, fils de noble homme Charles Boylesve, sieur des Roches.

Audouis, *Mss* 1.005, 1597. — Testament passé devant Deillé, notaire à Angers, de Estienne Boylesve, Escuier, sieur d'Auvers, Conseiller, notaire, secrétaire du Roy, par lequel il fonde une messe à perpétuité, chaque vendredi de l'année, en la chapelle de nouveau édiffiée par Messieurs de Boylesve, ses cousins, au côté senestre du grand autel de l'église des Cordeliers d'Angers, donne 12 l. 10 s. de rente et demande à y être inhumé... le 30 mars 1597. Le 14 avril 1597, inhumation de noble homme Estienne Boylesve, secrétaire du Roi, sieur d'Auvers.

28 novembre 1597. Par acte passé devant Deillé, notaire, Thierrie Vignoy, veuve et tutrice de Gabriel et Charles, ses enfans mineurs, augmente la fondation de son mari et donne une rente de 5 l. 10 s.

ONZIÈME DEGRÉ

1° Gabriel Boylesve, Ecuyer, Seigneur du Grand Auvers.

2° René Boylesve, Ecuyer, mort jeune.

État civil d'Angers. — Le 4 février 1587, baptême à Saint-Maurille de René, fils Estienne... parain, N. H. René Vignoy, Conseiller et médecin ordinaire du Roi.

3° Charles Boylesve, Ecuyer, entra dans la compagnie de Jésus.

État civil d'Angers. — Le 14 avril 1595 fut baptisé à Saint-Maurille, Charles, fils d'Estienne Boylesve, Ecuyer, sieur du Grand Auvers et de Thierrye Vignoys, parain : Charles Miron, évêque d'Angers.

NEUVIÈME DEGRÉ (V. p. 127).

2° François Boylesve, Ecuyer (second fils de Marin Boylesve, Ecuyer, seigneur de la Bourelière, la Brizarderie, des Roches et de Simonne Quentin), Seigneur de la Brizarderie, de la Biquerie, de la Morousière, de la Bourdinière, de la Gilière, de Chanzé, des Paragères, des Thibaudières, etc., licencié ès lois, avocat en la Sénéchaussée d'Anjou, eut en 1562 « commission de poursuivre les huguenots, » fut la même année nommé Echevin d'Angers sur la demande du duc de Montpensier. En 1569, il fut nommé lieutenant en la prévosté et juge conservateur des privilèges de l'Université d'Angers.

« François Boylesve entra fort avant dans les guerres « civiles sous le règne de Charles IX et signala souvent « son attachement pour la religion et le Roy; son zèle « pour le bien public lui attira des ennemis irréconci- « liables. Il fit destituer de la charge de procureur du Roy « au siège présidial d'Angers Mathurin Cochelin, qui « commettoit des malversations criantes et qui étoit un

« grand partisan de la ligue. Cet homme perdu songea à « se venger en répandant un libelle diffamatoire dans « lequel il attaquoit la noblesse des Boylesve par les « calomnies les plus incensées... François Boylesve « mourut dans cette circonstance, ne laissant pour tout « héritage à ses enfans que son nom et sa réputation à « soutenir. Ils se réunirent avec leur mère pour poursuivre « Cochelin au Parlement. Il eut l'audace de s'y défendre, « comptant sur le crédit que la ligue avoit alors dans cette « célèbre compagnie. Cette ressource, quelque puissante « qu'elle fût, n'empêcha point le Parlement (tant l'injustice « étoit criante) de rendre un arrêt contradictoire sur les « conclusions du procureur général le 10 décembre 1587, « lequel condamna le libelle à estre lacéré et Cochelin, « son auteur, en 100 l. parisis d'amende. Cet arrêt fit droit « sur la requeste de Messieurs Boylesve qui ne demandoient « qu'à être reconnus pour gens nés d'ancienne extraction « noble et il énonce et vérifie tous les titres qui établissent « une filiation suivie depuis Estienne Boylesve, Chevalier, « prévost de Paris, jusqu'à François Boylesve... Cochelin « s'étant ensuite jetté ouvertement dans le parti du duc de « Mercœur, chef de la ligue, pilla les terres, les biens et « les maisons de François Boylesve et de ses enfans, les « fit saisir et mettre au bail judiciaire sur les ordinaires « du duc de Mercœur, comme appartenants aux ennemis « de la Sainte-Union... Lorsque la justice eut repris son « juste cours, Philippe Prioulleau et ses enfans poursui- « virent les brigands qui avaient ravagé leurs biens sous « les ordres de Cochelin, mais ils avoient pris la fuite « avec leur chef. »

« Ils n'y gagnèrent donc que l'honorable avantage de « constater les sacrifices que François Boylesve avoit faits « pour sa patrie et que les ennemis de l'État l'avoient jugé « un homme assez considérable pour mériter leur haine « et leur vengeance... »

Il avait épousé, vers 1545, Damoiselle Philippes PRIOULLEAU[1] fille de N. H. Jean Prioulleau, avocat au présidial d'Angers, Seigneur de la Bourdinière, et de Perrine Taupier.

Il mourut le 27 novembre 1587 et fut inhumé aux Cordeliers d'Angers, en la chapelle des Boylesve, que son fils Marin venait de fonder.

Sa veuve fit une fondation et fut inhumée dans la même chapelle, le 10 juin 1610 ; ils laissaient huit enfans : Maurice, Marin, François, Charles, René, Françoise, Philippe et Charlotte.

Archives de Maine-et-Loire, E, 1.810. — Le 23 mars 1548, quittance de Claude Guillonneau, sieur du Goupilloux, à son cousin Me François Boylesve, licencié ès lois, de 8 l. sur 42, et 8 juin 1549, quittance de 34 l. 10 s.

Id. — Le 10 mai 1556, François du Vau et Renée Fresneau sa femme, vendent le fief de la Biquerie à H. H. Me François Boylesve, licencié ès lois, avocat à Angers, à charge de relever du fief de la Turpinière à foy et hommage et à 2 s. 6 d. de service, pour 1.000 l. avec faculté de Réméré, devant Rabeau, notaire à Angers. — 3 octobre 1557, quittance des ventes.

Id. — Le 30 octobre 1557, sentence du siège présidial d'Angers, condamnant Me François Boylesve, de son consentement, à payer à N. h. François du Vau, Escuyer, sieur du lieu, 840 l. pour supplément du contrat de vendition du fief de la Biquerie.

Id. — Le 9 décembre 1558, Me François Boylesve... constitue un procureur pour prendre possession des Grande et Petite Charpentrye à Saint-Laurans-de-la-Plaine, acquises de N. h. Jehan Grébourg, sieur du Pineau.

Id. — Le 28 novembre 1559, achat du fief des Paragères et Thibaudières à Chaudefond, pour 50 l. de Messire Jacques

[1] Prioulleau : *d'or à la fasce de gueules accompagnée de trois croissans de même, 2 et* 1.

Drouault, prestre; ce fief tenu du sieur de la Mellière à foy et hommage simple.

Bibliothèque d'Angers, *Mss* 920, *P.* 252. — François Boylesve, fermier judiciaire de la Basse Guerche... d'une famille riche et passablement alliée (*Audouys*).

Archives de Maine-et-Loire, *E*, 1810. — Le 27 décembre 1560, h. h. Me François Boylesve, avocat au siège présidial d'Angers, achète un quartier de bois taillis à la Bicquerie.

Maintenue de 1667, *titres généraux.* — 26 juin 1562, lettre du duc de Montpensier, Gouverneur d'Anjou, aux maire et échevins d'Angers, pour les prier de « pourvoir Me François Boylesve d'un état et office d'Eschevin de la ville d'Angers ».

Chartrier de Boylesve, 1562. — Extrait des registres du greffe de la ville et mayrie d'Angers. Du septiesme juillet 1562, au Conseil tenu en l'hostel et maison commune de la ville et mayrie d'Angers, par Messeurs le maire, eschevins et conseillers du corps de la dite mayrie pour procéder à l'élection de deux Eschevins, conseillers perpétuels de la dite ville, au lieu et place de Messire Jean Belhomme et Pierre Le Mal, démis des dites charges par Monsieur de Montpensier, comme rebelles, séditieux et de la nouvelle religion, et y procédant, ont esté élus ès dites charges, Eschevins, conseillers perpétuels à la pluralité des voix, scavoir au lieu et place du sieur Le Mal, François Boylesve, Escuyer[1], Seigneur de la Brisardière et au lieu du dit sieur Belhomme, Maitre Jullien Goupilleau, maistre des traites foraines d'Anjou.

(Signé) : Le Doichreux.

Original en papier.

Chartrier de Boylesve, 1571. — A tous ceux qui ces presentes lettres verront, les gens tenant le siège présidial d'Angers salut. Scavoir faisons que aujourdhuy, jour et date des présentes, a été procédé par les copartageants, cy après

[1] Cet extrait prouve bien qu'en 1562 François Boylesve était reconnu *noble* et l'on peut voir la différence qui existe entre lui, qualifié *Ecuyer*, et Jullien Goupilleau, qualifié seulement maitre.

nommés à choisie des lots et partages dont la teneur s'en suit : Ce sont les lots et partages des choses heriteaux des biens et successions de deffunct Marin Boylesve, Escuyer, sieur de la Brisarderie et Simonne Quentin son épouse, que Charles Boylesve, Escuyer, sieur des Roches, fils aisné et principal héritier des dits deffunts, sieur et Damoiselle de la Brisarderie, baille et fournist à François Boylesve, Ecuyer, Seigneur de la Brisarderie... lequel a déclaré que proceddant par luy aux partages et divisions des dommaines, terres, fiefs et seigneuries et choses heritaux demeurés de la succession des dits deffunts sieur et Damoiselle de la Brizarderie, il a par ces presentes donné et délaissé en pleine propriété à François Boylesve, Escuyer, sieur de la Brisarderie, Conseiller du Roy, lieutenant en la prevosté, conservation, ville et Université d'Angers, son frère puisné pour son tiers et partage des biens de la dite succession pour luy ses hoirs et ayant cause, disposer et jouir comme de leurs propres scavoir est le lieu et domaine de la Brisarderie, terres, bois marmentaux (de haute futaie), taillis et prés et tout ce qui en dépend sans réservation situés en la paroisse de Chanzeaux, le fief de la Bourelière en Juigné-sur-Loire, rentes, hommes et sujets avec les lieux, domaines et métairies de la Gueffrie et Villeblanche, ès paroisses de Saint-Pierre et Saint-Aubin, avec les prés, pastures et bois en dépendants, et cinquante-sept boisseaux de seigle, mesure de Chemillé, de rente foncière scavoir vingt boisseaux sur le lieu du Bignon, paroisse de Thouarcé, dix sur les terres nommées L'Escole appartenans à Jean Mesnier et vingt-sept sur le lieu de la Boutière, paroisse de la Tourlandry, une maison et un pressouer appelé le pressouer Turquart au bourg de Rochefort avec les prés, pastures, pescheries et vignes en dépendant situés tant audit Saint-Aubin de Luigné, Chavigné, Rochefort, avec la rente foncière de 33 sols due sur les vignes des Gasniers et tout ainsy que les dites choses se poursuivent et comportent à la charge que le dit François acquitera et paiera à l'advenir les cens, rentes et devoirs et pour le precipu et advantaige et les deux tierces parties ès quelles le dit Charles Boylesve est fondé comme aisné et principal héritier suivant la coustume d'Anjou, il s'est retenu et retient la maison seigneuriale des Roches composée d'un grand corps de logis, cours, greniers, estables, pressouer, vergers, jardins, bois de haute futaie, taillis, garennes, rues, issues, vignes, prés et pastures, fiefs, cens, rentes, hommes et sujets; la terre de la Chotardière, fief, hommes et sujets avec les métairies de la Quantinière et de la Brouarderie y compris trente-sept quartiers de vignes, la closerie de Vallet en la paroisse de Saint-Aubin-de-Luigné, les bordages des Garellières, la closerie des Oiseaux, trente quartiers de prés tant en la vallée de Rochefort que Chalonnes, la maison située en la rue de l'hôpital de cette ville avec la somme de 18.000[l] payée par les dits deffunts, sieur et Damoiselle de la Brisarderie pour l'achat de l'office de receveur des tailles d'Angers et les cinq cents livres de rente dues tant par les Bequilliers, les Geslin que maistre Jean Collasseau comme est amplement porté par les contrats de constitution de rente passés par Bardin, notaire royal en cette ville avec tous et chacuns les meubles délaissés tant en la maison des Roches que celle de cette ville, au moyen desquels le dit Charles acquittera pour le tout les dettes de la ditte succession sans que, au moyen du don qu'il fait audit François, puisné, de la propriété des héritages cy dessus, il puisse estre contribuable aux susdittes detes. Aux quels partages ledit sieur des Roches, aisné, fait arrest par devant nous dont lui avons décerné acte.

Et le jeudi 28e jour de juin l'an 1571, fut present en sa personne, estably et soumis le dit François, puisné, nommé audit partage cy dessus, lequel, après avoir eu communication des dits partages, a retenu le tiers à lui relaissé par ledit sieur des Roches, son frère aisné, et par lui accepté et d'iceluy s'est contenté aux charges et conditions et clauses y apposées, dont l'avons jugé. Fait à Angers par devant nous René Gohin, Conseiller et juge magistrat au dit siège présidial d'Angers le jeudi 28e jour de juin l'an susdit 1571. Signé. Gohin, Boylesve et Boylesve.

(Signé) : Bernard, avec paraphe.

Délivré le present le 18e avril 1637.
Pour ce peine et perquisition quarante sols.
Copie sur papier[1].

[1] Il existe aux *Archives de Maine-et-Loire, E*, 1.810, une copie des partages de Marin Boylesve et de Simonne Quentin, absolument différente de celle-ci. Cette copie, sans valeur puisqu'elle n'est ni signée ni datée par un notaire, ni collationnée à son original, a été

Chartrier de Boylesve, 1574. — Sachent tous presens et avenir que en la cour... d'Angers... par devant nous Denis Fauveau et Mathurin Grudé, notaires..., N. h. René Masson, sieur de la Verronnière, la Roullière, Réaulmur et de la Maurouzière... tant en son nom que pour Damoiselle Loyse Chasteigner son espouse... confesse avoir vendu à h. h. Me François Boylesve, Conseiller du Roy et Lieutenant au siège de la prevosté... sieur de la Brissarderye et de Chanzé et à Damoiselle Phelipes Prioulleau... la terre, fief, seigneurie de la Maurousière située en la paroisse de Neufvy-en-Mauge... telle qu'elle étoit possédée par deffunte Damoiselle Marye Masson, sœur du vendeur, vivante femme de feu François de Casse, son premier mary et de feu N. h. Jacques Le Gay, sieur de la Gasnerye, son dernier mary... et est faite ladite vendition pour le prix et somme de 29.000 l. sur laquelle somme les acquereurs ont sollu et payé comptant la somme de 19.000 l. au vu de nous en 4.580 escus sol, 1.000 doubles ducats à 2 testes et 18 l. en doczains... pour les 10.000 restants ont promis payer aux chanoines et chapitre de Saint-Léonard-de-Chevilly, 2.000 l. pour le rachat de la métairie des Roches et la Hablerie à eux vendues le 21 décembre 1571, o grâce qui encore dure... pairont le reste en la maison de h. h. Me François Lefebvre, sieur de Lauberière, avant le 1er janvier prochain... Le 21 octobre 1574 a esté payé pour le vin du marché et aux médiateurs dudit contrat la somme de 300 escus sol. Signé en la minute : René Masson, Boylesve, Lefebvre, et a déclaré la ditte Prioulleau ne savoir escrire ne

imprimée en majeure partie par M. Gontard de Launay, dans ses *Recherches sur les familles des Maires d'Angers*, *t.* II, *p.* 105. Les enfans desdits deffunts y sont simplement qualifiés de *honorable homme*, et leurs père et mère ne le sont aucunement. On y parle bien d'un préciput attribué à l'aîné « pour les choses tombées en tierce foi » mais les lots sont égaux et le partage roturier... Cet acte se termine ainsi : Fait à Angers... Signé Gaultier et collationné. Mais cette mention, absolument différente de la précédente, a été écrite de la même main que le reste de l'acte, au XVIIIe siècle.

On se trouve donc en présence de deux actes datés du même jour l'un qualifiant les parties d'Ecuyers, l'autre d'honorable homme. On ne saurait trop insister sur ce que le premier a un caractère d'authenticité qui manque au second, et qu'enfin le 1er est seul cité dans les carrés d'Hozier, vol. 101, dans l'arrêt du Parlement de Paris du 10 décembre 1587, dans les maintenues de 1635, de 1671 en Bretagne, de Chauvelin en 1716, dans les preuves de Saint-Cyr en 1728, tandis qu'il n'est nulle part fait mention du second.

signer. Ainsi signé M. Grudé et D. Fauveau, scellée en double queue de cire verte pendant à un ruban de taffetas jaulne. Au bas, quittance des ventes de la Maurousière pour ce qui relève de la Chaperonnière le 15 juillet 1575.

Copie collationnée le mardy 17e jour de janvier 1577.

(Signé) : Vivier.

Id. — Le 31 mai 1574, François Boylesve, lieutenant de la prévosté d'Angers, fit aveu, au château de Beaupreau, pour sa terre de Chanzé.

Id. — Le 5 janvier 1575, transaction entre François du Vau et Me François Boylesve, sieur de la Brisarderie et de Chanzé ratifiant les traités passés des 6 mai 1556, 30 octobre 1557, 2 décembre 1558, 19 juillet 1563. En conséquence de tout quoi, celui-ci demeure propriétaire incommutable de la Biquerie. (Signé) : Éran.

Id. d'après les titres de l'église d'Angers, tome xix, fol. 188.— Le 13 juillet 1576, François Boylesve fut nommé commissaire, pour le subside, par les officiers de la Chambre de la Reine.

Id. — Le 20 mai 1581, N. h. François Boylesve... s'oblige, envers h. h. Pichon, de la somme de 361 l. à payer en un an prochain venant. Signature.

Archives de Maine-et-Loire, E. 4.327. — 1587, récusation motivée de Mathurin le Boindre, par François Boylesve... dans l'affaire qu'il soutient contre Mathurin Cochelin.

Chartrier de Boylesve, 1587. — Les gens du présidial d'Angers, conservateurs des privilèges de l'Université, mandent à la requeste de N. h. Me Jehan Collasseau, conseiller du Roi, esleu en l'élection de contraindre N. H. François Boylesve... à payer 4 escus, deux tiers, 14 s. taxés par Me Simon Saguier, conseiller.

Bibliothèque d'Angers, Mss 871, *Bruneau de Tartifume*, t. i, p. 423. — « On entre en la chapelle des sieurs Boylesves qui « sont une des plus illustres familles d'Anjou, de laquelle « sont sortis plusieurs grands personnages qui ont rendu une « infinité de bons services aux rois de France et à l'Anjou, « leur patrie... Entrant donc en ladite chapelle, on ren- « contre, à ses pieds, une grande tombe, longue de 7 pieds

« 4 poulces, large de 3 pieds 3 poulces, sur laquelle a esté « gravée la réprésentation d'un homme de judicature. »

« Les lettres qui sont autour de ladite tombe sont presque « effacées. Seulement on peut lire ces mots :

« Cy gist (François) Boylesve, sieur de la Brisarderie, de « la Gillière et de la Maurousière, vivant conseiller du Roy « (lieutenant de la prévosté, conservateur) de privilèges « royaulx de l'Université d'Angers, lequel décéda le 27 no- « vembre 1587.

« Aux quatre coings de ladite tombe sont ces armes. »

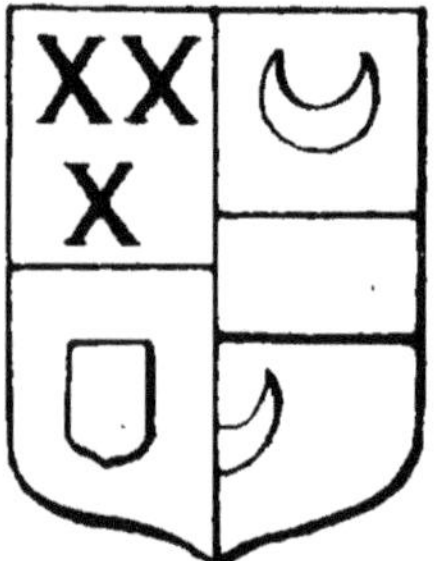

Chartrier de Boylesve, 10 décembre 1587. — Arrêt du Parlement de Paris (voir aux titres généraux).

Id. — Le mardi 1er mars 1589, Damoiselle Philippe Prioulleau, veuve de deffunt N. h. Me François Boylesve, vivant conseiller du roy, sieur de la Brisarderie... vend à h. h. René Boylesve, sieur de Gouasmart, la Biquerye pour 700 escus sol évalués à 2100 l. avec faculté de réméré. — Le 22 mars 1589 quittance de 200 escus. Signée Rogier. — Le 5 février 1594, prolongation de la grâce et faculté de rachapt de la Biquerye. — Le 10 février 1595, idem. — Le 30 décembre 1596, reprise de la Biquerye sur Guillemine Mousseau, veuve de René Boylesve, mère et tutrice de ses mineurs, moyennant 700 escus sol. Fait à Angers, présence de N. h. Nicolas de la Chaussée et Robert Courtin, avocats.

(Signé) : Rogier.

Id., 1591. — Extrait des registres du Conseil d'État et des finances establi par Mgr le duc de Mercœur, gouverneur de Bretaigne pour la manutention de la religion catholique, apostolique et romaine, conservation et libertés de la province, attendant l'assemblée des Estats.

Veu la requeste présentée par Me Mathurin Cochelin, conseiller et lieutenant général en la seneschaussée et siège présidial d'Anjou, tendant à ce qu'il eust été ordonné que Balthazar l'Enfant, sieur de Malvoisins, viendrait au Conseil convenir de juges pour cognoistre et décider de l'arrest par lui fait sur quinze pipes de vin que ledit Cochelin aurait fait saisir et arrester à Rochefort en Anjou, par vertu de l'ordonnance et permission de Mgr le duc de Mercœur, du XXIXe jour d'avril dernier, comme appartenant aus veuve et héritiers de Me François Boylesve, ses parties adverses, contre lesquelles il a adjudication de despens, dommages et intérêts, montants franche somme de deniers par arrest de la cour et parlement de Paris de l'année 1589. — Attendu qu'il n'y a à présent aucuns juges ni exercice de la justice audit siège présidial d'Anjou cy devant transféré à Chemillé de la part de la sainte union catholique, par devant lesquels les parties auroient été renvoyées pour procéder sur ledit arrêt et saisie par arrest du Conseil du 16e jour de février dernier. Vu la requeste présentée par ledit l'Enfant, suppliant être renvoyé pour procéder comme dessus au siège présidial transféré à Rochefort, et tout considéré, le Conseil a renvoyé et renvoye les parties pour procéder sur lesdites saisies et arrests par devant les gens tenans le siège présidial d'Anjou à Rochefort. Fait au Conseil tenu à Nantes, Monseigneur y estant, le treiziesme jour de mars l'an mil cinq cent quatre-vingt-onze.

Signature illisible.

Id., 1591. — Idem. Veu la requeste présentée par Me Mathurin Cochelin, conseiller du roy et lieutenant général en la seneschaussée et siège présidial d'Anjou, tendant à ce qu'il nous eust plu ordonner que le capitaine Vivant, fermier et adjudicataire judiciaire des terres de la Maurouzière et de la Gillière, saisies à la requeste du procureur du roy audit siège présidial d'Anjou, establi à Chemillé, sur les veuve et héritiers de feu Me François Boylesve, ennemis et adhérents aux hérétiques, et Me Jean le Meignan, naguère receveur général audit Chemillé, soient contraints par emprisonnement de leurs personnes à luy rendre et restituer les fruits et ferme desdites terres sur lesquels il auroit fait arrest par vertu de l'ordonnance de Mgr le duc de Mercœur du 29e d'avril dernier, par laquelle lui auroit esté permis soy procéder par saisie desdits veuve et héritiers pour avoir été condamnés avec eux par arrest donné en la cour et parlement de Paris en l'an mil cinq cent quatre-vingt-neuf, au profit dudit Cochelin et notamment sur les terres de la Gillière et de la Maurouzière et leurs appartenances et par les mains des commissaires qui y seroient établis à sa requeste ou des fermiers se aucuns se fussent trouvés prendre les deniers des fermes ou jouir par ces mains du revenu desdites terres et biens desdits condamnés du parti contraire à la sainte union catholique jusques et tant que besoin y eust été. Mondit seigneur lui avait fait don jusqu'à ce que ledit Cochelin eust été entièrement payé et satisfait des despens et intérêts à lui adjugé par ledit arrest et récompensé de la jouissance de son estat, perte et dommages qu'il a souffert et souffre en ses biens par ses ennemis et aussi leurs adhérents du parti des hérétiques; l'ordonnance de Monseigneur cy-dessus dattée, la requeste présentée par ledit capitaine Vivant, tendant afin d'être renvoyé pour procéder sur la requeste dudit Cochelin audit siège présidial d'Anjou, transféré à Rochefort. Ledit capitaine Vivant, oüi au Conseil qui a dit n'avoir joui desdites terres de la Gillière et la Maurouzière fors d'environ trente septiers de bléd, mesure du lieu, qu'il auroit retenu du consentement dudit Le Meignan sur ses estats et solde de lieutenant du sieur de la Perraudière, capitaine des ville et château dudict Chemillé et tout considéré, le Conseil (sans avoir esgard à la qualité de capitaine et soldat dudit capitaine Vivant) l'a condamné et condamne à vuider ses mains au profit dudit Cochelin de ce qu'il a touché des fruits et revenus desdites terres ou la valleur d'iceulx et à ce faire sera contraint par toutes voyes et rigueurs comme pour deniers royaux si mieux il n'aime payer le prix et la somme d'adjudication à luy faite d'icelles terres et pour procéder à ladite vériffication, liquidation et estimation desdits fruits touchés et perçus, sont les parties renvoyées par devant les gens tenant ledit siège présidial d'Anjou, audit Rochefort. Fait au Conseil... idem...

Id. — Le 3 juin 1598 enquête faite par Jehan Jarry, Escuyer Sieur de la Touche, Conseiller du Roy, lieutenant en la maréchaussée d'Anjou au sujet de la pêche de l'étang de la Gillière faite par les soldats du château de Rochefort-sur-Loire pendant que ces biens étaient détenus par le duc de

Mercœur. — 16 décembre 1599. Audition de témoins par Jehan Piau, Chancelier, juge magistrat; René Lépicier dit la Touche de Charcé a vu les soldats pêcher et prendre plusieurs pipes de gros poissons. — 28 décembre 1599. Audition de témoins par Jehan Jarry, à l'encontre d'un nommé le capitaine la Houssaye qui lors commandoit au chasteau dudit Montejean, les Bruières son lieutenant, la Rivière Tallonneau leur soldat, complices et alliés. Jean le Comte, de Montreveau, dépose avoir vu enlever le blé de la Maurousière par les gens du parti adverse.

Bibliothèque d'Angers Audouys, mss. 1005. — Le 26 mai 1610 devant Laurent Chauveau, codicille de Philippe Prioulleau veuve instituant deux messes par chacune semaine de l'an à perpétuité en la chapelle de Notre-Dame de Montserra autrement la chapelle des Boylesve et donnant pour ce rente suffisante à assoir sur ses biens.

Id., mss. 871. — *Bruneau de Tartifume*, t. I, p. 430. — « S'aperçoit aussi en laditte chapelle derrière ledit autel la « représentation d'une ancienne Damoiselle qui porte cette « fusée, par icelle j'apprends quelle estoit femme dudit « François Boylesve... »

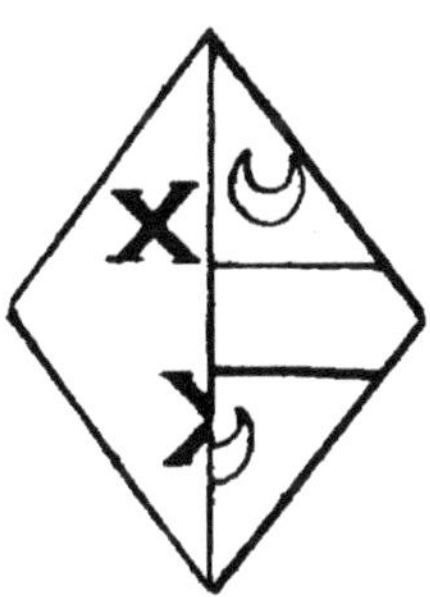

M. André de Livonnière possède, au château de la Plissonnière, un portrait de Philippe Prioulleau peint à l'huile. Il mesure 0m65 sur 0m50. Elle est représentée à genoux sur un prie-Dieu surmonté à droite d'un crucifix. Elle porte une sorte de coiffure avec collerette blanche et paraît âgée d'environ 60 ans. A sa gauche se voit un écu entouré d'une cordelière de veuve, parti des armes de son mari (qui ne se voient plus) et des siennes. Au bas, on lit : « Damoiselle Philippes Prioulleau, veuve de défunct « Mr Me François Boylesve, Chevalier, vivant seigneur de « la Brizarderis, le 10 juin 1610. » Ce qui permet de croire que ce tableau était posé sur son tombeau, comme c'était l'usage à cette époque en Anjou.

DIXIÈME DEGRÉ

1° Charlotte Boylesve, baptisée à Saint-Michel-du-Tertre le 21 décembre 1554.

2° Françoise Boylesve, baptisée le 24 mars 1557, épousa Messire Jean Le Febvre[1], Écuyer, Seigneur de la Laubrière.

3° Maurice Boylesve, qui suit.

4° Marin Boylesve, auteur de la branche de la Maurouzière, qui viendra après.

5° François Boylesve, Écuyer, Seigneur de la Bourdinière, né en 1560, licencié en droit, prêtre protonotaire du Saint-Siège apostolique, conseiller, aumônier du Roy par brevet du 2 février 1598, maître-école en 1602, chanoine de Saint-Maurice d'Angers, chancelier de l'Université en 1613-1624, doyen de Saint-Martin d'Angers, fut inhumé dans la chapelle des Boylesve, en l'église des Cordeliers, le 10 décembre 1637. Sa succession fut partagée en 1649 entre ses neveux.

Chartrier de Boylesve, 1598. — De par le Roy, grand aumosnier de France, premier maistre d'hostel, scavoir faisons que désirant gratifier de tout notre possible notre bien amé François Boylesve, en considération de sa fidélité et louables vertus qui sont en luy... l'avons retenu et rete-

[1] Lefevre : *d'azur à la levrette d'argent rampante, accolée de gueules, bouclée d'or.*

nons... en l'état et charge de nostre aulmonier ordinaire... Donné à Paris le deuxième jour de février 1590. Signé Henry.

Original en parchemin, scellé sur papier, avec la prestation de serment le 7 février 1598 entre les mains de l'archevêque de Bourges, grand aumônier de France.

Archives de l'Université d'Angers, 1602. — Franciscus Boylesve jurium licenciatus, sancte sedis apostolice prothonotarius, insignis ecclesie et universitatis Andegavensis cancellarius... brevet de licence en droit pour François Chesneau du diocèse du Mans... Datum Andegavi, sub sigillo nostro... die decima quinta mensis maii anno domini millesimo sexcentesimo secundo.

Original en parchemin ; sceau sur papier.

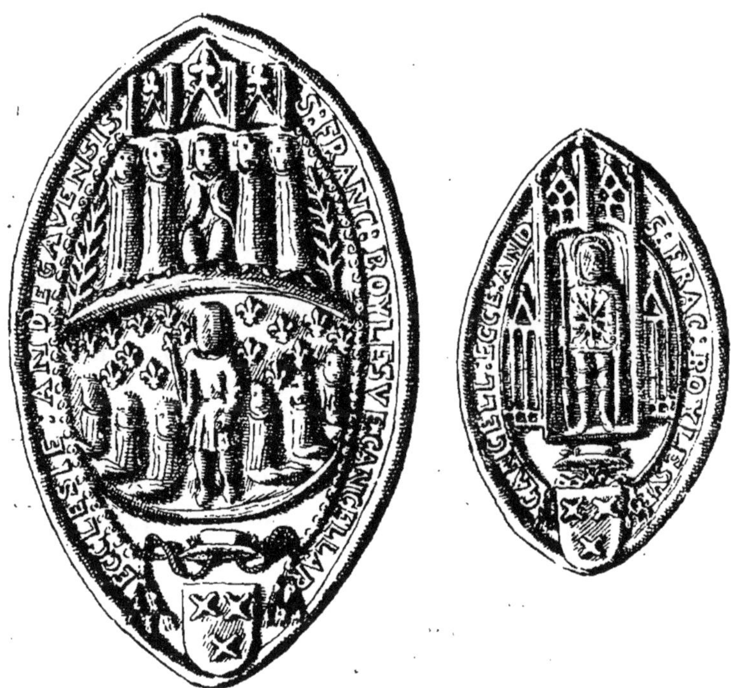

Bibliothèque nationale, nouveau d'Hozier, vol. 48, nº 2. — 1607. Sentence du lieutenant général d'Angers, relative à François Boilesve, protonotaire du Saint-Siège apostolique. — Copie.

Bibliothèque d'Angers. Audouys, mss. 1005. — Le 14 août 1613, devant Deillé, notaire à Angers, fondation par François

Boylesve, prestre, Seigneur de la Bourdinière, protonotaire du Saint-Siège, maitre-écolle, chancelier de l'Université et chanoine de l'église d'Angers, tous les premiers mercredis et jeudis de chaque mois, de vespres et processions autour du cloitre des Cordeliers où sera porté le Très Saint Sacrement et après grande messe au grand autel puis libera sur sa tombe en la chapelle des Boylesve... pour ce il assure une rente de 36 l.

Université d'Angers, par L. de Lens, I, p. 78. — Clarissimus vir Franciscus de Boylesve, dominus de la B... insignis ecclesiæ Andegavensis et almæ Universitatis canonicus et cancellarius, regis eleemosinarius et sanctæ sedis protonotarius, sancti Martini decanus, hujus capellœ fundator, pius e vita migravit die decima decembris anno domini millesimo sexcentesimo trigesimo septimo post meridiem. Requiescat in pace. Amen.

Archives de Maine-et-Loire, E. 1811. — 1649. Lots et partages des biens immeubles demeurés de la succession de deffunct Me François Boylesve, prestre, Seigneur de la Bourdinière, conseiller, aumosnier du Roy... que Mre Michel Boylesve, chevalier, Seigneur des Gaudrez, fils ainé et principal héritier de Mre Maurice Boylesve... fournist à Mre Louis Boylesve... et ses frères héritiers de Charles Boylesve, Seigneur de la Gillière, Mre Marin Boylesve, Escuyer, Seigneur de la Maurousière, Mre Pierre le Chat, conseiller du Roy... mari de Anne Ayrault... Mre François Lefebvre, Seigneur de Laubrière... héritier de Françoise Boylesve... Artur de Saint-Jouin, mary de Renée de la Marqueraye, fille de feu Philippes Boylesve tous aussi héritiers bénéficiaires pour l'autre tiers...

A l'ainé le lieu et métairie de la Galletière... aux puinés le lieu et métairie du Granger...

Fait audit Angers, le 18 septembre 1649, signé : M. Avril, Michel Boylesve, Gontard.

Original en papier et extrait imprimé dans les *Recherches sur les familles des maires d'Angers*, t. III, p. 113.

6° Philippe Boylesve épousa, par contrat du 16 août 1587, devant Grudé, notaire à Angers, Noble homme David de la

MARQUERAYE [1], écuyer, seigneur de la Primetière, conseiller au parlement de Bretagne.

Il était mort avant 1593.

Archives de Maine-et-Loire, E, 4327. — Le vendredi 15e jour de juin 1593, Demoiselle Philippe Boylesve, veuve de deffunt N. h. Claude de la Marqueraye, vivant conseiller du roy en son parlement de Bretagne, mère et tutrice..., cède à Charles Boylesve, écuyer, seigneur de la Gilière, l'état de conseiller dont sa majesté leur a fait don pour 3333 escus, un tiers valant 10,000 l. Fait et passé Angers, en la maison de Philippe Prioulleau, veuve de deffunt N. h. François Boylesve, sa mère. Signatures et avec eux Jacques de la Marqueraye, son fils aîné.

7° René BOYLESVE, écuyer, seigneur de Villeblanche, épousa Demoiselle Anne de BOUSSYRON [2], fut inhumé le 5 mai 1604, à Saint-Michel-du-Tertre; sa succession fut partagée avec celles de ses parents.

Archives de Maine-et-Loire, E, 4327. — 1593. N. h. René Boylesve, seigneur de Villeblanche, mary de Demoiselle Anne de Boussyron, cède à François Boylesve, seigneur de la Bourdinière, conseiller, son frère, les arrérages de 15 années de 5 septiers dus à Montreuil-Bellay, pour la bonne amitié qu'ils ont l'un pour l'autre. Signatures. Original en papier.

8° Charles BOYLESVE, auteur de la branche de la Gilière et du Plantis (voir après celles de ses frères).

3° Maurice BOYLESVE, écuyer, seigneur de la Brizarderie, Charost, Tharon, les Gaudrès, la Biquerie, conseiller au parlement de Bretagne, par lettres du 4 septembre 1576, démissionnaire en 1608, en faveur de son fils, conseiller honoraire, par lettres du 16 janvier 1609, enregistrées le

[1] De la Marqueraye : *de gueules à la fasce d'argent accompagnée en pointe d'un croissant de même.*

[2] De Boussyron : *d'or à la croix de gueules chargée de 5 coquilles d'argent et cantonnée de 4 croisettes du second.*

27 février, épousa par contrat du 15 janvier 1581 Demoiselle Marie Le Lou [1], fille de Noble homme Michel Le Lou, conseiller du roy et maître ordinaire de ses comptes en Bretagne, seigneur du Breil, Beaulieu, la Chaborière et la Haye, et de deffunte Demoiselle Françoise Rocaz.

Il fut inhumé le 15 mars 1619 en la chapelle des Boylesve, aux Cordeliers d'Angers, laissant quatre enfants : Michel, Charles, François et Françoise.

Maintenue de 1616 et 1662, titres généraux. — Provisions de l'office de conseiller au parlement de Bretagne du 4 septembre 1576 et prestation de serment, le 17 mars 1577.

Chartrier de Boylesve et titres d'Achon, 1581. — Contrat de mariage passé le 15 janvier 1581, devant Michel et Guichard, notaires royaux à Nantes, entre Noble homme Maurice Boylesve, conseiller du roy en son parlement de Bretagne, fils aisné de Noble homme François Boylesve, seigneur de la Brisarderie, la Moricière et la Gilière, conseiller du roy, lieutenant au siège de la prévosté royale d'Angers et conservateur des privilèges de l'Université de la dite ville et de Demoiselle Philippe Prioulleau, sa femme et compaigne, d'une part, et Demoiselle Marie Le Lou, fille aisnée de Noble homme Michel Le Lou, conseiller de sa Majesté et maître ordinaire de ses comptes en Bretagne, seigneur du Breil, Beaulieu, la Chaborière et de la Haye et de deffunte Demoiselle Françoise Rocaz par aucun temps sa femme d'autre... On lui donne la terre de la Biquerie, à Saint-Aubin-de-Luigné, valant 100 escus de rente, outre son dit état de conseiller... La future reçoit en avancement d'hoirie 6666 escus deux tiers d'écu sol... sur lesquels 1330 escus et un tiers pour meubles... présence de Nobles hommes Matthieu Aubin, seigneur de Morelles, conseiller du roy au siège présidial d'Angers, et garde des sceaux de la Chancellerie d'Anjou, Hillaire Collesseau, escuyer, seigneur du Houx et de la Rochepallière,

[1] Le Lou : *de gueules à 2 fasces d'argent chargées, la première, de 3, la seconde, de 2 étoiles de sable.* — C'est par erreur que M. Gontard de Launay donne aux Le Lou de Bretagne les armoiries d'une famille de ce nom et originaire d'Angers, P. 79, et qu'il fait Maurice chevalier de l'ordre du roi.

Estienne Boylesve, escuyer, seigneur des Roches et du Grand Auvers, Noble homme Marin Boylesve, seigneur de la Morozière, premier conseiller du roy en la sénéchaussée et siège présidial d'Angers, N. h. Jean Lefevre, seigneur de Laubrière, René Lefevre, conseiller du roy, et son premier avocat à Angers, de nobles gens, Jean Rocaz, sieur de la Baye, Julien Rocaz, sieur de la Noë, trésorier et receveur général des finances en Bretaigne, Nicolas Fiot, sieur de la Rivière, trésorier et receveur du taillon audit pays de Bretaigne, Georges Chrestien, sieur de la Mothe, tous parans, amys et alliés des dits Marin Boylesve et Marie Le Lou. — Signatures. A la suite se trouve une quittance de 2513 l. datée du 15 octobre 1581, et l'attribution de certains héritages par Michel Le Lou, seigneur du Breil, père de Marie. — Grosses originales en parchemin.

Titres d'Achon, 1597. — Extraict des régistres du parlement. Veu par la court la requeste présentée par Maistre Morice Boylesve, conseiller en icelle par laquelle il remonstrait que depuis les présents troubles il s'est toujours retenu en l'obéissance et service du roy, comme son fidelle officier et subjet et souffert de grandes pertes, peines et travaux, à raison de l'injure du temps pour venir par diverses fois, à pied, en habit et visaige desguisé en temps d'hiver, de la ville d'Angers en ceste ville pour faire le service qu'il y doibt et couché par plusieurs fois dehors à raison de l'affection qu'il avoit à son dit estat et service du roy, tellement que depuis il a esté subjet à de grandes maladies et encore à présent est detenu d'une, l'issue de laquelle est fort douteuse, occasion qu'il a esté de résigner son dit estat de conseiller pour le conserver au cas que son deceix adviendroit à sa femme et enfans. A ces causes, requeroit en considération des longs services qu'il a failts qui sont de plus de vingt ans, qu'il pleut à la dite court ordonner qu'il sera en sa fabveur au nom d'icelle escript au roy pour le supplier d'admettre la dicte résignation et conserver son dit estat à sa femme et enfans, auquel nul autre ne sera receu que son résignataire ou celuy qui sera nommé par Demoiselle Marie Le Lou, sa femme, ou Maître Marin Boylesve, lieutenant général en la sénéchaussée d'Anjou, son frère. La dite court a arresté qu'il sera au nom d'icelle escript au roy pour lui témoigner la probité, fidélité et diligence du dit Boylesve, conseiller en l'exercice de son dict estat et les grands travaux, pertes et ennuis par luy soufferts pour le service du dit seigneur, lequel sera très humblement supplié, au cas que le dict Boylesve décéderoit, de voulloir admettre la dicte résignation et conserver son dict estat à la femme et enfans et sans paier finances. Faict au parlement, à Rennes, le 9e jour de mars 1597. Signé Louriolle. Collation faite. Original en parchemin.

Archives de Maine-et-Loire, E, 1810, *et Bibliothèque d'Angers; Audouys*, mss. 1005. — 1611. Partages des choses hommagées, tombées en tierce foi de la succession de François Boylesve et de Philippe Prioulleau, présenté à ses puisnés par Noble homme Maurice Boylesve, sieur de la Brizardière, conseiller au parlement de Bretagne. Et parce qu'il a des hommages tombés en tierce foi, tant dans l'estoc paternel que maternel il a trouvé expédient de faire partage à part et séparément des deux estocs : Estoc paternel : La Brizarderie, la Greffoire à Saint-Pierre de Chemillé, le fief de la Burelière en Anjou et ne peut les exprimer plus particulièrement parce que les titres sont ès-mains des sieurs de la Bourdinière et la Gilière, ses puisnés, qui les retiennent comme par droit de (*sic*), il leur offre le tiers en propriété par indivis se réservant à lui les deux tiers, plus les deux tiers et un sixième comme héritier de son frère René... Estoc maternel : la Grande Ramée à Poitevinière, au fief de Jallais et six sextiers de rente sur les Bergetières... Fait à Angers, le 7 février 1611. Signé, M. Boylesve. Original en papier.

Id. *Bruneau de Tartifume*, mss. 871, t. I., p. 423.

« Puis après, au costé droit de l'autel de la dite chapelle se « void une autre tombe longue de cinq pieds onze pouces, « large de quatre pieds onze pouces, autour de laquelle est « escript :

« Ci gist, Monsieur Me Marin Boylesve, escuyer, sieur de la « Brizarderie, de Tharon et de..., conseiller du roy en son « parlement de Bretagne, qui décéda le 15 mars 1619. « Quiescat...

« Aux quatre coings de la dite tombe sont gravées ces « armes tymbrées :

ONZIÈME DEGRÉ

1° Michel BOYLESVE, qui suit.

2° Charles BOYLESVE, écuyer, mort vers 1601.

État civil de Saint-Michel-du-Tertre. — Le 6 juin 1585, baptême de Charles Boylesve.

Bibliothèque d'Angers, Bruneau de Tartifume, mss. 871, I. p. 423. — « En la paroy qui est soulz le grand vitrail, der-« rière le grand autel, se voit... un autre tableau aussy à « l'huile ayant la représentation d'un jeune homme de l'âge « de 20 ans, armé de cuyrace, couvert d'une tunique bleue « chargée de croix d'or en sautoirs, qui sont les armes des « Boylesve. »

3° François BOYLESVE, écuyer, seigneur de Gaudrès, de la Treille et des Roches, conseiller du roy, maître des comptes en Bretagne [1] en 1622, épousa Demoiselle Adrienne MARTINEAU [2], fille de Charles Martineau, sieur de la Bouteillerie, maître des comptes en Bretagne, et de Anne Brossays. Il eut son partage en 1630 et était mort avant 1651, laissant quatre enfants : François, Adrienne, Michel et Nicolas.

[1] C'est par erreur que P. de Courcy, tome III, P. 365, l'appelle Robert et le rattache aux Boylesve de Nantes.

[2] Martineau : *d'argent au chevron d'azur, accompagné de 3 martinets de sable, 2 et 1, au chef de gueules.*

Chartrier de Boylesve, 1651. — Constitution de 50 l. de rente par Marie Le Clerc, veuve Mathurin Boylesve, escuyer, sieur de la Maurousière à Adrienne Martineau, veuve de François Boylesve, chevalier, seigneur des Roches, conseiller du roy, maître ordinaire en la chambre des comptes de Bretagne. Original.

DOUZIÈME DEGRÉ

1° François Boylesve, écuyer, prêtre, sieur de Gaudrès et de la Treille.

Bibliothèque Nationale. Carrés de d'Hozier, vol. 101, fol. 339. — 1678. Transaction entre noble et discret Messire François Boylesve, prêtre, fils aisné et principal héritier noble de François Boylesve, escuyer, conseiller du roy, maître de ses comptes en Bretagne, et d'Adrienne Martineau, et héritier aussi de noble et discret Messire Nicolas Martineau, son oncle, chanoine de l'église royale et collégiale de Saint-Martin d'Angers, par représentation de la dite Martineau, sa mère, d'une part, et Michel, Nicolas et Adrienne les Boylesve, escuyers, ses frères et sœur puisnés, demeurant tous en la paroisse de Savennières. Il est convenu que des dites successions une somme de 20,000 l. appartiendra aux dits trois puisnés et qu'au dit François Boylesve reviendront les terres des Gaudrées et de la Treille à la charge de payer les dettes sur la vente des dites terres, pourvu que ce fut du consentement de Henry Boylesve, escuyer, sieur de la Mauricière et de Me Guillaume Martineau, l'aîné, conseiller au présidial d'Angers, ses proches parents. Cet acte passé le 30 mars 1678 devant Germain Cireuil, notaire royal à Angers, de l'avis de Me Louis Boylesve, sieur de la Gillière, conseiller du roy en ses conseils, lieutenant général en la sénéchaussée et siège présidial à Angers, Me Guillaume Martineau, le jeune, conseiller et avocat au dit siège... Analyse du XVIIIe siècle.

2° Adrienne Boylesve.

3° Michel Boylesve, écuyer, seigneur des Roches, épousa Demoiselle Marie Boureau, qui fit enregistrer les armoiries de son mari dans l'Armorial général de 1696.

Bibliothèque Nationale. Touraine, p. 544. — Marie Boureau, femme de Michel Boylesve, escuyer, seigneur des Roches : *d'azur à 3 sautoirs d'or, posés 2 en chef et 1 en pointe.*

4° Nicolas BOYLESVE, écuyer, seigneur des Roches, épousa Marie TORCHON. Il fit enregistrer ses armoiries dans l'Armorial général de 1696.

Idem Touraine, p. 156. — Nicolas Boylesve, escuyer, seigneur des Roches : *d'azur à 3 sautoirs d'or, 2 et 1.* — P. 550. Marie Torchon, femme de Nicolas Boylesve, escuyer, seigneur des Roches : *d'azur à 3 sautoirs d'or, 2 et 1.*

3° Françoise BOYLESVE épousa par contrat du 26 juillet 1604, Mathurin GUISCHARD [1], écuyer, seigneur de Martigné, conseiller au parlement de Bretagne.

État-civil de Saint-Michel-du-Tertre. — Le 8 avril 1584, baptême de Françoise Boylesve.

Titres d'Achon, 1604. — Contrat de mariage passé le 26 juillet 1604, devant Jacques Payo et François Turinier, notaires à Rennes, entre Mathurin Guischard, escuyer, seigneur de Martigné, conseiller au parlement, et Françoise Boylesve, fille ainée de Morice Boylesve, escuyer, aussi conseiller, et de Marie Le Loup, seigneur et dame de la Brizarderie, des Gaudrées, Taron, etc..., présence de Bernardin d'Espinoze, seigneur de la Renardière, conseiller au parlement, oncle de Françoise Boylesve et cousin du dit Martigné, Noble homme Michel Boylesve, sieur des Gaudrées, avocat en la cour, et François Boylesve, frères de la dite Françoise, et Demoiselle Françoise d'Espinoze, cousine germaine, et Noble homme Michel Poullain, sieur de Gèvres, cousin du sieur de Martigné. A la suite quittance de 6,000 l. du 13 septembre 1604. Grosse originale en parchemin.

1. Michel BOYLESVE, chevalier, Seigneur d'Auvers, de Gaudrès, Sermaise, de Beauvau, du Serrin, conseiller au

[1] Guischard : *d'hermines à 5 fusées de gueules en fasce, celle du milieu chargée d'un besan d'argent.*

parlement de Bretagne sur la démission de son père le 31 décembre 1608, reçu le 27 février 1609, chevalier de l'ordre du Roi le 4 avril 1621, gentilhomme ordinaire de sa chambre en 1624 et de la grande fauconnerie en 1625, fut maintenu dans sa noblesse et fit enregistrer ses titres en 1635 au greffe de l'élection de La Flèche. Il servait en 1639 au château d'Angers sous le maréchal de Brézé, épousa par contrat du 29 octobre 1612 demoiselle Marie de Carion, fille de Jacques de Carion[1], Escuyer, Seigneur de la Noë Guénardaye et de Gilette Bahuno, sa première femme. Ils eurent trois enfants Michel, Henri et Marie.

Titres de Farcy, 1608. — Lettres du Roi Henri IV. « A plains confians de la personne de... Me Michel Boylesve et de ses sens, suffisance, loyaulté, prudhomnie, expérience au fait de judicature et bonne diligence... lui donnant l'office de conseiller non originaire au parlement de Bretagne, que souloit tenir et exercer Me Maurice Boilesve son père .. aux gages de 1.000 livres... Ordre de le recevoir après qu'il sera apparu des bonnes vye, mœurs, capacité, conversation et religion catholique dudit Boilesve fils... Car tel est notre plaisir... Donné à Paris le dernier jour de décembre 1608, et de notre règne le 20e. Ainsi signé sur le replis par le Roy Cloise et scellé du grand sceau de cire jaulne à double queue.

Prestation de serment le 27 jour de février 1609.

Extrait des registres du parlement (signé) le Clavier. Collationné à l'original en papier à nous représenté par Michel Boylesve, Escuyer, Seigneur de la Galaisière et ce fait à luy rendu par nous, notaires royaulx à Baugé, le 1er décembre mil six cent soixante-cinq.

Copie sur papier.

Salmon.

Maintenue de 1669. Titres généraux. — Contrat de mariage passé le 29 octobre 1612 devant Chenans et Morhuau, notaires, entre Michel Boylesve... et Marie de Carrion.

[1] De Carion : *de gueules à la main droite d'argent soutenue de six ondes de sinople.* C'est à tort que M. Gontard de Launay donne à cette famille les armoiries des Carion d'Anjou.

État civil de Cuon. — Le 28 avril 1615, Demoiselle Marie de Carion, femme de Mr Me Michel Boylesve, Escuyer, Seigneur des Gaudries, conseiller au parlement de Bretagne fut maraine.

Id. — Le 19 avril 1617, Michel Boylesve, Seigneur des Gaudrées, Sermaise, Beauvau et du Serain, fut parain.

État-civil de Durtal, 3 juillet 1619. — Marie de Carion, dame des Gaudrées.

Bibliothèque d'Angers. Audouys, mss. 1005, 1624. — Vente devant Deillé, notaire à Angers, par Mathurin Boylesve, Seigneur de la Maurousière... Pierre le Chat, mari de Anne Ayrault, noble homme Guillaume Avril, Seigneur de Beusse, Françoise Boylesve, représentant Marin Boylesve de la Maurousière... François Lefevre de Laubrière, président au parlement de Bretagne, représentant Françoise Boylesve, héritière en partie de feu Gabriel Boylesve, Escuyer, Seigneur d'Auvers, et Charles à présent jésuite de leurs droits en ces successions pour une somme de 3.200 l. à Michel Boylesve, Seigneur des Gaudrées et du Serin, héritier principal des dits Gabriel et Charles.

Archives de Maine-et-Loire, E. 1810, 1624. — Lots et partages des biens de deffunt François Boylesve, Escuyer, Sieur de la Brisarderie, de la Maurousière et de la Gillière, et de Demoiselle Philippe Prioulleau, son espouse, que Mre Michel Boylesve, Seigneur des Gaudrées et d'Auvers, chevalier de l'ordre du Roy, gentilhomme de sa chambre, fils aîné et principal héritier de Mre Maurice Boylesve vivant Seigneur de Tharon et des Gaudrées, fils aîné des dits deffunts, fournit à Mathurin Boylesve... (Ces biens avaient déjà été partagés en 1612, 1617 et 1620). Michel Boylesve, Seigneur des Gaudrées choisit le 2e lot comprenant la terre de la Béraudaye, les métairies des Roches et de la Chevallerie... Fait à Angers, le 13 août 1624 et la choisie des lots le 29. Copie collationnée aux originaux par moi, Conseiller, secrétaire du Roy, maison et couronne de France.

(Signé) Hurel.

Bibliothèque d'Angers. Audouys, mss. 1005, 1624. — Option des lots en six parts devant Charles Ménard, juge à Angers, des successions de François Boylesve, Seigneur de la Brizardière, la Maurousière, la Gillière, et Philippe Prioulleau par

Michel Boylesve, Seigneur des Gaudrées et d'Auvers, chevalier de l'ordre du Roi, gentilhomme ordinaire de sa chambre, fils aîné de feu Maurice Boylesve, Seigneur des Gaudrées, Conseiller au parlement de Bretagne, fils aisné des dits deffunts à Mathurin Boylesve et autres puisnés.

Imprimé en partie dans les *Recherches sur les familles des maires d'Angers*, II, p. 108.

Titres d'Achon, 1625. — Louis par la grâce de Dieu, Roy de France et de Navarre, au premier notre huissier ou sergent sur ce requis, salut. A la supplication de notre cher et bien ami Michel Boilesve, gentilhomme de notre grande fauconnerie estant à cause de ce en notre protection et sauvegarde te mandons que lui fasses paier toutes les debtes à lui dues, y contraignant ses débiteurs par saisie, vente de leurs biens et emprisonnements de leurs personnes s'ils y sont obligés et en cas d'opposition, refus ou délais, les choses contentieuses mises en nostre main et pour les icelles garnir des sommes contenues en lettres, obligations passées soubs nos sceaux et authentiques, adjourne les opposans ou delayans et tous autres dont par luy seras requis à scavoir les redevables de 10 l. et au-dessus par devant nos amis et feaulx Conseillers les gens tenans les requestes de nostre palais à Paris, et les autres au dessoulz par devant les juges qui en doibvent connoistre pour proceder comme de raison. Et outre fois commandement de par nous à tous juges par devant lesquels ledit exposant a ou aura causes personnelles ou possessoires et desquelles il vouldra prendre la garantie et s'y joindre qu'icelles non contestées ils renvoient aux dites requestes sans plus en connoistre; ce que nous leur interdisons par les presentes et en leur refus ou délai fais toi-même lesdits renvoy et en certifieras nos dits commissaires auxquels nous mandons faire aux partyes ouyes bonne et briesve justice, les présentes après un an non valables. Car tel est nostre plaisir. Donné à Paris, le 12e jour d'avril, l'an de grace 1625 et de nostre règne le 15e.

Original en parchemin.

Archives de Maine-et-Loire, E. 1810, 1627. — Procédures entre Jean Lefebvre, Seigneur de Laubrière, Escuyer, et Michel Boylesve, chevalier, Seigneur des Gaudrées, et Louise de Carion, son épouse, au sujet de la succession paternelle.

Titres d'Achon, 1630. — C'est le lot que Me Michel Boylesve, Chevalier, Seigneur des Gaudrées, fils aisné et principal héritier noble de deffunt Maurice Boylesve... et Marie Le Lou... baille et fournit à chacun de François Boylesve, Escuyer, Sieur des Roches, conseiller du Roy, maître des comptes de Bretagne et à Dame Françoise Boylesve, veufve de deffunt Mathurin Guichard, vivant Seigneur de Martigné, conseiller au Parlement... lui, prend les Gaudrées pour préciput, le reste de la terre de la Brizarderie à Chanzeaux, la Ramee à Saint-Lézin, les Roches, la Chevallerie, la Brardière à Neuvy et sa charge de conseiller au Parlement payée 22.000 l. en 1612; au seigneur des Roches 23.000 l., dont 8.000 l. pour son office de maître des comptes ; à Françoise le fief, haute, basse et moyenne justice de Taron... Fait et passé à Angers devant Serezin notaire royal le 12 juillet 1630. — Copie donnée par Nicolle Baudon, notaire, le 18 may 1694.

Copie collationnée sur papier.

Maintenue de 1630. *Titres généraux.* — Partages nobles en février 1634.

Chartrier de Boylesve et Titres d'Achon, 1635. — Maintenue de noblesse (voir aux titres généraux).

Titres d'Achon, 1635. — Extrait des registres du ban et arrière ban de la sénéchaussée de Baugé.

Aujourd'hui 26e juin 1635, par devant nous Jacques Deschamps, conseiller du Roy, lieutenant général à Baugé, a comparu Michel Boylesve, Chevalier, Seigneur des Godrées, demandant estre deschargé, attendu sa malladie et indisposition de sa personne qu'il a vériffiée, offrant d'abondant mettre un homme en sa place suivant sa qualité et obligation de ses fiefs sur quoy, vu le procès verbal de ce jour portant l'audition de ceux qui ont gouverné ledit Boylesve, nous avons exempté ledit Boylesve du service personnel et ce requerant l'advocat et procureur du Roy, nous ordonnons qu'en son lieu et place il fera comparoir un personnage armé et équipé comme ledit sieur Boylesve seroit obligé, s'il estoit sain et valide suivant sa qualité et obligation de ses fiefs, au 3e jour du mois prochain en ceste ville, pour recevoir commandement de Mr du Bellay, auquel avons réservé l'agrement dudit personnage et le pouvoir d'y mettre un remplaçant au lieu et place de celuy qui y sera présenté auquel sera l'entretien fourni. Donné à Baugé par devant nous, juge susdit, lesdits jours et an. (Signé) : Michel Boylesve. Belhomme.

Original en papier.

Titres d'Achon, 1639. — Extrait des registres du ban et arrière ban, fait en la sénéchaussée de Baugé pour l'année 1639 au feuillet 5e. Aujourd'hui, 2e jour de may 1639, a comparu devant nous Jacques Deschamps, conseiller du Roy, lieutenant général au siège de la sénéchaussée de Baugé, commissaire en cette partie, Michel Boylesve, Escuyer, Seigneur des Gaudrées, demeurant en la paroisse de Gouys, lequel nous a déclaré qu'il ne peut servir le Roy en ses armées sous le ban et arrière ban, à cause qu'il est retenu par Mr le mareschal de Brezé, en la garnison du chasteau d'Angers, où il sert actuellement Sa Majesté suivant les ordres de Mr le mareschal-gouverneur de ceste province et du chasteau d'Angers et nous a fait apparoir de ce que dessus par certificat de Mr de Brezé du 22 avril dernier, signé de Brezé et scellé de ses armes, dont acte et ce requerant le procureur du Roy avons ordonné que ledit certifficat demeurera attaché au présent registre, pour y avoir recours quand besoin sera, sauf audit sieur des Gaudrées à en prendre coppie signée de notre greffier pour luy valoir original, fait et donné lesdits jour et an, ainsi signé Deschamps et Michel Boylesve. Ensuite la teneur dudit certificat.

Le mareschal de Brezé, gouverneur pour le Roy de la province d'Anjou et des ville et chasteau d'Angers et Saumur, nous certiffions à tous qu'il appartiendra que Michel Boylesve, Escuyer, Seigneur des Gaudrées sert actuellement le Roy sous nostre charge, dans la garnison du chasteau d'Angers dont nous ne luy pouvons permettre de s'absenter, les choses à quoy il est employé par nos ordres pour le service de Sa Majesté demandant une résidence sans discontinuation. Fait à Milly, le 22e jour d'avril 1639, ainsi signé de Brezé et plus bas par Monseigneur Fardel et scellé de cire rouge des armes dudit sieur. Et ces présentes délivrées audit sieur des Gaudrées par moy, greffier soubsigné.

Original en papier. Belhomme.

Titres d'Achon, 1646. — A Monseigneur de Héere, conseiller du Roy en ses conseils, maistre des requestes ordinaire de son hostel, intendant de la justice, police et finances ès provinces d'Anjou, Touraine et le Maine. — Supplie humblement Michel Boylesve, Chevalier, Seigneur des Gaudrées et d'Auvers, disant que par exploict du 6 de ce moys, le nommé Le Mercier, sergent, luy auroit fait commandement à la requeste de Me Jean Lemaire, commis à la réception et recouvrement du droit de confirmation dû au Roy à cause de son advenement à la couronne, de payer la somme de 200 l. et les 2 sous pour livre à laquelle il suppose l'exposant avoir été taxé au conseil pour estre confirmé en ses privilèges de noblesse et ce, sous prétexte que par le roolle arresté au conseil, il est porté les annoblis payeront 200 l., ce qui se doibt seullement entendre de ceux qui ont esté annoblis par lestres ou autrement soubz le règne du feu Roy d'heureuse mémoire, de sorte que le suppliant n'y peut estre compris, attendu qu'il est noble d'extraction, que ses père, ayeul, bisayeul, trisayeul et austres ses ancêtres, ont depuis plus de 300 ans vescu noblement comme il le justiffie par lettres authentiques sans considérer d'ailleurs que son père étoit conseiller au parlement de Bretagne, laquelle charge il eut exercé par l'espace de 30 ans.

Ce considéré, Monseigneur, vous plaise décerner acte au suppliant de ce qu'il s'oppose au commandement qui luy a esté faict par ledit Mercier et faisant droit en son opposition faire deffences audit Lemaire de faire aucune contrainncte contre le suppliant pour raison du droit de confirmation et vous ferez justice. (Signé) : C. Cesbron.

Ordonnance de l'intendant de ne pas poursuivre, datée du 8 septembre 1646. (Signée) : De Héere.

Original en papier.

DOUZIÈME DEGRÉ

1° Michel Boylesve, qui suit.

2° Henri Boylesve, Ecuyer, Seigneur d'Auvers, baptisé le 29 janvier 1624, épousa le 20 may 1649, Demoiselle Perrine de Binel[1], fille de feu Claude de Binel, Ecuyer, Sieur de Brohons et de Perrine de la Barre, par contrat

[1] De Binel : *d'argent à l'aigle éployée de gueules, becquée, membrée d'azur, à 3 fleurs de lys de même mal ordonnées.*

passé devant Guret, notaire à Angers. Elle était veuve avant 1662, laissant deux jumelles et fut maintenue avec ses filles par Voisin de la Noiraye.

État-civil de Durtal. — Le 29 janvier 1624, baptême de Henri Boylesve... parain H. et P. S. Messire Henri de Schomberg, Comte de Durtal, Gouverneur général du hault et bas Limousin et Angoumois, maraine Marie-Anne, duchesse d'Halwin, femme de H. et P. S. Charles de Schomberg.

Titres d'Achon. — 13 juillet 1662, vente par François Grimaudet et Françoise Boylesve, sa femme, d'une rente de 166 l. à Dame Perrine de Binel, veuve de Messire Henry Boylesve, vivant Chevalier, Seigneur d'Auvers, demeurante à Gouviz. Cette vente fut remboursée le 25 novembre 1675 par Marin Boylesve, Ecuyer, Seigneur de la Maurouzière à la décharge des vendeurs.

Grosse originale en papier.

13e degré. Angélique et Henriette, nées et baptisées à Gouis le 19 octobre 1651.

3° Marie Boylesve, épousa Messire Pierre Amys[1], Ecuyer, Seigneur du Ponceau, capitaine du château de Sablé (1652-1662). Il mourut à Paris en 1667.

État-civil de Durtal, 1636. — Mademoiselle Marie Boylesve, maraine.

État-civil de Châteaugontier, 1653. — Marie Boylesve, femme de Pierre Amys, Ecuyer, Seigneur du Ponceau, gouverneur de Sablé, maraine.

1° Michel Boylesve, Ecuyer, Sieur de la Gallaisière, épousa par contrat du 16 mai 1652, Demoiselle Renée du Rideau[2], fille de noble homme Jean du Rideau, Conseiller du Roy, élu en l'élection de Baugé et de deffunte Demoiselle Louise de Bommard.

[1] Amys : *d'argent au chevron de gueules accompagné de 3 feuilles de vigne versées de sinople, 2 et 1.*

[2] Du Rideau : *d'azur au chevron d'or accompagné de 2 écussons et en pointe d'une flèche en pal, la pointe en haut, de même.*

Il fut maintenu dans sa noblesse le 23 février 1665 par la cour des Aydes, fit enregistrer ses armoiries dans l'armorial général (Touraine, p. 122).

Ils eurent trois enfans : Gabriel, Michel et Renée.

Titres Gaultier de Brulon, 1652. — Contrat de mariage passé le 13 may 1652 devant Me François Pointeau, notaire royal à Baugé, entre Me Michel Boylesve, Ecuyer, Seigneur de la Gallaissière et Demoiselle Renée du Rideau, fille de noble homme Jean du Rideau, Conseiller du Roy, élu en l'élection de Baugé et de deffunte Demoiselle Louise de Bommard, tous deux demeurans audit Baugé, soubs l'autorité et avis scavoir ledit Sieur de Boylesve desdits Sieur et Dame ses père et mère et de la part de ladite Demoiselle du Rideau, dudit Sieur son père, du Sieur Louis du Rideau, Ecuyer, Seigneur de la Cirottière, de Mathurin du Rideau, Ecuyer, Seigneur de Parpacé, ses oncles paternels, et de René Louet, Ecuyer, Seigneur de la Porte, conseiller du Roy au Siège de Baugé, son oncle maternel.

Grosse original en parchemin.

— *État-civil de Cuon.* — 21 août 1654, Mre Michel Boylesve, Chevalier, Seigneur de la Gallaisière, parain.

— *Bibliothèque nationale. Pièces originales*, registre 382. — 20 mai 1661, acte sur parchemin, concernant Demoiselle Renée du Rideo, femme de Michel Boylesve, Ecuyer, Seigneur de la Galaisière.

Chartrier de Boylesve, le 9 février 1664, partages nobles des successions de leurs père et mère entre Michel, la veuve d'Henry Boylesve et Pierre Amys..., devant Drouin notaire.

Chartrier de Boylesve, cabinet d'Hozier, vol. 51, n° 21. — Arrêt de la cour des Aydes, du 21 février 1665 (Voir aux titres généraux).

Bibliothèque nationale, armorial de 1696. *Touraine*, p. 122. — Michel Boylesve, Ecuyer : *d'azur à 3 sautoirs d'or, 2 en chef et 1 en pointe.*

TREIZIÈME DEGRÉ

1° Gabriel Boylesve, Ecuyer, Seigneur de la Galaisière, né en mars 1665, baptisé le 16 octobre 1667, partagea ses cadets en 1703 et mourut le 25 août 1707, sans alliance. En lui s'éteignit la branche aînée de la famille de Boylesve.

État-civil de Lesvière. — Le 16 octobre 1667, baptême de Gabriel, fils de Mre Michel Boylesve et de dame Renée du Riveau [1], parain Mre Gabriel de Boylesve, évêque d'Avranches, maraine Dame Perrine Le Chat, femme de Louis de Boylesve, Conseiller du Roy en tous ses conseils, Lieutenant général d'Anjou. L'enfant, âgé de 32 mois, avait été ondoyé à Baugé.

Bibliothèque d'Angers, Audouys, mss. 1005. — Le 25 janvier 1703, partages nobles de la succession de Michel Boylesve de la Galaisière et de Renée du Rideau entre Gabriel, Michel, curé et la Dame de Brullon.

État-civil de Saint-Maurille. — Le 26 août 1707, inhumation de noble homme Gabriel Boylesve, Seigneur de la Galaisière.

2° Michel Boylesve, Ecuyer, prètre curé de Liré (canton de Champtoceaux), partagé par son aîné en 1703, fit l'année suivante une fondation aux Cordeliers d'Angers. Il fit enregistrer ses armoiries dans l'armorial général (Touraine, p. 583).

Chartrier de Boylesve et Bibliothèque d'Angers, *Audouys*, mss. 1005. — Le 1er février 1704, titre nouvel de 36 l. aux Cordeliers d'Angers, par Michel Boylesve, curé de Liré et Renée Boylesve, veuve Gaultier de Brulon, héritiers de feu Michel Boylesve, Seigneur de la Galaisière et de Renée du Rideau, père et mère, héritiers de François Boylesve, prètre, Seigneur de la Bourdinière, chanoine d'Angers. Ces rentes étaient dues sur la Galaisière et Gaugé, devant Drouault, notaire.

État-civil de Drain, 1698. — Michel Boylesve, curé de Liré, parain.

3° Renée Boylesve, dame de la Galaisière, Gaugé, la Galletière, épousa, par contrat du 21 août 1694, Messire

[1] C. Port a mal lu le nom de la femme de Michel; c'est, on l'a vu, du Rideau.

Geoffroy-Michel GAULTIER[1], Chevalier Seigneur de Quincé, Varannes, veuf de Marie Hullin, dont postérité.

Il mourut le 28 juin 1699.

Titres Gaultier de Brulon. — Contrat de mariage passé le 21 août 1694 devant René Boudier, notaire à Angers, entre Me Geoffroy-Michel Gaultier, Chevalier, Seigneur de Quincé, Varannes et Renée Boylesve, lors majeure, demeurant paroisse Saint-Maurille d'Angers, ainsi que ladite Dame du Rideau sa mère. Le contrat est signé des parties, de Renée-Louise Boylesve, Ayrault, Louis de Crespy de la Mabilière, Marie Chauvet, Louise de Chérité, Marie de Crespy, Gabriel de Crespy, Ignace Chauvel, P. du Tremblier, R. Jouet. Alain et Boudier, notaire passeur.

État-civil de Saint-Maurille. — 26 août 1694, célébration dudit mariage.

Bibliothèque d'Angers. Audouys, Mss. 1005. — 18 mars 1702, transaction entre Renée de Boylesve, veuve et tutrice de ses enfans et Julien Hullin, Ecuyer, Seigneur de la Mareschallerie au sujet de la succession de Louis Gaultier de Brullon.

BRANCHE DE LA MAUROUZIÈRE

DIXIÈME DEGRÉ

2° Marin BOYLESVE (2e fils de François, Seigneur de la Brizarderie, la Maurouzière, et de Philippe Priouleau), Écuyer, puis Chevalier, Seigneur de la Maurousière, de la Bourdinière, licencié ès droits en 1573, conseiller au présidial et juge conservateur des privilèges de l'Université d'Angers, fut nommé en 1580 premier et ancien conseiller audit siège. « Il s'acquit une si grande réputation dans les différents emplois qui lui furent confiés, que le roi Henri IV le nomma lieutenant général d'Anjou en 1590 dans le temps des plus grands troubles, sur la demande que lui en avaient fait tous les ordres de la Province. Il rendit de très

[1] Gaultier : *d'azur à la rose d'argent accompagnée en chef de 2 étoiles d'or et en pointe d'un croissant de même.*

grands services à l'État pendant toutes les guerres. Le Roi pour l'en récompenser, le créa Chevalier, et par une distinction particulière dont il existe peu d'exemples, lui fit expédier des lettres patentes, en date du 19 mai 1597, par lesquelles les titres, honneurs et prérogatives de chevalier sont rendus héréditaires pour tous ses descendants. Par autres lettres patentes du mois de janvier 1598, le Roi l'autorisa, lui et sa postérité, à ajouter à ses armes un chef chargé de 2 ou 3 fleurs de lis d'or, et à porter autour de l'écusson le collier de l'ordre de Saint-Michel et une fleur de lis d'or au-dessus du casque. Il fut fait conseiller d'État la même année. »

Il avait épousé par contrat du 8 novembre 1578, Demoiselle Renée NICOLAS[1], fille de noble homme René Nicolas, Écuyer, Seigneur de la Thomasserie, la Guérinière, capitaine du château de Gonnord et de Anne Blouin.

Ce fut lui qui, en 1583, fonda en l'église des Cordeliers d'Angers, la chapelle des Boylesve, dite aussi de Montserrat où il fut inhumé ainsi qu'un grand nombre de ses parents. Ses armoiries et celles de sa femme se voient au bas de l'escalier de l'hôtel de Boylesve, sis à Angers, 13, rue du Cornet.

Il mourut de la peste le 4 juillet 1603 et fut inhumé immédiatement dans la chapelle des Boylesve, aux Cordeliers, « par des portefais qui n'avoient qu'une lanterne, sans assistance d'autres personnes. Bel exemple aux grands du Palais ! » dit Louvet.

Sa veuve testa en 1617 et demanda à être inhumée à Saint-Michel du Tertre.

Ils laissaient de leur union cinq enfans : Anne, Louis, Pierre, Françoise et Mathurin, qui suit.

[1] Nicolas : d'après les Mémoires domestiques : *d'azur à 3 fusées d'or, 2 et 1*, mais d'après la fondation de la chapelle des Cordeliers : *d'or à la croix de gueules chargée de 5 étoiles d'argent et cantonnée de 4 écussons de sable*, ainsi qu'elles sont figurées sur la clef de voûte de l'escalier de l'hôtel de Boylesve.

Chartrier de Boylesve, 1573. — Diplome de docteur ès droits pour Marin « Boylesveum civitatis Andegavensis, juriscivilis baccallaureum... Tholosœ, die vigesima tertia mensis Junii anno domini millesimo quinquagesimo septuagesimo tertio.

Original en parchemin avec lettres d'or sur fonds de couleur.

Id. — Contrat de mariage passé le 8 novembre 1578 devant Fouré, notaire à Angers, n. h. Me François Boylesve, conseiller, lieutenant en la prévosté d'Angers, Seigneur de la Brisarderie et la Maurousière et Demoiselle Philippe Prioulleau, son espouse, n. h. Marin Boylesve, avocat en la cour du Parlement d'une part, et h. h. Louis Nicollas, Seigneur de la Thomasserie, Anne Blouin, sa femme et honneste fille, Renée Nicolas, leur fille. On lui assure 4.500 escus dus par André Hurault et Estienne Boylesve, à elle 3000 escus... présence de n. h. Me Mathieu Aubin, conseiller au présidial, Maurice Boylesve, conseiller au Parlement de Bretagne, François Lefebvre de Laubrière, n. h. Me Lefebvre et Maurice Davy, avocats... la minute porte les signatures des parties... Copié par Guesdon. Donné 36 s. pour la recherche et faction de ladite copie.

Chartrier de Boylesve. — Lettres patentes du Roi nommant Marin Boylesve, conseiller, lieutenant et juge conservateur... données à Paris le 21 septembre 1579 par le Roy : de l'Aubepine. Original scellé.

Id. — Nomination par François, fils de François, frère unique du Roi, duc d'Anjou, Allençon, Tourraine et Berry, pour le même, advocat au Parlement de Paris, le 21 septembre 1579, signé par Monseigneur, Malingre.

Id. — Quittance de 3.333 escus, un tiers pour l'office de conseiller, lieutenant que tenoit avant sa mort Guillaume Deschamps, le 21 septembre 1579, signé Marcel.

Chartrier de Boylesve, 1579. — Henry par la grâce de Dieu roi de France et de Pologne, de la partie de notre amé Me Marin Boylesve, juge conservateur en nostre ville d'Angers, et premier conseiller, nous a esté exposé qu'ayant été pourveu dudit estat et office de juge, les lieutenants général et particulier, conseillers, auroient présenté requeste à nostre court de parlement pour estre reçus opposans ès réception comme n'étant pas ledit état nécessaire, s'étant transportés en l'Université, se seroient adressés aux docteurs et suppots de ladite Université, lesquels, par menaces, insinuations, ils auroient contraint de bailler des attestations et advis contraires à ceulx qu'ils avoient baillé qui étoient que le juge conservateur étoit très nécessaire... ordre d'informer... Donné à Paris, le 30 octobre 1579, le 6e de nostre règne.

Par le Roy en son conseil. Le Ragois.

Original en parchemin, le sceau perdu.

Chartrier de Boylesve. — Arrêt du conseil privé au sujet de l'accord entre Marin Boylesve et le présidial d'Angers... Il paiera mille escus et aura la charge de premier conseiller... Donné à Paris le 11 mars 1580.

Titres d'Achon, 1580. — Extraict des registres du Parlement.

Ce jour, après avoir par la cour ouy et examiné Me Marin Boylesve pourveu par le Roy de l'estat et office de premier et ancien conseiller en la sénéchaussée et siège présidial civil et criminel et juridiction de la conservation des privilèges de l'Université d'Angers, sur la loy à lui dernièrement ordonnée par la fortuite ouverture du code théorique et pratique, retiré la matière mise en délibération, ladite cour a arresté et ordonné que ledit Boylesve sera reçu à faire et prester le serment audit estat et office appartenant comme y ayant esté trouvé suffisant et capable, ensemble de tout autre office de judicature... a fait le serment au cas appartenant et y a esté receu, fait profession de foy, et l'a jurée en Parlement le 21e jour de juin 1580. (Signé) : Du Tillet.

Original en parchemin.

Archives de Maine-et-Loire, E. 1810, *et Bibliothèque d'Angers. Audouys*, mss, 1005. — 1580. Achat pour 4.800 l. d'une maison, sise au bas des Halles d'Angers par N. h. Marin Boylesve, Seigneur de la Maurousière, premier conseiller en la sénéchaussée d'Anjou et Dame Renée Nicolas, sa femme, de N. h. René Le Paige, Seigneur de la Paigerye, avocat à La Flèche. Cet acte est passé le 8 septembre 1580 devant Fouré, notaire à Angers. C'est l'hôtel de Boylesve où se trouve la sculpture dont il est parlé plus haut. — 1581. Quittance du controleur des domaines d'Anjou, de 59 s. 6 d. d'arrerages dus sur cette maison, sise en Saint-Michel du Tertre.

(Signé) : DESLANDES.

Chartrier de Boylesve, 1580. — Les trésoriers généraux de France et à Tours, Conseillers du Roy, veu par nous les lettres patentes données à Paris au mois de mars 1580 dernier passé, par lesquelles le Roy veult et luy plaist que Me Marin Boylesve, Seigneur de la Morousière, avocat en la Cour du parlement de Paris, en vertu de ses lettres de provision obtenues pour l'office de Lieutenant et juge conservateur des privilèges royaux de l'Université d'Angers et premier Conseiller en la Sénéchaussée et siège présidial dudit lieu, vacant par le décès de Me Guillaume des Champs... estoit reçu et installé en son office de premier et ancien Conseiller... ordre de lui payer ses gages... Consentons l'entherinement et accomplissement selon leur forme et teneur... Donné au bureau le 14e jour d'octobre 1580.

Cotereau par les trésoriers généraux de France et à Tours. DESJARDINS.

Original en parchemin.

Chartrier de Boylesve, 1580. — Arrêt du parlement en faveur de Marin Boylesve, nommé premier et ancien Conseiller... 1er décembre 1580.

Chartrier de Boylesve, 1583. — La fondation de Notre-Dame de Montserrat *alias* des Boylesve[1]. Sachent tous presens et à venir que comme ainsi soit que noble homme Marin Boylesve, sieur de la Maurousière, premier Conseiller du Roy en la Sénéchaussée d'Anjou, et juge magistrat au siège présidial dudit lieu, conservateur des privilèges royaux de l'Université d'Angers, désirant participer aux oraisons et suffrages et prières qui se font de jour en jour en nostre mère sainte Église, ayt eu volonté et intention de fonder une chapelle au

[1] La lettre L, très ornée d'entrelacs habilement tracés à la plume, est accompagnée d'un écusson peint : parti au 1er écartelé *d'azur à 3 sautoirs d'or, 2 et 1*, et *d'argent au sautoir de gueules chargé d'un écu de sable au lion d'or* (Danon), au 2e *d'or à la croix de gueules chargée de 5 coquilles d'argent et cantonnée de 4 .... de sable* (ces pièces sont effacées), qui est Nicolas.

couvent des Cordeliers de ceste ville au nom et tiltre de nostre Dame de Monserat et que pour ce faire se seroit trouvé audit couvent, prié et requis les religieux d'iceluy de luy bailler une place vacante estant à costé et derrière le grand autel, vers la sacristie dudit couvent afin que suyvant sa dite intention et volonté en l'honneur de Dieu et révérence de nostre Dame sa digne mère, il face bastir, construire et édifier un autel pour la décoration de la dite église en laquelle journellement divin service est célébré. Ce que les dits religieux deuement congregez en leur chapistre luy auroient accordé et suivant ce auroit ledit Boylesve encommencé la dite chapelle et autel et du depuis se seroit transporté au dit couvent et derechef fait assembler les religieulx d'iceluy en leur dit chapitre au son de la cloche en la manière accoutumée affin d'en passer escript en signe de perpétuel memoyre, sur quoy eux assemblés capitulairement audit son de la cloche pour l'effet que dessus, semblablement le dit Boylesve et Damoiselle Renée Nicollas son espouse de luy suffisamment autorisée quand à ce, demeurans en ceste ville paroisse de Saint-Michel-du-Tertre ont fait les accords qui s'ensuivent : Pour ce est-il que en la court du Roy nostre Sire et de Monseigneur duc d'Anjou à Angers, endroit par devant nous René Mauloré, notayre et garde notte en icelle, personnellement estably les dits religieux gardien et couvent des Cordeliers d'Angers, ès personnes de frère René Rouault, docteur en théologie, gardien, frère Constantin Blaizonneau, lecteur et bachelier en théologie, f. Amant de Launay, bachelier en théologie, f. Valère, Guerin, Symon Guyard, François Fromond, Jehan Bonnier, Louis Guelen, René Chardon, Jehan Moreau, Mathurin..... et Pierre Audrieu, tous prestres, religieux, profès dudit couvent faisant la plus saine et entière partye d'iceulx d'une part, et ledit Boylesve de la Maurousière et la dite Nicollas son espouse, autorisée comme dessus, d'autre part, soubmettant respectivement scavoir les dits gardien et religieux dudit couvent, eux, leurs successeurs et biens dudit couvent et lesdits Boylesve et Nicollas son espouse, eux, leurs hoirs et ayant cause avec tous et chacuns leurs biens meubles et immeubles, présens et à venir quels qu'ils soient, au pouvoir, ressort et juridiction de ladite court quand à ce confessent de leur bon gré sans contrainte : C'est à scavoyr que lesdits religieux ont consenty et accordé, consentent et accordent audit Boylesve qu'il face fayre et parachever ledit autel et chapelle soubs le nom de nostre Dame de Monserat autrement la chapelle des Boylesve dans laquelle ledit Boylesve et ceux descendants dudit Boylesve seront enterrés et y auront droit de sépulture sans qu'aultres y puissent prétendre ledit droit. Pour la fondation de laquelle chapelle lesdits Boylesve et sa dite espouse ont fondé deux messes à basse voix qu'ils ont ordonnées estre dictes et célébrées par chacune sepmaine a perpétuité en ladite église et couvent de Saint-François de ceste ville en ladite chapelle et à la fin de chacune desdites messes sera dit le pseaulme *de Profundis*, un *libera* avecques les oraisons accoustumées et oultre recommandé aux assistans audit service à faire prière pour le repos des âmes desdits fondateurs, de leurs parents et amys trespassés. Lesquelles messes seront dictes et célébrées scavoir l'une au jour de sabmedy, heure de 8 heures du matin en l'honneur de Nostre Dame de Montserrat et l'aultre le jour du dimanche en l'honneur de la Sainte-Trinité, incontinent après l'*Offerte* de la grand'messe auparavant la célébration de laquelle seront lesdites messes sonnées avec la grosse cloche de ladite église par trois fois et à chacune fois trois gobets et après sera sonné la petite cloche en la manière accoustumée. Item ont lesdits Boylesve et sa dite épouse voulu et ordonné estre dict vigilles de morts et une messe de *Requiem* avec un *Libera* et les oraisons ordinaires et le tout estre dict et célébré par chacun an à perpétuité à notte, diacre, sous-diacres en ladite église par les frères dudit couvent le plus dévotement et solennellement que faire ce pourra une fois l'an seullement et à ce mesme et pareil jour que décédera ledit Boylesve et autant en estre dict et célébré pour ladicte Nicollas son espouse à pareil jour qu'elle décédera, à commencer seullement lesdits anniversaires après leur décès et oultre ce que dessus seront aussy tenus lesdits frères tous les jours à l'yssue de matines et après ledit décès dudit Boylesve dire *de Profundis* pour le repos de l'âme de iceluy et de sa dite espouse et de leurs parents et amis trespassés et les commencera celui qui officiera en ces mots : *Pro remedio animæ fratris nostri Marini Boylesve atque ejus consortis* ou bien useront desdits mots en l'oraison *Inclina* qui sera dite après lesdits *de Profundis*. Et seront tenus les dits frères dudit couvent de Saint-François, mettre et inscire les noms et surnoms desdits Boylesve et de sa dite espouse en leur livre et papier des obits et y faire mention du contenu en ces presentes et par chacun an à tels jours que seront les obits dudits Boylesve et son espouse, fayre prières pour eux ainsi qu'il est accoustumé fayre pour les religieux et autres inscrits en leur martyrologue. Et à ce que lesdites messes et service divin cy dessus spécifié soient dicts et entretenus à perpétuité et pour l'entretenement d'iceluy lesdits Boylesve et Renée Nicollas, son espouse, autorisée comme dessus et chacun d'eux seul et pour le tout ont donné, ceddé, délaissé et transporté et encores par ces presentes donnent... à perpétuité par aulmosne et présentation annuelle aus dits couvent et frères d'iceluy stipulants et acceptans pour eux, leurs confrères et successeurs, la somme de 25 l. de rente annuelle et perpétuelle evalluée à 8 escus un tiers payables au terme de Nuel et Saint-Jehan Baptiste de chacune année par moitié. Quelle rente ils ont assigné et assignent spéciallement sur leur maison sise et située près les vieilles halles de ceste ville d'Angers, dicte paroisse de Saint-Michel, par lesdits Boylesve et Nicollas son espouse acquise de Me Robert Le Paige et Perrine Laurens son espouse et générallement sur tous et chacuns leurs biens presents et avenir quels qu'ils soient et, sans que la généralité puisse nuire à la spécialité... en attendant une assiette de ladite rente sur l'un des chapitres de l'une des églises collégiales de cette ville que les dits Boylesve et Nicollas feront. Auxquels fondations, dons... entretenir... obligent lesdites parties... fait et passé au chapitre dudit couvent en l'assemblée desdits religieux faicte à son de cloche comme dit est ès presences de N. h. Me Jehan Lefeubvre, Sieur de Laubrière et Me Jehan Hamelyn, clerc juré au greffe de la prevosté demeurans audit Angers tesmoings à ce appelez le lundi 11e jour de juillet 1583. Signé en la mynutte, Boylesve, Renée Nicolas, Rouault, Blaizonneau, de Launay... Demouyn, Audrieu, Lefeuvre, Hamelyn et nous notaire.

Moloré.

Deux grosses originales dont l'une, outre l'écusson est ornée à chaque page d'arabesque très fins, de fleurs, de vases, d'oiseaux, le tout à la plume. L'autre porte la signature de Marin Boylesve.

Id., 1588. — Capitaines et gardes des portes de cette ville, laissez passer le Seigneur de la Maurousière, Conseiller au siège présidial d'Angers, avec ses gens, armes et chevaux s'en allant trouver le Roy. Faict à Paris le dernier may 1588.

Signé : DE VILLEQUIER.

Original en papier scellé en placard.

Chartrier de Boylesve. — Commission du Roy pour Marin Boylesve et Me René Bautru d'informer contre les rebelles... et contre Cochelin... donné à Tours le 28 juin 1589 et de nostre règne le 16e. Signé, par le Roy en son conseil. GUIBERT.

Copie collationnée.

Chartrier de Boylesve. — Nomination de Marin Boylesve par les officiers du présidial d'Angers à la charge de Lieutenant général, le 5 mars 1590.

Id. — Révérend père en Dieu M. Charles par la grâce de Dieu évêque d'Angers, les vénérables chanoines et chapitre de l'église d'Angers, le doyen absent, après avoir traité de l'importunité de la provision de l'estat de Lieutenant général au siège présidial et sénéchaussée d'Anjou, recognoissant ce que peult la dignité et authorité du chef de la justice en cette province, pour manutention de l'église et religion catholique, apostolique et romaine et pour la distribution de la justice aux subjets du Roy, à leur soulagement, les contenans en l'obéissance de Sa Majesté, ont d'ung commun advis conclu et arresté de faire très humbles supplications à Sadite Majesté et nosseigneurs de son conseil que pour le bien de son service et honneur de sa justice il luy plaise pourvoir dudit estat M. Marin Boylesve, Seigneur de la Maurousière, premier conseiller d'Angers, lequel pour sa longue expérience en fait de la justice et bon comportement en sa charge s'est rendu capable dudit estat de Lieutenant général et donné expérience à tous les gens de bien de la ville et du pays de s'en acquitter duyment au contentement des bons serviteurs du Roy qui le désirent et pour en faire telles requestes et supplications ont ordonné ledit Révérend evesque avec Messieurs du chapitre la présente supplique estre délivrée par moy notaire du chapitre soubsigné. Fait audit chapitre le lundy 19e jour de mars 1590. P. Robin, notaire.

Id. — Au Roy... Sire.

Les juges consuls des marchans de votre ville d'Angers... remonstrent très humblement qu'ayant l'estat de Lieutenant général vacqué par l'espace de 10 ans ou environ et depuis peu de temps été mis en taxe par la privation d'iceluy jugé par arrest sur Mathurin Cochelin qui s'en estoit fait pourvoir... ils ont trouvé que M. Marin Boylesve, premier conseiller, extrait de bonne et honorable famille et expérimenté au fait de la justice pour avoir depuis 10 ans exercé ledit estat de premier conseiller dignement et au grand contentement de tous les gens de bien, et pour la réputation de probité qu'il y a acquise mérite cette charge de Lieutenant général. Ce considéré, Sire, plaise à votre Majesté ordonner que ledit Boylesve sera préféré à tous aultres en la provision dudit estat... et modérer le plus qu'il sera possible la finance, ayant esgard à ses merittes et capacitez... pour lesquelles lesdits suppliants se sont avancés de vous en faire très humble requeste et nomination, et ils prieront Dieu pour votre royalle santé.

Id. — Permission de resigner l'office de conseiller ayant été nommé Lieutenant général, poste vacant par la forfaiture de Mathurin Cochelin. Il avait déjà payé 5500 escus et est dispensé de payer aucunes finances nouvelles. Le 30 mars 1590. Signé Guibert.

Id — Les commissaires députés par le Roy en la chambre des domaines nomment René Bautru et Marin Boylesve pour poursuivre Cochelin. 4 août 1590. Farre.

Id. — Lettres patentes d'Henri IV donnant à Marin Boylesve, Seigneur de la Maurousière, son féal conseiller, la charge de

Lieutenant général d'Anjou sur les bons témoignages des évêques, clergé, maire et échevins et officiers de notre justice... office que tenoit Me François Chalopin et duquel Me Mathurin Cochelin avoit esté pourveu, à présent déclaré vacquant et impétrable sur luy à cause de sa félonie, rebellion et forfaicture par luy commise comme étant de la ligue et du party des rebelles, ainsy qu'il appert aussi par les arrests de nostre parlement à Tours les 21 septembre et 22 décembre...

Donné à Tours le dernier jour de mars 1590 et de notre règne le premier. Par le Roy en son conseil. Guybert.

Original. Sceau de cire jaune.

Régistré à Angers le lundi 4 juin 1594.

Id. — Par devant nous Raimond Collin, conseiller du Roy en sa cour de parlement, estant en ceste ville d'Angiers, a comparu Me René Lefebvre, advocat du Roy au siège présidial dudit Angiers... lequel nous a présenté une commission de ladite cour à nous addressante donnée à Tours le 4e de ce mois de may... pour informer d'office à la requeste du procureur général du Roy de la vie, mœurs, religion... et fidélité au service du Roy de Me Marin Boylesve, pourveu de l'estat et office de lieutenant général... requérant que eussions à procéder à l'exécution de ladite commission et pour cest effect nous a présenté à tesmoings chascuns de...

Sur quoy ordonnons que lesdits tesmoings seront par nous oys...

Du 10e jour de may 1590.

Vénérable et discret messire Jean Lamoureux, prebtre curé de la cure et église paroissiale de Saint-Michel-du-Tertre... âgé de 45 ans... a tousjours cogneu ledit Boylesve homme de bien, de bonnes vie et mœurs... lequel est de l'une des meilleures et anxiennes familles de cette ville et des plus notables...

Messire Pierre de Raganne, evesque de Rouanne et suffragant de l'église d'Anjou, demeurant en cette ville, âgé de 80 ans... d'une famille qui a toujours été de la religion catholique... sans s'en estre departy ny pareillement du service du Roy auquel ils ont toujours esté fidelles... et même ledit Boylesve pendant ceste guerre s'est montré fort afféré serviteur du deffunt roy... et du Roy Henri quatriesme...

Vénérable et discret Messire Jehan de la Barre, prebtre et chanoine en l'église d'Angers et official du chapitre de ladite église... agé de 74 ans... le connoist dès son jeune âge... et n'a jamais dégénéré de la famille dont il est qui est l'une des meilleures de ceste ville et a cogneu son deffunct père qui étoit lieutenant au siège de la prévosté.....

N. h. Me Pierre Ayrault, conseiller du Roy, lieutenant criminel au siège présidial d'Angers, agé de 56 ans..... de l'une des meilleures familles de cette ville, fils de deffunt n. h. Me François Boylesve, vivant lieutenant au siège de la prévosté.....

N. h. Me Simon Saguier, conseiller et juge magistrat au présidial, maire et capitaine de cette ville, agé de 45 ans..... issu de l'une des bonnes et anciennes familles de cette ville, ayant tous ses prédécesseurs tenu rang honorable en ceste ville.....

N. h. Me Guillaume Bonvoisin, conseiller, juge et garde de la prévosté, agé de 55 ans.....

Messire Marin Liberge, docteur régent ès droits en l'Université d'Angers et échevin de ladite ville, agé de 53 ans.....

N. h. Me Pierre de la Marquerais, avocat au présidial, agé de 60 ans.....

N. h. Me René Gohin, conseiller au présidial, agé de 53 ans..... sa famille qui est une des meilleures de ceste ville et des plus riches.....

N. h. Me Christophle Foucquet, eschevin de ladite ville..... agé de 55 ans.....

Original en papier. (Signé) : Collin.

Archives de Maine-et-Loire, E 4266, 1592. — Du vendredy 18e jour de septembre, l'an 1592 après midy, en la cour du Roy nostre sire, à Angers, pardevant nous Mathurin Grudé, notaire... présent estably Messire Philipes Goureau, seigneur de la Proustière, conseiller du Roy et maître des requestes ordinaires de son hostel, intendant de la justice d'Anjou, Nobles hommes Marin Boylesve, conseiller du Roy, lieutenant général en Anjou, Jacques Ernault, sieur de la Daumerie, conseiller du Roy au présidial d'Angers... Nicolas de la Chaussée, seigneur de la Bretonnière, advocat à Angers... d'une part, et h. h. Symon Verdon, sieur de la Maisonneuve, d'autre part... confessent avoir fait et font entre eux le marché et convention qui s'ensuit : c'est assavoir que ledit Verdon a promis... tenir, fournir et bailler au seigneur de la Bastide, gouverneur pour le Roy aux Ponts-de-Cé... le nombre de vingt milliers de poudre à canon de munition à raison de 13 sols la livre pour 4333 escus ung tiers, dedans le lundi en huit jours prochain venant et en outre bailler et délivrer audit seigneur de la Bastide telle somme qu'il conviendra pour l'achat de 1000 à 1200 boulets que ledit de la Bastide acheptera audit lieu de la Rochelle... en oultre bailler ce qu'il faudra d'argent pour faire les frais de la voyture de laditte poudre et boulets de laditte ville de la Rochelle jusques à la somme de 1000 escus pour laditte voyture. Signé : Claude Barjot, Ph. Goureau, M. Boylesve, Ernault, Verdon, de la Chaussée, Serezin, Grudé, du Fay de la Garenne.

Original en papier.

Chartrier de Boylesve, 1593. — Henry, par la grace de Dieu Roy de France et de Navarre, à notre amé et féal Me Marin Boylesve, lieutenant général à Angers, salut... A ces causes, sachant l'affection que vous avez à nostre service et au bien de nostre estat, nous vous avons commis et députté, commettons et députtons, poursuivant les credits et déclarations faites par feu nostre très honoré frère et seigneur le Roy dernier décédé. Donné à Chartres le 5e jour de mars 1593 et de notre règne le 4e. (Signé) : HUILLIER.

Original en parchemin, le sceau perdu.

Id., 1593. — Lettres du Roy Henri IV nommant Marin Boylesve lieutenant général sur la demande du clergé..... il avait payé 5500 escus dont il nous avoit secourus en la nécessité de nos affaires... puis Cochelin étant mort en sa felonie... les ennemis avoient pourvu un des leurs malgré tout droit... il le maintient.....

Donné à Chartres, le 20 septembre 1593.

Sceau de cire jaune.

Id., 1594. — Arret du parlement du 11 may ordonnant que Marin Boylesve, nommé lieutenant général par lettres du 20 septembre, jouira comme s'il avait été pourvu par le décès de Cochelin, lui faisant en tant que besoin don dudit office...

Original en parchemin. DU TILLET.

Id., 1594. — Commission du conseil du Roy au profit de Marin Boylesve pour y faire appeler le sieur de la Barre. — 1595, 1596. Sentences diverses pour la même affaire.

Originaux en papier.

Titres d'Achon, 1595. — Acte passé le 3 mars devant Denis Fauveau et Jehan Le Court, notaires royaux à Angers, par lequel Marin Boylesve, Escuyer, Seigneur de la Maurousière, conseiller du Roy et lieutenant général en Anjou, ayant les droits cédés de deffunt n. h. François Boylesve, seigneur de la Brizarderie, et de D[lle] Phelippes Prioulleau, ses père et mère, par son contract de mariage avec Renée Nicolas..... reconnait avoir reçu de Estienne Boylesve, escuyer, seigneur d'Auvers, conseiller, notaire et sécrétaire du Roy... se disant héritier par bénéfice d'inventaire de Dame Renée Boylesve et de D[lle] Thierrye Vignoys, son épouse, la somme de 2002 escus sol, 56 s. 8 d. pour principal et arrerages à lui dus.....

Copie sur papier. FAUVEAU.

Chartrier de Boylesve et titres d'Achon, 1597. — Henry par la grace de Dieu Roy de France et de Navarre, à tous presens et advenir salut. Comme il soit du tout raisonnable et chose appartenante à la Majesté Royalle, de reconnoistre les personnes de vie louable et qui par l'effet suivent la vertu et honneur et s'employent aux services des Roys et choses publiques, les uns au maniement des affaires d'Estat, de la justice et police, les autres pour le fait et conduitte des armées, tous tendans à une mesme fin qui est de satisfaire à leur devoir et charge pour le service et manutention de leur prince légitime et naturel, conservation de son estat et repos de ses sujets, lequel aussy comme non ingrat à reconnoistre leurs bons et loyaux services doit leur départir ses grâces, faveurs et liberalitez speciallement pour décorer leurs noms, mémoire et posterité, de tiltres et qualités honorables correspondans à leurs vertus et louables actions affin que leur donnant occasion d'y perséverer, voire d'y redoubler leurs efforts en si beaux effets, plusieurs y prennent exemple et s'évertuent à les imiter et ensuivre mesme en ce temps que les ennemis de cet estat se sont eslevés pour l'anéantir et obscurcir la valleur des plus gens de bien et vrays Françoys, à quoy l'assistance et secours de nos bons serviteurs et personnes de valleur et authorité a esté grandement nécessaire et soit ainsy que nostre amé et féal Conseiller et Lieutenant général sur le fait de la justice en nostre pays et duché d'Anjou Me Marin Boylesve, Sieur de la Maurouziere, ayt toujours fait paroistre tant en l'administration de la justice qu'en plusieurs exploits et courageuses entreprises, la bonne et grande affection et volonté qu'il porte à nos affaires et au bien de nostre service, à la conservation de nostre pays d'Anjou et à maintenir nos subjets en paix et l'obeissance qu'ils nous doivent, en quoy singulièrement il s'est rendu recommendable lorsque nostre ainé et féal cousin le Sieur d'Aumont, mareschal de France, auroit ramené nostre ville d'Angers en nostre obeissance au mois d'avril 1589. Pour raison de quoy et autres services faits durant et au commencement des présents troubles au feu Roy nostre très honoré Seigneur et frère, dont nous avons amples preuves et tesmoignages, l'aurions jugé digne d'estre recommandé en grand honneur. Nous, à ces causes, estant bien informé des vertus, mérites et continuation à nostre service dudit de Boylesve et qu'il est digne pour sa noblesse, vertu, science, valleur et prouesse d'estre eslevé en tiltre et grade d'honneur de Chevallier, dont luy et sa postérité demeurent perpétuellement recommandez, avons, de l'advis de nostre conseil et de plusieurs princes et seigneurs, par ces presentes signées de nostre main et de nostre grâce specialle, pleine puissance et aultorité royalle donné et octroyé, donnons et octroyons le nom, tiltre et grade de Chevallier audit de Boylesve nostre conseiller et Lieutenant général, l'ayant à cet effet créé et du tiltre d'icelluy décoré et décorons pour se pourvoir doresnavant, en tous actes, lieux, places et assemblées, dire, escrire et se qualiffier du tiltre de Chevallier et si jouir de tous droits de noblesse, authorités, privillèges, exemptions, descharges et autres honneurs et préeminences appartenans aux Chevalliers tant en fait de guerre, actes militaires, assemblées généralles et particulières que autres lieux et endroits soit en jugement ou dehors, et partout ailleurs au besoin sera et par la mesme forme et manière qu'ont accoustumés user les autres Chevalliers faits et créés de nos prédécesseurs Roys et de nous et qui ont par leurs bons services, comme ledit de Boylesve, mérité semblable tiltre et grade d'honneur, mandons à notre amé et féal le Seigneur comte de la Rochepot, chevallier de nos ordres, gouverneur et nostre lieutenant général en nostre pays d'Anjou et en son absence à nostre aussi amé et féal Conseiller de Pichery, Chevallier de nos ordres, capitaine de 50 hommes d'armes de nos ordonnances, gouverneur de nos ville et chasteau d'Angers, et nostre lieutenant audit pays d'Anjou, donner en nostre nom audit de Boylesve l'espée et accolade de Chevallier et ceing militaire et icelluy admettre au rang et nombre des Chevalliers pour se dire et qualiffié, créé et à l'advenir Chevallier en tous lieux et actes, en prendre et porter le nom, l'ordre et le tiltre et jouir des droitz, honneur, privillèges, prérogatives et préséances attribuez audit ordre de Chevallerye et quy en peuvent dépendre ; mandons en oultre et commandons à nos amés et féaulx les gens tenans nostre chambre des comptes et cour des aydes à Paris et tous autres justiciers et officiers, tant de nos cours souveraines qu'autres qu'il appartiendra que pour servir de perpetuelle marque d'honneur et recommendation à icelluy de Boylesve et à sa posterité ils facent à sa simple réquisition enrégistrer ces présentes aux greffes de nos dites courts et juridictions et partout ailleurs où besoin sera et du contenu en icelles ils facent et laissent librement jouir et user ledit de Boylesve sans luy donner ou souffrir estre donné aucun empeschement, ains de faire cesser touttes oppositions au contraire. Car tel est nostre plaisir. En tesmoing de quoy et afin que nostre présent don et octroy soit et demeure à jamais stable et inviolable à l'ornement et décoration dudit de Boylesve et de sa famille et posterité et qu'il en soit perpetuellement memoire, avons fait mettre notre scel à cesdittes presentes. Donné à Paris le 19e jour de may 1597 et de nostre règne le 8e. (Signé) Henry.

Et sur le reply par le Roy Potier, avec paraphe.

Et a costé est écrit registrées en la chambre des comptes, ouy le procureur général du Roy pour jouir par l'impetrant de l'effet et contenu en icelles selon leur forme et teneur le 24e jour de novembre 1597. (Signé) Danez, avec paraphe.

Et à costé visa contentor (Signé) De Baillon, avec paraphe.

Et sur ledit reply est escrit registrées en la cour des aydes, ouy sur ce le procureur général du Roy pour jouir... suivant l'arrest de ladite court dujourd'huy, à Paris le 12e jour de décembre 1597. (Signé) Bernard, avec paraphe.

Original en parchemin, sceau perdu, et copie collationnée le 19 aoud 1705. (Signé) : C. Mirebeau.

Ces lettres sont imprimées dans la *Vie de Pierre Ayrault*, par Ménage, p. 182.

Chartrier de Boylesve et titres d'Achon, 1597. — Anthoine de Silly, comte de la Rochepot, damoiseau de Commercy, Seigneur souverain d'Erville, Baron de Montmirail et Trosnay, Montlevon, Montbazin et Sauldron, Chevalier des deux ordres du Roy, Capitaine de 50 hommes d'armes de ses ordonnances, conseiller en son conseil d'Estat, gouverneur et lieutenant général pour Sa Majesté en ses pays et duché d'Anjou, scavoir faisons qu'ayant veu les lettres patentes données à Paris le 19e jour de may dernier, cy attachées, par lesquelles Sa Majesté, deuement informée des recommandables mérites, vertus et valeur de Marin Boylesve, Escuyer, sieur de la Maurouzière, son conseiller et lieutenant général, sur le faict de la justice en ce pays et duché d'Anjou et des signallés services qu'il a rendus avec toute preuve de fidelité, tant en administration de son estat qu'en plusieurs autres dignes et mémorables actes, singulièrement en la réduction et conservation de la ville d'Angers, en l'obeissance de Sa Majesté au mois d'avril 1589, que les ennemis de l'estat et rebelles à l'obeissance de Sa Majesté s'en vouloient emparer et autres services par luy faits pour la manutention de la couronne, a iceluy Boylesve, en ceste considération, honoré du tiltre et qualité de chevalier pour se dire et quallifier cy après en tous lieux et actes tel, en prendre et porter le nom, marque et prérogative et jouir des droits et degrés d'honneur appartenant audit ordre de chevallerie et qui en dépendent, nous mandant Sadite Majesté y admettre icelluy et recevoir et de nostre part ayant cognoissance par effet de la vérité du contenu ès dittes lettres, veu et recogneu en touttes occasions qui se sont présentées le soin et dilligence que ledit sieur Boylesve a apporté avec tout ce qui se peut de peine et d'affection en ce qui a concerné le service de saditte Majesté et conservation de l'estat, tant à expulser les ennemis de cette dite ville, en l'année 1589, que deffunt Monseigneur Le Mareschal d'Aumont, estant par nous demandé secours à Sa Majesté y fut envoyé pour cet effet que en toutes autres occurances qui se sont présentées et appellé l'assistance dudit sieur Boylesve, en ce pays d'Anjou, pour le service de saditte Majesté et repos de la province. En quoy il s'est toujours avec beaucoup de zèle valeureusement employé, dont il est louable et digne de mémoire à l'advenir. En suivant ses prédécesseurs de mesme nom et armes qui ont porté cette qualité remarquée amplement par titres authentiques, et notables tesmoignages y attachés avec lesdittes lettres de Sa Majesté, avons ensuivant le pouvoir à nous donné auxdittes lettres et obeissant au commandement de saditte Majesté, porté par icelles, donné l'espée et accolade de chevallerie et ceing militaire audit Boylesve, sieur de la Maurouzière, lieutenant général, et iceluy receu et admis au rang et nombre des chevalliers pour, à l'advenir, se dire et quallifier tel en tous lieux et actes, en prendre et porter le nom, l'ordre et tiltre aux droits, honneurs, priviléges et prérogatives, prééminences, preséances appartenant audit degré et ordre de chevallerie et qui en peuvent despendre ainsi qu'il est plus amplement porté par lesdittes lettres patentes. En tesmoignage de quoy nous avons signé ces presentes, et à icelles fait apposer le scel de nos armes. A Angiers, le 3e jour du mois d'aoust 1597. (Signé) : Antoine de Silly.

Et plus bas, par mondit Seigneur (signé) : Pirot, avec paraphe.

Original en parchemin, sceau effacé. — Copie collationnée en 1705.

Titres d'Achon, 1597. — Arrest d'enregistrement des lettres de chevallerie en la cour des aydes. Veu par la cour..... a ordonné et ordonne lesdittes lettres estre enrégistrées pour jouir par l'impetrant de l'effet et contenu en icelles selon leur forme et teneur. Prononcé le 12e jour de décembre 1597. Signé Bernard, avec paraphe, et à costé est écrit collationné.

Copie collationnée en 1705.

Chartrier de Boylesve, 1597. — Frère Raphael d'Orléans, provincial de Paris, vicaire provincial de l'ordre de Saint-François, reçoit frère de l'ordre pour participer aux prières : Devotum in Christo filium nobilem virum Marinum Boylesve Regis consiliarium necnon celeberrimæ urbis andegavensis generalem legatum... Datum Andegavis XXI die mensis augusti anno Domini millesimo quingentesimo nonagesimo septimo. (Signé) : F. RAPHAEL.

Original en parchemin, le sceau arraché.

Chartrier de Boylesve et titres d'Achon, 1598. — Henry, par la grace de Dieu Roy de France et de Navarre, à tous presens et advenir salut. Comme depuis nostre advenement à la couronne, avons toujours un singulier désir de colloquer en honneur, dignité et prééminence tous ceux qui, par leurs ver-

tueuses actions et fidélité au maniement de nos affaires, se sont rendus recommandables en nostre endroit et les recompenser en sorte de leurs labeurs que eux et leur posterité s'en puissent à jamais prévaloir et ressentir affin de les convier par tels exemples à en suivre la vertu de leurs devanciers et ayant recogneu en nostre cher et bien aimé chevallier Messire Marin de Boylesve, nostre conseiller et lieutenant général en Anjou, les bonnes et louables qualités, mérites, vertus et fidelités à nostre service, l'aurions créé et fait chevalier et honoré de plusieurs grades et autres faveurs. Mais, pour lui faire ressentir plus qu'à nul autre des honneurs condignes à ses mérites, et pour donner occasion à tous nos autres subjets de s'affectionner au bien de nostre estat et couronne, comme a fait ledit de Boylesve. De nostre plus abondante grace et pour perpétuel souvenir et remarque tant à luy qu'à sa posterité de la fidelité que nous avons recogneue porter envers le feu Roy notre tres honoré Seigneur et frère, que Dieu absolve, que nous a depuis nostre advenement à la couronne dont il a donné plusieurs grands et amples témoignages tant à la conservation de nostre pays d'Anjou en nostre obeissance qu'en plusieurs autres exploits et courageuses entreprises concernant nostre service où il a apporté tout ce qu'il a peu de peine et de vigilance, dont il est fort louable et digne de mémoire à l'advenir. Avons permis et octroyé, permettons et octroyons par ces présentes signées de nostre main audit de Boylesve qu'en l'escu et blaizon de ses armoiries, ainsy qu'elles sont cy peintes et figurées il puisse adjouter deux ou trois fleurs de lys d'or en chef, pour, par luy et sa posterité, les porter affin d'estandre cy après cette grace, faveur et honneur à tous les siens. Mandons à tous nos justiciers et officiers, faire et laisser jouir et user ledit de Boylesve de nos presente concession et octroy et desdites armoiries de fleurs de lys adjoutées aux siennes, cessant et faisant cesser tous troubles et empeschemens au contraire. Car tel est nostre plaisir. Donné à Paris au mois de janvier, l'an de grace 1598 et de nostre règne le 9e.

(Signé) : HENRY.

Et au dos est escript par le Roy, POTIER, avec paraphe.

Original en parchemin, sceau perdu. Copie collationnée en 1703.

Ces lettres ont été imprimées dans la *Vie de Pierre Ayrault*, p. 184.

Chartrier de Boylesve et titres d'Achon, 1598. — Aujourd'huy dernier avril 1598 le Roy estant à Mantes, desirant pour le bien de son service composer et remplir son conseil d'Estat de personnes accompagnées de vertus, qualités et mérites pour lui faire service en sondit conseil et estre utiles au public et mettant en consideration les bons et agréables services que luy a cy devant faits et au feu roy dernier décédé, que Dieu absolve, le sieur de la Maurouzière Boylesve Chevallier et son conseiller et Lieutenant général en Anjou, Sa Majesté bien et deuement informée de sa suffisance, capacité et expérience l'a retenu et retient pour l'un de ses conseillers en son conseil d'Estat, veut et ordonne qu'il face le serment en tel cas requis et accoustumé entre les mains de Mr le Chancellier et que doresnavant il ait entrée, séance et voye deliberative audit conseil d'Estat et jouisse des mêmes honneurs, gages, estats et pensions qu'ont accoustumé d'avoir les autres conseillers du conseil d'Estat. En tesmoing de quoy Sa Majesté m'a commandé de luy en expedier le present brevet qu'elle a pour ce voulu signer de sa main et fait contresigner par moy secrétaire d'estat et de ses commandemens et finances. Signé HENRY.

Et plus bas POTIER avec paraphe.

Original en parchemin, copie collationnée en 1705.

Cartulaire de la Trinité de Vendosme, t. III, p. 387, 1598. — Marin Boylesve Lieutenant général du sénéchal d'Anjou, à la requeste du procureur du Roy au présidial d'Angers... et de Me Charles Gaultier prieur du prieuré de Saint-Clément de Craon... se transporte à Craon, constate les dégats occasionnés par les huguenots et qui sont évalués à 4040 escus... Fait à Craon par devant nous Marin Boylesve... le 26 aout 1598.

Chartrier de Boylesve, 1599. — Donation mutuelle passée devant Bardin, notaire royal à Angers le 11 aout 1599.

Archives de Maine et Loire E. 4184, 1600. — Approbation donnée au mariage de Jean Pescherard Sieur du Chesne et de Renée Deniau, par Philippe Gourreau de la Proustière, Marin Boylesve Sieur de la Maurousière, Louis de Cheverue et autres proches parents de l'époux.

Bibliothèque Nationale, registre 22450, *f. f. Obituaire des Cordéliers d'Angers*. — Le 12 juillet... Obiit dominus Marinus Boylesve, dominus de la Maurouzière, eques generalis locum tenens hujus urbis, sepultus juxta corpus patris sui in sacello a parte evangelii retro majus altare. 1603[1].

[1] Nous devons à l'obligeance de M. le comte de Broussillon la connaissance de cet obituaire où se trouvent ces extraits concernant divers membres de la famille dont les articles précèdent :

23 novembre... obiit nobilis vir Fr. Boylesve, dominus de la Bri-

Bibliothèque d'Angers. Bruneau de Tartifume, mss. 871, t. I, p. 423. — « Au coté droit de ladite chapelle vers le grand « autel de ladite église des Cordeliers, se voit une grande « toille sur laquelle est representé à genoux, en robe d'escar- « latte rouge parée de velours noir, avec la cornette deffunt « Marin Boylesve vivant chevalier seigneur de la Maurousière « conseiller du Roy et Lieutenant général de Mr le Seneschal « d'Anjou... (la page 428, où se trouvait le portrait de Marin « Boylesve, a été arrachée.) Aux quatre coings de laditte « toille sont les armes dudit sieur Marin Boylesve qui suivent « timbrées et enrichies du collier de l'ordre de Saint-Michel, « les 3 fleurs de lis qui sont en chef luy ont été données par « Henri IV roy de France pour reconnoissance de ses bons et « fidèles services.

« Il a esté tant aimé des beaux esprits que quelques-uns « ont trouvé sur son nom ces anagrammes [1] :

« Marinus Boilesvus — Jure salus omnibus
« Marinus Boylesvans — Yo, sub Minerva salus. »

Titres d'Achon, 1606. — Nosseigneurs les commissaires députés par le Roy pour l'exécution de son édit pour la recherche du droit du marc d'or.

Supplye humblement Damoyselle Renée Nicollas veufve de deffunct Me Marin Boylesve et vous remontre que le 20 de septembre 1579 ledit deffunct son mary auroit esté pourveu de l'estat et office de Lieutenant et juge conservateur des privilèges royaux de l'université d'Angers et premier conseiller en la sénéchaussée et siège présidial dudit lieu moyennant 10000 livres de finance qu'il auroyt payées. En l'exercice desquels offices il auroit esté troublé, de sorte que pour éviter procès il auroit esté contrainct se contenter de l'office de premier conseiller audit siège d'Angers, office qui lors n'eust esté taxé à plus de 3000 livres et pour le regard de

zardière, consiliarius regius et hujusce civitatis pretor, sepultus prope magnum altare in capella sue domus... 1587.

15 avril... Obiit dominus, dominus Stephanus Boylesve, sepultus retro majus altare juxta altare nostre Domine de Monserat. 1597.

[1] Marin Boylesve, en effet, avait dans sa jeunesse cultivé la poésie. En tête des œuvres et mélanges poétiques de Leloyer et dans l'*Erotopégnie* se trouvent des sonnets signés de son nom (1576), et le poète lui a adressé plusieurs de ses œuvres. C. Port, t. I, p. 471.

l'office de Lieutenant et juge conservateur il auroit esté réuni aux offices de conseiller dudit siége et du siège de la prevosté dudit Angers sans que ledit deffunct en eust aucune récompense. Et depuis ledit deffunct ayant esté moyennant grandes finances qu'il auroit payées en coffres du Roy, pourveu de l'office de Lieutenant général à Angers, commissaire des monstres des prevosts des mareschaux audit lieu et autres offices annexés audit office de Lieutenant général, il auroit esté contrainct se deffaire dudict office de premier conseiller et le résigner à personne qui en a esté pourveu par Sa Majesté et en a payé les droits de finance et marc d'or. Ledit office de Lieutenant général, ledit deffunct Boylesve auroyt quelque temps tenu durant les guerres, pendant lesquelles l'exercice luy en auroit esté comme interdict à cause des violences et incursions des ennemys de Sa Majesté ; pour éviter auxdites villes et les repousser de la province d'Anjou, ledit deffunct s'employoit plus ordinairement (pour son debvoir) qu'en l'exercice de sondit office. Lequel office pensant exercer après la paix faicte, il auroit esté surpris de maladie dont il seroit déceddé et auroient lesdits offices de Lieutenant général et autre y annexés, vacqués par mort, auxquels le Roy auroit pourveu et en auroit entré pour la finance et marc d'or 45 à 50 mil livres dans ses coffres dont la suppliante n'a eu aulcune recompense. Ce neant moins sans avoir égard à ces grandes pertes reçues par la suppliante et que le marc d'or dudit office de Conseiller a esté payé par celluy qui en a esté pourveü depuis ledit Boylesve, et que ledit Boylesve en auroit esté pourveu dès l'an 1579 on veult contraindre la suppliante au payement de la somme de huit vingts deux livres tournois pour le droit de marc d'or dudit office de Conseiller, ce qui ne seroit raisonnable pour les raisons cy dessus. Ce considéré, Nosseigneurs, vous plaise descharger et déclarer quitte la suppliante et ses enfans de la taxe de huit vingts deux livres.

B..., à la requeste de la suppliante.

Soit la presente requeste communiquée au sieur Monceaux commis par Sa Majesté à faire la recepte dudit droit de marc d'or.

Spifame.

Je remets à vous, Messieurs, d'en ordonner ce que de raison. Fait à Paris le VIII juillet 1606.

Nous avons ordonné que, par les considérations portées

par la requeste, la suppliante demeurera deschargée. Fait le X juillet 1606. LANGLOIS.

Original en papier.

Bibliothèque Nationale. Pièces originales, registre 392, 1613. — Quittance des gages de son feu mari par Damoiselle Renée Nicolas, veuve de Messire Marin Boylesve, chevalier, Seigneur de la Maurozière, lieutenant général d'Anjou à Angers.

Original en parchemin.

Titres d'Achon, 1617. — Testament de Renée Nicollas, veufve de Marin Boylesve, vivant Escuyer, Seigneur de la Maurousière, lieutenant général en la sénéchaussée et siège présidial d'Angers, passé le 17 janvier 1617 devant Jehan Goussault, notaire royal..... elle demande à estre enterrée à Saint-Michel-du-Tertre, près du lieu où repose noble homme Jean Prioulleau, sieur de la Bourdinière, ayeul de mon deffunct mary, devant l'autel Sainte-Marguerite..... je veux estre faict mestre à costé de ma sepulture ung petit tableau à l'huille de mon pourtraict..... demande un trentain aux Cordeliers, donne cinq cents de fagot rendus à la grand porte de leur couvent..... donne 200 l. aux capucins, 200 l. aux recollets de la Balmette..... nomme ses exécuteurs noble et discret François Boylesve, prestre, protonotaire, maistre escolle en l'église d'Angers, sieur de la Bourdinière..... Madame de la Gillière, ma sœur, Madame de Charnières, ma cousine.....

Copie sur papier.

Il existe à l'hôtel de Boylesve, rue du Cornet, à Angers, au bas de l'escalier donnant sur le jardin, un péristyle dont le plafond est orné d'un écusson dans une guirlande de feuilles. En voici la reproduction. Une colonne ornée portait sur un mur d'appui faisant rampe et terminé par un lion assis, actuellement très mutilé.

On voit aussi dans le salon une tapisserie d'Aubusson représentant Henri IV à cheval, couronné de lauriers, guidé par plusieurs personnages allégoriques. Au-dessus le double écusson de France et de Navarre, avec la couronne royale. Sa place était tout indiquée dans la demeure de Marin Boylesve qui avait reçu de ce roi tant de marques d'honneur pour les services rendus à l'État.

ONZIÈME DEGRÉ

1° Anne Boylesve, demoiselle de Cordé, épousa, par contrat du 18 novembre 1600, Pierre Ayrault [1], Écuyer, Seigneur de la Haie de Brissarthe, du Rocher, de la Lande et de la Moisandière, lieutenant criminel d'Angers, puis échevin le 31 décembre 1599, maire le 1er décembre 1615 et premier président au présidial. Il mourut le 30 avril 1626. Elle était morte avant 1632.

Archives de Maine-et-Loire, E 1533, 1600. — Sachent tous..... furent presents Messire Marin Boylesve, chevalier, Seigneur de la Maurousière, conseiller du Roi, lieutenant général cri-

[1] Ayrault : *d'azur à 2 chevrons d'or.*

minel d'Anjou, Dame Renée Nicollas, son espouse, et D[lle] Anne Boylesve, leur fille... et nobles hommes Me Pierre Ayrault, sieur du Rochay, naguères lieutenant criminel en la sénéchaussée et siège présidial d'Angers... Pierre Ayrault, maintenant lieutenant criminel... fils aîné dudit sieur du Rochay et de D[lle] Anne des Jardins,... ledit sieur de la Maurousière donne à sa fille 6000 escus, plus le fief et seigneurie de Cordé et la métairie de la Miotrie... habillera sa fille d'habits honnêtes et lui donnera beau trousseau selon sa qualité... Ledit sieur Ayrault donne à son fils son estat de lieutenant général criminel... Fait et passé... en presence de nobles hommes François Bitault, conseiller du Roy en la cour du parlement de Paris, Louis-François Bitault, sieur de la Rimberdière, André Éveillard, sieur de Chemans, conseiller du Roy et juge magistrat au presidial; René Lefebvre, conseiller et avocat du Roy, François Lefebvre, lieutenant en la prevosté, Hieremie Caillé, sieur de la Boumerie, Pierre Le Marié, sieur de la Morinaie, Louis de Cheverne, sieur de la Lande[1]...

2° Louis Boylesve, Écuyer, mort jeune.

État civil de Saint-Michel du Tertre. — Le 11 avril 1586, baptême de Louis, fils Marin Boylesve... parrains n. h. Pierre le Chat et Louis-Nicolas de la Thaumasserie.

3° Pierre Boylesve, Écuyer, mort jeune.

État civil de Saint-Michel du Tertre. — Le 5 mai 1591, baptême de Pierre, fils Marin Boylesve... parains Pierre Donadieu de Puycharic, gouverneur du château d'Angers, et Jean Bonvoisin, sieur de la Burelière, président au parlement de Bretagne ; maraine Marguerite de Silly, fille du comte de la Rochepot, gouverneur d'Anjou.

4° Françoise Boylesve, épousa Me Guillaume Avril[2], Écuyer, Seigneur de Beusse.

[1] *Recherches sur les familles des maires d'Angers*, I, p. 17.

[2] Avril : *d'argent au chêne de sinople, au chef d'azur chargé de 3 étoiles d'argent.*

Chartrier de Boylesve, 1644. — Marin Avril, Escuyer, Seigneur de Beuze, émancipé, vend du consentement de Guillaume Bourneau, Escuyer, sieur de la Cour, son curateur, de Louis Boylesve, Escuyer, sieur du Plantis et de la Gillière, conseiller du Roy, lieutenant général en la sénéchaussée d'Anjou, de Pierre le Chat, aussi conseiller du Roy, lieutenant criminel, et de Jacques de Breslé, Escuyer, ses proches parents paternels et maternels, à Mathurin Boylesve, Escuyer, sieur de la Maurousière, conseiller, juge magistrat, une petite chambre joignant sa maison, ayant appartenu à Françoise Boylesve, sa mère... le 22 mars 1644.

Original en papier.

5° Mathurin Boylesve, chevalier, seigneur de la Maurouzière, conseiller du Roy, juge magistrat en la sénéchaussée d'Anjou et siège présidial d'Angers, épousa, par contrat du 24 septembre 1624, Demoiselle Marie Le Clerc[1], fille de François Le Clerc, Écuyer, Seigneur de la Plissonnière, commandant au château de Mortaigne, en Poitou, et de Françoise Perret.

Il était mineur à la mort de ses parents; aussi ses beaux-frères, profitant de leur situation, lui firent nommer un tuteur à leur discrétion afin d'obtenir de lui des partages roturiers. Arrivé à sa majorité, il dut s'adresser à la justice pour obtenir des lettres de restitution et, après de longues procédures à Angers et à Poitiers, les força à transiger et à reconnaître ses droits au partage noble qui furent affirmés définitivement par un arrêt du parlement de Paris en 1635.

Il mourut le 31 mai 1646, laissant Marin, Françoise, Anne, Marie et Philippe.

Chartrier de Boylesve, 20 février 1620. — Partage roturier obtenu pendant sa minorité.

Chartrier de Boylesve et titres d'Achon. — Projet et accord de mariage entre Mathurin Boylesve, Escuyer, Seigneur de

[1] Le Clerc : *d'argent à la croix engreslée de gueules, cantonnée de 4 aiglons de sable.*

la Maurousière, conseiller du Roy, juge magistrat en la sénéchaussée d'Anjou et siège présidial d'Angers, fils aisné et principal héritier de deffunt Messire Marin Boylesve, chevalier, sieur de la Maurousière, conseiller du Roy et lieutenant général à Angers, et de Dame Renée Nicolas, ses père et mère, et Marie Le Clerc, fille puisnée de François Le Clerc, Escuyer, Seigneur de la Plissonnière, commandant au chateau de Mortaigne, et de Françoise Perret, présence de H. et P. Messire Philippe d'Altinity, sieur baron de Castelane, gouverneur de la ville et chateau de Machecoul en Retz, et de dame Claude Le Clerc, son épouse... passé au chateau de Mortagne le 5 septembre 1624. Signé outre les parties, de P. le Chat, Boylesve de Beusse, J. Gaultier de Saint-Denis. Pothuau et Delhumeau, notaires. — Contrat de mariage passé sous la cour de Mortagne devant les mêmes notaires, le 24 septembre 1624.

Grosses originales en papier.

Chartrier de Boylesve. — 11 novembre 1623. Accord entre Mathurin Boylesve et ses cohéritiers.

6 septembre 1625. Mathurin Boylesve de la Maurousière partage en trois le cinquième lot de la succession de François Boylesve et Philippe Prioulleau, choisi le 29 août 1624.

État civil de Neuvy. — Le 14 juin 1627, n. h. Mathurin Boylesve, Escuyer, sieur de la Maurousière, conseiller au présidial d'Angers, parain avec Marie Nicollas, femme de M. Me Charles Boylesve, conseiller du Roy en son parlement de Bretagne.

Chartrier de Boylesve. — 25 juin 1632. Lettres de restitution obtenues par Mathurin Boylesve contre ses cohéritiers où il articule les preuves de son ancienne noblesse comme remontant à plus de 300 ans et moyens signiffiés où cette noblesse est établie.

16 juin 1634. Sentence du président d'Angers pour plaider.

18 septembre 1634. Transaction des parties adverses reconnaissant son droit au partage noble.

Chartrier de Boylesve et titres d'Achon, 1635. — Extrait des registres du parlement.

Entre Mathurin Boylesve, Escuyer, sieur de la Maurousière, conseiller du Roy au présidial d'Angers, fils aisné et principal héritier de deffunt Messire Marin Boylesve, chevalier et lieutenant général audit Angers, et de deffunte Dame Renée Nicolas, appelant de deux jugemens rendus audit siège le 22 août 1619 et 20 février 1620, ensemble d'un autre jugement rendu au siège présidial de Poitiers le premier jour de décembre 1633 et demandeur en lettres par luy obtenues le 25 juin 1632, d'une part, et Me Pierre Le Chat, conseiller du Roy, lieutenant criminel audit siège présidial d'Angers, et Dlle Anne Ayrault, sa femme, et Guillaume Avril, Escuyer, sieur de Beuze, tuteur naturel de Mathurin Avril, son fils, intimés et défendeurs, d'autre. Veu par la cour lesdits jugemens des 22 août 1619 et 20 février 1620 par lesquels la succession dudit deffunt Me Marin Boylesve, père commun desdites parties, auroit été partagée également entre lesdits intéressés et Me René Hamelin, avocat audit siège présidial d'Angers, en qualité de curateur aux causes dudit appelant, ledit jugement du 1er décembre 1633 rendu audit siège présidial de Poitiers, par lequel la provision requise par ledit appelant auroit été jointe au principal; lesdites lettres du 25 juin affin de cassation desdits rapports, partages faits des biens laissés par lesdits deffunts Me Marin Boylesve et Renée Nicolas, sa femme, et ce faisant procédé à un nouveau partage de la succession dudit Boylesve, comme l'on a coutume de partager les successions nobles en la coutume d'Anjou. Deffences et arrest du 6 avril 1634 par laquelle ladite instance de lettres pendante par-devant le présidial de Poitiers auroit été évoquée et sur icelle, ensemble sur les appellations appointé les parties au conseil à ouir droit, bailleroit l'appelant ses causes et moiens d'appel dans la huitaine et les intimés leur reponses, huitaine après ensuivante tant sur le principal évoqué qu'appellations, tout ce que bon leur sembleroit pour leur estre sur le tout fait droit, causes d'appel, reponses, productions desdites parties, contredis par elle suivant l'arrest du 6 juin 1634. Et tout considéré, il sera dit que ladite cour faisant droit sur ledit principal évoqué, ayant égard auxdites lettres, a ordonné et ordonne que les biens delaissés par ledit deffunt Boylesve père commun seront partagés noblement entre lesdites parties, suivant la coutume des lieux où lesdits biens sont situés, condamne les intimés en rapporter les fruits et jouissance par eux pris et perçus depuis le decès dudit deffunt Boylesve sans despens de ladite instance, attendu les qualités des parties. Fait en parlement, e 3 may 1635.

Collationné. (Signé) : du Tillet.

Original en parchemin et copie collationnée en 1751.

Id. — 27 mars 1635, arrest d'homologation de transaction entre Mathurin Boylesve, Escuyer, sieur de la Maurousière... Guillaume Avril, père et tuteur de Marin Avril, fils de feu Françoise Boylesve, vivante sa femme; Pierre le Chat... et Demoiselle Anne Ayrault, sa femme fille... et Demoiselle Anne Boylesve... au sujet des partages des successions paternelle et maternelle faites roturièrement... on s'appuie sur l'arrêt du Parlement de Paris du 10 décembre 1589... ses droits tout reconnus par ses cohéritiers...

Copie collationnée en 1751.

Id. — 10 juillet 1639, sentence de l'élection de La Flèche, portant acte de la représentation et enregistrement des anciens titres de la noblesse de Boylesve, où se trouve référé l'arrêt du 3 mars 1635 obtenu par Mathurin Boylesve.

Id. — 1er janvier 1641. Achat par Mathurin Boylesve... du Verger, de la Chesnaye, la petite Roche, le Tallud, pour 8000 l. — Quittance de ventes par Catherine, abbesse du Perré, du 5 janvier 1642; et de Claude de Beauchesne, procureur du collège de La Flèche, d'où dépend l'abbaye de Bellebranche, du 23 janvier 1651.

Id., 1641. — Décharge de taxe (Voir aux Titres généraux).

Titres d'Achon. — 22 mars 1644, vente d'une maison par Marin Avril, Escuyer, sieur de Beuze, émancipé, présence de Guille Bourneau... à Mathurin Boylesve... que celui-ci avait cédée à Françoise, sa sœur. Grosse en papier.

Id. — S. d. aveu rendu à Pierre de Gondy, duc de Retz et de Beaupréau, pair de France... par Marie Le Clerc, veuve Boylesve, pour le Puyguyon, dépendant de la baronnie de Mortagne.

Livre de raison appartenant à M. de la Théardière. — « Le dernier jour de may 1646, mon cousin de la Maurousière mourut en ceste ville d'Angers, le jour du sacre, d'un deslire qui le prist à six heures du matin, et mourut à six heures du soir le même jour, n'était point au polet, sa charge fut conservée pour 4000 l. Il étoit conseiller au présidial. »

Chartrier de Boylesve. — Le 26 février 1647, vu par la Cour la requeste présentée par Charles Boylesve, sieur des Aulnays... et Marie Le Clerc, veuve de Mathurin Boylesve, conseiller au présidial, contenant que, par haine particulière, on les a compris en les taxes des aydes de la ville d'Angers pour 100 l. et 400 l.... à ces causes requèrent estre reçus opposans aux commandements... elle les décharge, défend de les poursuivre... fait en Parlement...

(Signé) : Du Tillet.

Titres d'Achon. — 3 juillet 1649. Constitution de 133 l. de rente, par Marie Le Clerc, veuve... pour elle et ses enfants, à Demoiselle Jacquine Chauvin, veuve de messire Michel Raimbault, sieur de la Foucherie.

Id. — 8 février 1651. Constitution de 50 l. de rente au profit de Dame Martineau, veuve François Boylesve, Chevalier, sieur des Roches... et remboursement par son fils du 7 février 1653.

Id. — 2 mai 1652. Constitution de 182 l. de rente au profit de Jean Frain, Escuyer, sieur du Tremblay.

Chartrier de Boylesve. — Le 15 octobre 1658. Inventaire des meubles et titres délaissés à la mort de Marie Le Clerc, veufve de Mathurin Boylesve, délaissés à la Plissonnière, à la requête de Marin Boylesve, Chevalier, sieur de la Maurousière, maistre d'hôtel du Roy, et François Grimaudet, mary de Françoise Boylesve... arrêté le 30.

(Signé) : Guitton, notaire.

DOUZIÈME DEGRÉ

1° Marin Boylesve, qui suit.

2° Françoise Boylesve épousa, par contrat du 17 mai 1650, passé devant Allayre et Morin, notaires à Mortagne,

François GRIMAUDET [1], écuyer, seigneur de la Croiserie et de la Rochebouet, conseiller au Parlement de Bretagne.

Chartrier de Boylesve, 1650. — Contrat de mariage de François Grimaudet, sieur de la Croiserie, conseiller au Parlement de Bretagne, et de Françoise Boylesve; elle reçut en dot 45000 l. Acte passé à la Plissonnière, en présence de Mme d'Altinity et de Marin Boylesve, son frère.

3° et 4° Anne et Marie BOYLESVE, religieuses à Sainte-Catherine d'Angers en 1666.

5° Philippe BOYLESVE, baptisé en 1633.

État civil de Saint-Maurille, 1633. — Baptême de Philippe, fille de... parrain, messire Philippe de Artiniti, seigneur baron de Castellane.

1° Marin BOYLESVE, chevalier, seigneur de la Maurousière, la Plissonnière, Saint-Hilaire, Saint-Lambert, la Potherie et autres lieux, baptisé en 1628, conseiller du Roy en ses conseils, maître ordinaire de son hostel en 1656, épousa par contrat du 10 février 1649 Demoiselle Madeleine LASNIER [2] fille de messire Jacques Lasnier, écuyer, seigneur de Saint-Lambert, la Potherie, le Margat et Contigné, président au présidial, maire et échevin perpétuel d'Angers et de Anne Born des Noulis.

Sa veuve fit enregistrer ses armoiries particulières dans l'armorial général (*Touraine*, p. 91.) Il mourut à Angers, le 14 janvier 1678, laissant : Marie, Marin, Gabrielle, Jacques-Honoré, Claude et Anne.

État civil de Saint-Michel-du-Tertre. — 23 janvier 1628. Baptême de Marin Boylesve, fils de Mathurin...

[1] Grimaudet : *d'or à 3 lionceaux de gueules, 2 et 1.*

[2] Lasnier : *d'azur au sautoir de 13 losanges d'or cantonné de 4 laniers de même.*

Chartrier de Boylesve. — Contrat de mariage passé le 10 février 1649 devant René Moreau, notaire à Angers. Dame Marie Le Clerc, veuve, et Marin Boylesve, son fils, d'une part, Jacques Lasnier, sieur de Saint-Lambert, conseiller en ses conseils, président au présidial d'Angers, Anne Born, sa femme et Madeleine Lasnier, leur fille, d'autre part. On lui assure 36000 l., à elle 50000 l., présence du procureur de Claude Le Clerc, veuve de Philippe d'Altoinity, Chevalier, baron de Castellane, tante; Louis Boylesve, conseiller en ses conseils, Henry Boylesve de la Mauricière, Charles Boylesve des Aulnais... cousins; Françoise Boylesve, sœur; n. h. Jacques Born, sieur des Noulis, ayeul; Georges Hullin, Escuyer, assesseur, Anne Lasnier sa femme, sœur; Guy Lasnier de Contigné, frère; Madeleine du Fresne, veuve Claude Lasnier... ayeule; Jacques Gaultier, sieur de la Grange et Louise Lasnier sa femme, tante; Perrine Born, tante; Guy Lasnier, prestre, abbé de Vaux; François Lasnier, Chevalier, baron de Sainte-James; Guillaume Lasnier, conseiller au grand Conseil. — Signatures.

État civil de Saint-Denis d'Angers. — Le 10 février 1649, célébration du mariage de Marin Boylesve, Chevalier, sieur de la Maurousière, avec Madeleine Lasnier, fille du sieur de Saint-Lambert.

Chartrier de Boylesve. — Le jeudi 1er août 1655, devant René Moreau, notaire à Angers, Anne Ayrault, veuve de deffunt messire M.-Pierre Le Chat, conseiller du Roy, lieutenant général criminel en la sénéchaussée d'Anjou, par représentation de deffunte Demoiselle Anne Boylesve, sa mère, héritière pour une moitié de deffunt Marin Avril, vivant sieur de Beuze, en l'estoc de feue Françoise Boylesve, sa mère, sœur de Demoiselle Anne, d'une part, et Marin Boylesve, Escuyer, sieur de la Maurousière, et François Grimaudet, conseiller au Parlement de Bretagne, pour luy et Françoise Boylesve, sa femme, par représentation de Mathurin Boylesve... leur père, frère de Françoise Boyslève, héritiers pour l'autre moitié du dit deffunt sieur de Beuze... partagent les lieux de la Miotterye, à Neuvy, et de la Guyberdière, à Saint-Lezin... et divers contrats de rentes attribuées aux Morousière.

Chartrier de Boylesve, 1656. — Provisions de la charge de l'un des Conseillers et maistre d'hôtel ordinaire du Roy accordées à Messire Marin Boylesve, Chevalier, Sieur de la Maurousière, le 1er avril 1656; signés Louis et plus bas par le Roy de Guenegaud et scellées, au bas est l'acte de prestation de serment entre les mains de Monseigneur le prince de Conti, grand maître, de France le 8 mars 1657.

(Signé) Guilleragues.

Chartrier de Boylesve. — Acte passé devant Simon notaire à Angers le 8 février 1657 par lequel Marie Le Clerc donne à Marin Boylesve son fils, pour supplément de dot plusieurs héritages sis à Mortagne, au bas Poitou.

Id. et titres d'Achon, 1659. — Partages nobles passés devant Nouel Drouin le 15 juillet entre Marin Boylesve, Chevalier de la Maurousière, et François Grimaudet, sieur de la Rochebouet, mari de Françoise Boylesve... Il prend 3.000 l. de préciput, les deux tiers plus la moitié du troisième tiers pour Marie, sa sœur, professe à Sainte-Catherine; à lui 172.000 l., à sa sœur 92.000 l.

Chartrier de Boylesve, 1659. — Vente passée devant Noel Drouin notaire à Angers le 21 juillet 1659 par Marin Boylesve, Chevalier, Sieur de la Maurousière, Conseiller du Roy en ses conseils, maistre d'hôtel ordinaire de sa Majesté, à François Grimaudet... et Françoise Boylesve sa femme et sa sœur, des lieux de la Dauphinete et de la Mauginerie à Chalonnes pour 5814 l. 8 s.

Original en parchemin.

Id., 1664. — Aveu rendu le 24 septembre 1664 par Marin Boylesve à la duchesse de Gondy pour la Plissonnière et Saint-Hilaire.

Titres d'Achon, 1666. — Création d'une rente de 600 l. par Marin Boylesve... et sa femme au profit des religieuses de Sainte-Catherine d'Angers, ordre de Citeaux. Marie de Gouby prieure, sœur Anne Boylesve, sœur Marie Boylesve... au capital de 12.000 l. remboursée le 9 septembre 1675. — 4 mai 1666 création d'une rente de 125 l. au profit de n. h. Jean Trochon, bourgeois d'Angers, remboursée le 20 septembre 1675.

Chartrier de Boylesve et titres d'Achon, 8 juin 1667. — Maintenue de noblesse par Voisin de la Noiraye (Voir aux titres généraux).

Id. — Le 19 août 1668 Marin Boylesve, Escuyer, Sieur de la Maurousière, pour l'exécution des dernières volontés de François Le Clerc, sieur de la Plissonnière, son grand-père maternel, fonde un service solennel de 3 messes à haute voix avec un *Libera* en l'octave de la Saint-François en l'église de cette ville de Mortagne. Lequel service avoit été ordonné par le testateur au pays du Maine et comme personne n'y habitait plus, après avoir consulté, il transfère et donne 4 l. de rente sur la Plissonnière. Acte passé devant Guitton et Couguon, notaires.

Titres d'Achon, 1671. — Création de 150 l. de rente sur la Gruderie par Marin Boylesve et sa femme au profit de n. fr. François du Port, Sieur de la Marre et Marie Grudé sa femme.

Chartrier de Boylesve, 1672. — Le duc d'Anguien, prince du sang, pair et grand maître de France, Gouverneur, lieutenant général pour le Roy en ses provinces de Bourgogne et Bresse.

Le sieur de la Maurousière, Conseiller et maitre d'hôtel ordinaire du Roy est par nous ordonné pour servir au traitement qui doit estre fait par ordre de Sa Majesté à M. le comte Tot, ambassadeur extraordinaire de Suède et de s'y faire assister de conseiller d'office qui y sera par nous desparty et tel nombre d'officiers de la maison du Roy à ce requis et nécessaires. Fait à Paris le 25e jour d'octobre 1672. Par Monseigneur Caillet.

(Signé) Henri de Bourbon.

Chartrier de Boylesve, 1684. — Constitution de 50 l. de rente par Madeleine Lasnier, veuve Marin... au profit de Demoiselle Françoise Toublanc.

État civil de Saint-Lambert-la-Potherie, 1688. — Madeleine Lasnier, veuve Marin Boylesve... maraine de la cloche de l'église.

Chartrier de Boylesve, 1700. — Testament de Dame Magdelaine Lasnier veuve... elle demande à estre inhumée aux

Cordeliers à l'endroit le plus proche que faire se pourra du lieu où le dit deffunt son mari est inhumé... elle nomme ses enfans exécuteurs testamentaires... 17 décembre 1700, signé Madeleine Lasnier; par codicille du 28 décembre elle lègue 60 l. aux Cordeliers... par celui du 18 février 1702 fonde un service solennel de 3 messes chantées au 15 janvier et donne 9 l. de rente.

Grosse originale.

TREIZIÈME DEGRÉ

1° Marie BOYLESVE épousa le 16 octobre 1675 Gabriel BOYLESVE[1], Ecuyer, seigneur du Saulay, fils cadet de Charles Boylesve, Ecuyer, seigneur des Aulnais, Conseiller au Parlement de Bretagne et de Renée Gandon. Elle fit enregistrer ses armoiries dans l'armorial général (*Touraine*, p. 1505).

Il mourut le 30 janvier 1732.

Chartrier de Boylesve, 15 octobre 1675. — Contrat de mariage devant Nouel Drouin, notaire à Angers.

État civil de Saint-Michel du Tertre. — Le 16 octobre 1675 célébration du mariage de Gabriel Boylesve du Saulay et de Marie Boylesve de la Maurousière.

2° Marin BOYLESVE, qui suit.

3° Gabrielle BOYLESVE, épousa le 11 décembre 1690 Louis-Augustin de L'ESPERONNIÈRE[2], Chevalier, sieur de Vritz.

Chartrier de Boylesve. — Contrat de mariage du 2 décembre 1690 devant Lambert Buscher, notaire.

État civil de Saint-Michel-du-Tertre. — 11 décembre 1690, célébration du mariage de Gabrielle Boylesve et Louis-Augustin de Lesperonnière de Vrys.

[1] Boylesve : *d'azur à 3 sautoirs d'or, 2 et 1.*

[2] L'Esperonnière : *d'hermines fretté de gueules de 6 pièces.*

4° Jacques-Honoré Boylesve de la Maurousière, Chevalier, Seigneur de Saint-Lambert-la-Potherie, la Coltrie, la Tessoualle, né en 1666, capitaine au régiment de la Couronne, épousa le 18 décembre 1692 Demoiselle Marie-Anne Poisson[1], fille de noble homme Charles-Marie Poisson, Ecuyer, sieur de Neuville et de Marie Payneau du Pégon. Il fut maintenu par Chauvelin en 1715. Sa femme fit enregistrer ses armoiries dans l'armorial général (*Touraine*, p. 530) et lui (*Touraine*, p. 1505).

Il mourut à Angers le 17 février 1742, laissant deux filles, Marie-Modeste et Marie-Aimée.

Chartrier de Boylesve. — Le 7 janvier 1662, les cérémonies du baptême ont été données en l'église de Saint-Hilaire-lès-Mortagne à Jacques, fils de haut et puissant Marin Boylesve... il avait été baptisé la veille étant en danger de mort. Marin Boylesve parain, Claude-Madeleine, maraine, frère et sœur.

Chartrier de Boylesve. — Contrat de mariage passé le 12 décembre 1692, devant Pierre Bory, notaire. Madeleine Lasnier, veuve..., et Jacques-Honoré Boylesve, son fils, d'une part, et Charles Poisson, Escuyer, Seigneur de Neufville, et Dame Marie Payneau et Marie Poisson, leur fille, d'autre part... On lui assure la Tessoualle, Puy-Guyon, à elle Montaigu; à Chalonnes, présence de Marin Boylesve, Gabriel Boylesve du Saulay, L. A. de Lesperonnière, frères et beaux-frères, Louis Boylesve, Seigneur de la Gislière, Jacques Boylesve, Chevalier, Seigneur du Plantys... M. Poisson de Montaigu, Payneau de la Girardière, Payneau des Noues, frère et oncles, Frain du Tremblay, Bouteiller de la Pinardière, cousins.

État-civil de Saint-Michel-du-Tertre. — Le 18 décembre 1692, célébration du mariage de Jacques-Honoré Boylesve de la Maurousière, et de Marie-Anne Poisson de Neufville.

Chartrier de Boylesve. — Le 11 avril 1698, Honoré Boylesve, Escuyer, Seigneur de la Maurousière, et Dame Marie-Anne

[1] Poisson : *d'azur au dauphin d'argent, couronné d'or et barbelé de gueules.*

Poisson, signent au mariage de René-Charles Poisson, Escuyer, Seigneur de Montaigu, et de Catherine Herreau, en qualité de sœur et beau-frère.

Titres d'Achon, 1703. — Paiement par Honoré Boylesve, Chevalier, Seigneur de la Maurousière, à la femme de Claude Gallichon, Chevalier, Seigneur de Courchamps, d'une somme de 1500 l. sur le prix de la Coltrie, à lui vendue.

Id. — 23 août 1715. Supplique de Jacques-Honoré Boylesve à Chauvelin, pour être maintenu en sa noblesse (voir aux titres généraux).

Id. — 15 mai 1720. Nomination par Honoré Boylesve, Chevalier, Seigneur de la Maurousière et de Saint-Lambert-de-la-Potherie, de François Jolivet, comme notaire de cette chatellerie. Signature.

État-civil de Saint-Michel-du-Tertre. — 17 février 1742, inhumation de Jacques-Honoré Boylesve, Seigneur de la Maurousière et de la Potherie, âgé de 75 ans.

QUATORZIÈME DEGRÉ

1° Marie-Modeste Boylesve épousa le 21 avril 1716 Messire Marin Boylesve, Chevalier, Seigneur de la Maurousière[1], fils de M. Marin Boylesve, président au présidial d'Angers, et de Marie-Jacquine Ménardeau.

État-civil de Saint-Michel-du-Tertre. — Le 25 septembre 1710, Marie-Modeste, fille de Jacques-Honoré Boylesve... marraine.

Id. — Le 21 avril 1716, célébration du mariage de Marin Boylesve et Marie-Modeste Boylesve.

Titres d'Achon. — 7 juillet 1750, accord entre Marie Poisson de Neuville, veuve Jacques-Honoré Boylesve, Marin Boylesve

[1] Boislesve de la Maurousière : *d'azur à 3 sautoirs d'or 2 et 1; au chef d'azur à 3 fleurs de lys d'or.*

et Marie-Modeste Boylesve, sa femme, au sujet de la jouissance de la terre de Saint-Lambert. Signatures.

Archives de Maine-et-Loire, E. 3088. — 25 novembre 1764. Partages des successions de Messire Jacques-Honoré de Boylesve et de Marie-Anne Poisson de Neufville, entre Marie-Modeste de Boylesve, leur fille aînée et principale héritière, noble, veuve de Marin Boylesve et les enfans de Jean-Charles Le Febvre. Seigneur de Maurepart, et de Marie-Aimée de Boylesve. L'aînée prit la terre de la Colterie pour 80.000 l., celle de Saint-Lambert, pour 40.000 l., celle de la Tessoualle et le Puy-Guyon, pour 20.000 l.

2° Marie-Aimée BOYLESVE épousa par contrat du 21 may 1725 Messire Jacques-Charles LE FEBVRE[1], Chevalier, Seigneur de Maurepart, de la Lande-Chasles.

Chartrier de Boylesve et Titre d'Achon. — Contrat de mariage passé devant Lehoreau et Drouault, le 21 mars 1725, entre Jacques-Charles Le Febvre, Chevalier, Seigneur de la Lande-Chasles, fils unique de Jacques-Michel Le Febvre, Chevalier, Seigneur de Chamboureau, et de feue Marguerite-Madeleine de Collas, et Marie-Aimée Boylesve de la Maurousière, fille de... presence de Charles Lefebvre, Chevalier, Sieur de Chamboureau, oncle, et Claude Poulain de la Tirlière sa femme, Me Guy Petit, Chevalier, Sieur de la Pichonnière, Chevalier de Saint-Louis, Marie-Gabrielle Le Gouz, son épouse, tante, Me Sébastien Le Gouz, Chevalier, Sieur de Bordes et de la Rochegastevin, oncle. Dame Catherine de Saint-Offange son espouse, Jacques-Philippe Bernart, Ecuyer, ancien Conseiller au présidial d'Angers, cousin ; MMe Jacques Vollaige de Vaugirault, Sieur de la Ferronnière, Conseiller au présidial d'Angers, cousin, Monsieur Marin Boylesve, Chevalier, Sieur de la Maurouzière, Dame Marie-Modeste Boylesve, sœur, Charles Poisson, Ecuyer, Sieur de Montaigu oncle maternel, Catherine Erreau son épouse, François Poisson, Sieur de Soulpuy, Françoise Poisson, oncle et tante maternels, Gabriel Boylesve, Chevalier, Sieur du Saulay, dame Marie

[1] Le Febvre : *d'azur au chevron d'or accompagné de 3 grelots de même*, 2 et 1.

Boylesve son espouse, oncle et tante paternels, Me Joseph-François Boylesve de la Maurousière, Chevalier, Sieur de Beligan, cousin germain, Jacquine-Anne Raimbault de la Foucherie son épouse, Jacques-Mathurin Boylesve de la Maurousière, Chevalier, Sieur de Saint-Hillaire, cousin germain, H. et P. S. Pierre Le Roy de la Potherie, Chevalier, Sieur de Mancy, Chaudemanche, Conseiller au Parlement de Bretagne, et P. D. Françoise Boylesve son épouse, cousin, Louis-Cyr-Pierre Le Roy, Chevalier, Sieur de Mancy, Perrine Le Roy, enfans des précédents. Marie Boheau, veuve Philippe Bernard, Ecuyer, Sieur de la Barre, Conseiller au présidial, grand oncle, Charles Poisson, Ecuyer, Sieur de la Faultrière, cousin germain, Jean Bernard, Ecuyer, Sieur de la Liardière, cousin issu de germain, Joseph Bernard, Ecuyer, Sieur de Boismarais, Marie-Anne de Chenedé son épouse, Marguerite-Françoise et Anne Bernard de Boismarais, Jacques-Philippe Bernard, Ecuyer, Conseiller au présidial, cousin, René Berthelot, Ecuyer, Sieur de Villeneuve, cousin germain, Marie Berthelot, veuve de MMe Jacques Thomas, sieur de Fontenay, Conseiller au présidial, cousin germain, MMe Jacques Thomas, Sieur de Fontenay, leur fils, Dame Jeanne Goupil de Bouillé, épouse dudit de Fontenay, Jacques Payneau, Ecuyer, Sieur des Noues, cousin, Marguerite Gandon, épouse du Sieur de Vaugiraud...

5 et 6°, Claude et Anne Boylesve, religieuses à Sainte-Catherine d'Angers.

2° Marin Boylesve, Chevalier, seigneur de la Maurousière, la Plissonnière, Saint-Lambert-la-Potherie, la Coltrie, la Tessoualle, Saint-Hilaire, baptisé le 26 juillet 1655, Conseiller du Roy au présidial d'Angers, et président à ce siège[1], épousa le 27 mai 1686 Demoiselle Marie-Jacquine Ménardeau[2], fille de noble homme Joseph Ménar-

[1] On conserve au Chartrier de Boylesve « le livre des harangues et compliments qu'a composé, tant en latin qu'en français, Messire Marin de Boylesve, Chevalier, Sieur de la Maurouzière... depuis l'année 1685 au mois de novembre, jusqu'au mois de mai 1698 ».

[2] Ménardeau : *d'azur à 3 têtes de licorne d'or, 2 et 1.*

deau, Ecuyer, Seigneur du Perray et de Jacquine Ayrault. Il fit enregistrer ses armoiries dans l'armorial général (*Touraine*, p. 1505). Elles y furent blasonnées *d'azur à 3 sautoirs d'or, 2 et 1*. Comme pour Jacques-Honoré, son frère, le chef de France ne fut pas déclaré. Sa veuve fit enregistrer les siennes dans l'armorial général (*Touraine*, p. 537). Il mourut le 23 octobre 1698 laissant Marie-Anne, Marin, François-Joseph et Mathurin-Jacques.

Après sa mort, lorsqu'il s'agit de partager sa succession, ses enfants puisnés contestèrent à sa veuve et à leur aîné le droit de partager noblement. En 1705, le traitant les attaqua aussi au sujet de leur noblesse d'ancienne race et se joignit aux puisnés pour entamer un procès au cours duquel il fut imprimé, de part et d'autre, des factums souvent injurieux[1]. Mais, encore une fois, le bon droit des Boylesve fut maintenu, leur noblesse ancienne reconnue, le traitant condamné à 100 l. d'amende envers eux et les partages faits noblement. La veuve fut aussi maintenue par Chauvelin en 1715.

État civil d'Angers. — Le 26 juillet 1655, baptême à Saint-Denis de Marin Boylesve, fils Marin...

Chartrier de Boylesve, 1681-1684. — Sentences rendues en sa faveur et requêtes au Conseil d'État où il est qualifié chevalier.

Id. — Le 6 septembre 1681, diplôme de bachelier devant l'Université de Paris. — 4 juillet 1682, diplôme de licence.

[1] Ces factums imprimés se retrouvent aux archives de Boylesve, à la Bibliothèque nationale, etc. Voici les principaux :

Mémoire pour Dame Marie-Jacquine Ménardeau, veuve de... et garde-noble de leurs enfans, contre François Ferrand, chargé de la recherche des usurpateurs de noblesse, Gabriel et Jacques-Honoré Boylesve, et Louis-Augustin de Lesperonnière, ses beaux-frères. In-folio de 12 pages.

Autre *Mémoire* de 26 pages in-folio.

Requête au Roy et à nos seigneurs les commissaires généraux députés pour la recherche de la noblesse de Bretagne, pour les sieurs Boylesve, contre la veuve Ménardeau, 4 pages petit in-folio.

Supplique au Roi par la même, 4 pages petit in-folio.

Id., 1684. — Lettres du Roi nommant président au présidial d'Angers Marin Boylesve, avocat au parlement de Paris, après Louis Boylesve dont le fils Louis avait résigné audit Marin. Paris, le 6 juin 1684.

Id., 1684. — Marin Boylesve, chevalier, sieur de la Maurousière, conseiller du Roy, président au présidial d'Angers, fonde le 16 septembre 1684 la chapelle de la Plissonnière, sous le titre de Notre-Dame et l'agrément de Monseigneur l'Evèque de La Rochelle. Il attribue une rente de 150 l. au titulaire de la chapelle, à prendre sur les revenus de la Plissonnière.

Id. — Contrat de mariage passé le 27 mai 1686 devant Lenfant, notaire royal à Angers. Madeleine Lasnier, veuve Marin Boylesve... et Marin, son fils, d'une part. Jacquine Ayrault, veuve Joseph Ménardeau, chevalier, sieur du Perray, et D[lle] Marie-Jacquine Ménardeau, sa fille, d'autre part. On lui assure une dot de 50.000 l... présence de M. Ayrault, lieutenant criminel, Gabriel Boylesve, chevalier, sieur du Saulay, Marie Boylesve, sa femme, sœur, Gabrielle Boylesve, sœur, Georges Hullin, chevalier, sieur de la Selle, Anne Lasnier, sa femme, tante, Messire Érasme de Contades, mary de la dame Anne Hullin, fille desdits, Jacques Gaultier, cousin germain, René Lasnier, prestre, prothonotaire du Saint-Siège, conseiller, aumonier du Roy, ancien trésorier et chanoine de l'église d'Angers, grand vicaire de l'évêque d'Angers, Guy de la Bigottière de Perchambault, prestre, aussi conseiller, juge magistrat, Anne du Pas, femme du frère de ladite future, René Avril, Escuyer, sieur de la Roche, mari de Geneviève Ménardeau, Marie Ménardeau veuve de Claude de Quatrebarbes, vivant chevalier, sieur de la Rongère, tantes, Marguerite Ménardeau veuve Jean Charette, sieur de la Gascherie, conseiller du Roy en ses conseils, seneschal de Nantes, Julien Charette, leur fils, chevalier, sieur du Tierson, René Le Chat, sieur de la Haye de Brissarthe, conseiller au parlement, dame Louise de la Bigottière, sa femme, Louis Boylesve de la Gillière, lieutenant général, Perrine Le Chat, son espouse, François Lefebvre, chevalier, sieur de Laubrière, conseiller au parlement de Bretagne, dame Louise Le Chat, son épouse, fille du sieur de la Haye, Charles Boylesve, sieur des Aulnays, frère dudit sieur du Saullay...

Grosse originalle.

État civil de Saint-Michel-du-Tertre. — Le 27 mai 1686, célébration du mariage de Marin Boylesve et Marie-Jacquine Ménardeau.

État civil de Saint-Lambert-la-Potherie, 1688. — Marin Boylesve, président au présidial, fut parain de la cloche ; la maraine était Madeleine Lasnier, veuve de Marin Boylesve, sa mère.

Chartrier de Boylesve, 1693. — Acte passé devant Dureau, notaire roial à Angers, le 5 février 1693, par lequel Marin Boylesve renouvelle la fondation faite le 11 juillet 1583 par Messire Marin de Boylesve, chevalier, sieur de la Maurousière, d'une chapelle dans l'église des Cordeliers d'Angers, sous l'invocation de Notre-Dame de Monsara et sous le nom de Boylesve, pour y avoir sa sépulture pour luy et ses descendants, obligeant les dits religieux aux charges de la fondation et, en outre, concédant au dit sieur un espace de cinq pieds et demi de long dans la nef de l'église, pour y faire construire un banc avec faculté d'y faire mettre ses armes.

État civil de Saint-Michel du Tertre. — Le 23 octobre 1698, inhumation de Marin Boylesve, Chevalier, sieur de la Maurousière, président au présidial d'Angers, âgé de 44 ans.

Chartrier de Boylesve. — Marie-Jacquine Menardeau résigne, le 13 novembre 1698, à Jean Le Clerc des Emeraux, la charge de président au présidial.

Titres d'Achon. — 23 mai 1704. Constitution de 225 l. de rente au profit de François Simon, Chevalier, sieur de la Bernardaye, et Perrine Varice, sa femme, par Demoiselle Jacquine Menardeau, veuve Marin..., Gabriel Boylesve, sieur des Saulay, L.-A. de l'Esperonnière et Jacques-Honoré Boylesve, sieur de la Maurousière, pour sommes dues par Louis Boylesve, sieur de la Gillière, substitués à Dame Madeleine Lasnier, leur mère. Remboursement du 17 novembre 1718, par Gabriel Boylesve, sieur du Saulay.

Chartrier de Boylesve, 1711. — Aggrégation à l'Ordre de l'Oratoire de Marie-Jacquine Menardeau, douairière... et de messire le Chevalier de Saint-Hilaire, son fils... à Paris, le 13 février 1711.

(Signé) : P.-F. DE LA TOUR. Sceau de l'Oratoire.

Id. — Inventaire de noblesse pour elle et ses mineurs adressé à Chauvelin, le 4 octobre 1715, et maintenue du 21 février 1715 (Voir aux Titres généraux).

Titres d'Achon. — Le 28 juillet 1728, le sieur de Saint-Offange, mari de Marguerite Letourneau, reçoit 12000 l. sur la vente de Vilmoisant, faite le 6 août 1714, à Marie Jaquine Menardeau... Gabriel Boylesve de Saulay...

Chartrier de Boylesve. — Testament olographe de Marie Jacquine Ménardeau, fait à Angers le 11 septembre 1719. « Je souète que mon corps soit porté dans l'église des R. P. Cordeliers de cette ville, et enterré le matin, auprès de celui de feu mon cher mari, dans la chapelle des Boylesve, autant que faire se pourra... J'ordonne que le jour de ma sépulture on dise vingt basses messes pour le repos de mon âme, dont dix seront dites dans l'église des Pères Cordeliers par les prêtres de la maison... Je veux que l'on fasse la même chose le jour de mon service, pour l'honoraire des quelles messes sera donné dix livres... que, dès le lendemain de mon enterrement, on commence deux annuels de messes, dont l'un se dira dans l'église des Pères Cordeliers et l'autre dans l'église des Pères de l'Oratoire. Je donne 150 l. pour chaque annuel... qu'il soit dit un trentain dans l'église de la Fidélité, de Saumur, où est ma fille religieuse... Je défends de faire aucune pompe funèbre, ni tenture à l'église et à la maison, ces décorations ne pouvant être qu'inutiles, on mettra seulement six cierges de demi-livre chacun sur le maître-autel et deux de la même façon dans les deux chandeliers du bas-autel, sept flambeaux autour du corps et sept cierges de demi-livre et deux cierges sur chacun des petits autels, aimant mieux recevoir le secours des prières que j'ai signalées que de recevoir ces honneurs superflus... (Signé) : Marie-Jacquine Ménardeau, veuve de M. le président de la Maurousière.

QUATORZIÈME DEGRÉ

1° Marie-Anne Boylesve, née le 11 juin 1687, religieuse à la Fidélité de Saumur.

Titres d'Achon. — Le 11 juin 1687 une fille de M. Marin Boylesve... président au grenier à sel de cette ville et de Marie-Jacquine Menardeau a esté baptisée sans les cérémonies par nous curé soubsigné, avec la permission de Mgr d'Angers, l'enfant née de ce jour.

F. MAUDOURS, curé.

Id. — Le lundi 26 mars 1691 Marie-Anne fille... a été baptisée par nous chapelain soubsigné, a été parrain messire Jacques-Honoré Boylesve, capitaine au régiment de la Couronne, et marraine dame Marie Boylesve, épouse de messire Gabriel Boylesve, chevalier, sieur du Saulay...

P. BAILLIF, chapelain.

2° Marin BOYLESVE, qui suit.

3° François-Joseph BOYLESVE, chevalier, seigneur de la Maurousière et de Beligan, né le 17 avril 1692, se destina d'abord à l'état ecclésiastique et voulut entrer à l'Oratoire, mais il épousa le 27 décembre 1714 demoiselle Jacquine-Renée RAIMBAULT [1], fille de noble homme François Raimbault, sieur de la Foucherie et de Jeanne Courault de Pressiat, dont il n'eut pas d'enfants.

Il se livra au culte des sciences et des belles-lettres. Élu le 15 juillet 1728 l'un des trente de l'Académie des sciences d'Angers, il prit une part active à ses travaux [2].

Il mourut le 28 juillet 1769 à l'âge de soixante-dix-sept ans.

Son éloge fut prononcé par Prévost, à la séance de l'Académie du 20 novembre 1771 et se trouve à la Bibliothèque d'Angers mss. 495.

[1] Raimbault : *d'azur à 3 losanges d'or en fasce accompagnés de 3 trèfles d'argent posés 2 et 1.*

[2] Il donna successivement, en 1746, l'*Incertitude de l'histoire des six premiers siècles de Rome;* en 1752, une *Ode sur les magistrats et sur le mérite et l'usage de la Poésie :* puis une *Dissertation sur la soumission due aux Souverains, sur la supériorité de l'Etat monarchique*, une *Histoire de Joseph,* mais détruisit ces travaux manuscrits avant sa mort. Seule son *Ode sur l'Incrédulité,* lue en séance le 17 janvier 1753, fut imprimée à Nantes l'année suivante.

Titres d'Achon. — Le 17 avril 1692 un fils de Marin Boylesve... a été baptisé par nous curé, sans les cérémonies ordinaires avec permission de Mr le Grand Vicaire...

François Ayrault, curé.

Id. — Le 6 mars 1714, constitution par Marin Boylesve... et Joseph-François Boylesve, chevalier, sieur de la Maurousière, son frère mineur, d'une rente de 24 l. au profit de Denis Saulnier, marchand tailleur, reconnue par lui à sa majorité en 1717 et remboursée le 3 avril 1723.

Chartrier de Boylesve. — 26 décembre 1714. Contrat de mariage devant Lehoreau et Benoist, notaires. Marie-Jacquine Menardeau, veuve... et François-Joseph Boislève, chevalier, sieur de Maurousière, son fils, d'une part, dame Jeanne Courau de Pressiat, veuve de François Raimbault, écuyer, sieur de la Foucherie et Jacqueline-Anne Raimbault, sa fille, d'autre... on lui donne 30,000 l. de dot, présence de Jacques-Mathurin Boylesve, chevalier, sieur de Saint-Hilaire, frère, Gabriel Boylesve, chevalier, sieur du Saulay, Marie Boylesve, sa femme, tante, François Raimbault, écuyer, sieur de la Foucherie, frère, Jean-Jacques Courau de Pressiat, prêtre, chanoine de l'église d'Angers, demoiselle Barbe Coureau de Pressiat, oncle et tante, Jean le Bort, sieur de la Noë, avocat au présidial, oncles...

Bibliothèque d'Angers, Audouys, mss. 1005. — Célébration de ce mariage le 24 décembre 1764 à Saint-Michel-du-Tertre.

Titres d'Achon. — Le 18 février 1719, constitution d'une rente de 15 l. par eux au profit de Pierre de Garsalan, écuyer, sieur de Perrière, conseiller et maitre ordinaire en la chambre des comptes de Bretagne, remboursement du 5 février 1722.

Id. — Le 13 avril 1723 il fit enregistrer au greffe d'Angers les lettres de chevalerie de Marin Boylesve, et demeurait en son domaine de Belligan.

État civil de Saint-Michel-du-Tertre. — Le 29 juillet 1769 inhumation de Joseph-François Boylesve, chevalier, sieur de la Maurousière, l'un des trente de l'Académie des sciences d'Angers.

4° Mathurin-Jacques BOYLESVE, chevalier, seigneur de Saint-Hilaire, né le 22 octobre 1693, mourut le 8 février 1750, sans alliance.

Titres d'Achon. — Le 23e jour d'octobre 1693, l'enfant qu'il a plu de donner à Mr le président de la Maurousière, né d'hier sur les sept heures et quart, a été ondoyé par nous... P. Baillif, chapelain, — actes délivrés le 8e jour d'avril 1694 par François Ayrault, curé de Saint-Michel-du-Tertre d'Angers.

Id. — Le 12 janvier 1720 constitution de 45 l. de rente par Jacques Boylesve, de Saint-Hilaire, pour Joseph, son frère, au profit de François Papiau, remboursement du 2 septembre 1720. — Le 20 mars 1720, *id.*, par Mathurin-Jacques... à Jacques-Marie Avril, écuyer, sieur de Boutigny, remboursement du 26 décembre 1720.

Id. — Le 1er février 1750, inhumation dans le cimetière de Saint-Cosme et Saint-Damien de Paris, du corps de Joseph-Jacques-Mathurin de Boylesve de la Maurousière, chevalier, sieur de Saint-Hilaire, fils de... décédé de ce jour, âgé d'environ cinquante-six ans, présence de Louis-Anne Roger de Champagnolle, chevalier, sieur de la Roche, Tourmerieux et la Reaulté.

BELLOT.

Chartrier de Boylesve. — Le 18 juin 1750 partages nobles de la succession de Jacques-Mathurin de Boylesve entre ses deux frères... Acte passé devant Deville, notaire à Angers.

2° Marin BOYLESVE, chevalier, seigneur de la Maurousière, la Plissonnière, la Tessoualle, Saint-Lambert, la Potherie, Puyguyon, Saint-Hilaire, Beauchesne, né en 1689, épousa par contrat du 20 avril 1716 demoiselle Marie-Modeste DE BOYLESVE [1], dame de Saint-Lambert, la

[1] Boylesve : *d'azur à 3 sautoirs d'or, au chef d'azur à 3 fleurs de lys d'or.*

Potherie, fille de Jacques-Honoré Boylesve, chevalier, sieur de Saint-Lambert, la Potherie, et de Marie-Anne Poisson de Neufville.

Il fut maintenu dans sa noblesse par Chauvelin le 21 février 1715, et mourut le 26 mars 1760, sa femme le 4 novembre 1785.

Ils laissèrent deux enfants : Marin et Jacques-Honoré.

Chartrier de Boylesve et titres d'Achon. — Le 28 octobre 1689 baptême d'un fils de Marin Boylesve... président au présidial d'Angers... ledit enfant né le même jour. — Les cérémonies du baptême eurent lieu à Saint-Hilaire, près Mortagne, le 7 septembre 1690.

Id., id. — Maintenue de noblesse par Chauvelin, du 21 février 1715 (voir aux titres généraux).

Chartrier de Boylesve, 1716. — Contrat de mariage passé le 20 avril 1716, devant Avril, notaire royal à Angers, entre messire Marin Boylesve, chevalier, sieur de la Maurousière, fils aisné et principal héritier noble de... et Marie-Modeste Boylesve, fille de messire Jacques-Honoré Boylesve, chevalier, sieur de Saint-Lambert, la Coltrie et de dame Marie-Anne Poisson... fait et passé à Angers en la maison du dit sieur et dame de la Maurousière, située en la place des Halles...

Signatures : Gabriel Boylesve du Saullay, L.-A. de l'Esperonnière, Boylesve de Saint-Lambert, Poisson de Neufville, A.-F. de l'Esperonnière de Vrytz, M. de l'Esperonnière, Beaumont d'Autichamp, J.-M. Crespin, de Contades, M. Pesneau, M. Boylesve, J.-M. Boylesve de la Maurousière, J.-F. Boylesve de la Maurousière, de la Foucherie de la Maurousière, Françoise Poisson de Soulpuy, Catherine Herreau, Françoise Poisson, Poisson de Montaigu, épouse de M. L. Boislesve, L. Grimaudet, Boylesve du Verdier de Genouillac, du Verdier de Genouillac, l'abbé Ayrault; Ferré, Avril, notaires.

Titres d'Achon. — Le 15 janvier 1735, requête de Marin Boylesve, écuyer, sieur de la Maurousière, pour décharge sur la Plissonnière.

Chartier de Boylesve. — Aveu rendu au Roy le 4 mai 1740, où il est qualifié chevalier. Acte de foi et hommage au duc de Villeroy, baron de Mortagne pour la Plissonnière, Beauchesne et St-Hillaire.

Titres d'Achon. — 23 juin 1744, testament olographe de Marin Boylesve... je veux qu'on me mette sur la poitrine un petit nouveau testament latin que je porte ordinairement en ma poche et que je sois enseveli et mis dans la terre avec ce petit nouveau testament en témoignage de mon profond respect pour ce divin livre, et de l'ardent désir que j'ai d'estre continuellement occupé de son esprit, de ses maximes, de ses mystères et de mourir dans ces sentiments... il confirme à son fils cadet le don que lui avait fait sa femme.

Id. — Le 7 septembre 1748, lettre de Mr de la Maurousière au sujet des francs fiefs pour sa ferme de la Malmougère à Saint-Christophe-du-Bois.

Chartrier de Boylesve. — 13 février 1760. Lettre adressée à Mr de la Maurousière fils par son père. Cachet de cire rouge.

État-civil de Saint-Michel-du-Tertre. — Le 26 mars 1760, inhumation de Marin Boylesve, chevalier, sieur de la Maurousière, la Plissonnière, la Tessouale, âgé de 70 ans.

Titre d'Achon. — Le 3 juin 1762, cession du retrait féodal de la Grande Monnerie, à Beaucouzé, payée 8,000 l. par Marie-Modeste de Boylesve... à son fils Marin et à sa femme.

Id. — Le 6 février 1767, nomination par la veuve de Marin Boylesve, de Charles Gontard, avocat au parlement et au présidial comme sénéchal de la chatellenie de Saint-Lambert-la-Potherie, signature : cachet de cire rouge.

Id. — Le 8 septembre 1778, testament olographe de Marie-Modeste de Boylesve de la Maurousière, elle demande à être inhumée aux Cordeliers dans la sépulture de ses pères et donne à Jacques Honoré... son puisné la propriété des biens de sa succession. Signature.

Titres d'Achon. — Le 11 juin 1782, réception d'un garde des bois, pêches et chasses de Saint-Lambert, par Me de Boylesve, veuve...

État-civil de Saint-Michel-du-Tertre. — Le 6 novembre 1785, inhumation de Marie-Modeste de Boylesve de la Maurousière, veuve... âgée de 86 ans, décédée avant hier. G. Bougnié, curé.

Titres d'Achon. — 15 novembre 1786, billet de faire part de mort.

MESSIEURS ET MESDAMES,

Vous êtes priés d'assister au service du bout de l'an pour le repos de l'âme de dame Marie-Modeste de Boylesve de la Maurousière, veuve de messire Marin de Boylesve, chevalier, sieur de Saint-Lambert-la-Potherie, la Colleterie, la Plissonnière, la Tessoualle et autres lieux, qui se fera mercredi prochain, 15 du présent mois de novembre 1786, à 11 heures précises du matin, dans l'église de Saint-Michel-du-Tertre sa paroisse.

Le deuil se trouvera s'il lui plait à l'église. — Un *De profundis*.

De l'imprimerie C.-P. Mame, imprimeur de Monsieur. Cartouche gravé sur bois avec attributs : têtes de mort, faux, pelles, cierges, etc., etc.

QUINZIÈME DEGRÉ

1° Marin de BOYLESVE, qui suit.

2° Jacques-Honoré de BOYLESVE, dit le chevalier de la Maurousière, sieur de la Tessoualle, de Vaujolli, mort sans alliance. Il fut convoqué aux États généraux de 1789.

1° Marin de BOYLESVE, chevalier, seigneur de la Maurousière, la Plissonnière, la Tessoualle, Saint-Lambert-la-Potherie, Puy-Guyon, la Colleterie, Saint-Hilaire, Beauchesne, baptisé le 13 mars 1721, épousa par contrat du

8 janvier 1750, demoiselle Louise-Aimée de la Cour [1] de Balleroy, fille aînée de H. et P. S. Charles-Auguste, marquis de la Cour, comte de Balleroy, lieutenant général des armées du Roy et de feu Marie-Élisabeth de Goyon de Matignon.

Il fut nommé notable de l'ordre de la noblesse à l'assemblée générale du 3 juillet 1765, et fut convoqué aux États généraux de 1789.

Il mourut le 18 primaire an II, dans les caves de Doué-la-Fontaine [2], et elle le 5 octobre 1791, laissant trois enfans, Marie-Augustine, Marin et Élisabeth-Louise.

Chartrier de Boylesve. — Le 13 mars 1721, baptême à Saint-Michel-du-Tertre de Marin Boylesve...

Id. — Le 2 octobre 1748 et 22 août 1749, ordonnances de Mr Moreau de Beaumont, intendant de Poitiers, portant décharge de francs fiefs pour Mr de Boylesve, chevalier.

Id. et titres d'Achon. — Contrat de mariage passé le 8 janvier 1750 devant Quinquet et Laiguevive, notaires du Châtelet de Paris, entre Marin de Boylesve, chevalier, fils aîné de H. et P. S. Marin de Boylesve... et Dlle Louise-Aimée de la Cour de Balleroy, fille aînée de H. et P. S. Charles-Auguste Aimé de la Cour, marquis de la Cour de Balleroy, sieur dudit lieu, Le Tronquay, Vernay, Montfiquet, et lieutenant général des armées du Roy, premier écuyer du duc d'Orléans et de feu Marie-Élisabeth de Matignon, en présence de Charles-Auguste de la Cour, comte de Balleroy, brigadier des armées du Roy, colonel-lieutenant du régiment d'Orléans-infanterie, chevalier de Saint Louis, Louis-Jacques de la Cour, chevalier de Malthe, commandeur d'Auxerre, de l'agrément de Mgr le duc d'Orléans, de Mgr le duc et Mme la duchesse de Chartres, de Marie Thomas Auguste de Matignon, chevalier des ordres du Roy, brigadier de ses armées, et Aimée-

[1] De la Cour : *d'azur à 3 cœurs d'or, posés 2 et 1.*

[2] Il figure sur la troisième liste des émigrés ou présumés l'être, qui n'ont pu produire le certificat de résidence exigé par la loi du 8 avril 1793.

Charlotte de Brenne son épouse, de T. H. et P. S. Marie-François-Auguste de Matignon, comte de Gacé, mestre de camp du régiment du Roy-cavalerie, François, duc de Fitz James, pair de France, évêque de Soissons, François de Barrail, chef d'escadre, commandeur de Saint-Louis, Marie-Claude Héron d'Entragues, veuve de H. et P. S. Louis-César de Crémeaux, marquis d'Entragues, H. et P. S. Anthoine-Marie d'Apchon, colonel de dragons, Jules-César d'Entragues, capitaine de cavalerie, Marie d'Entragues, épouse dudit d'Apchon. Jacques-Mathurin de Boylesve, chevalier, sieur de Saint-Hillaire. Les père et mère du futur s'étaient fait représenter par Louis-Mathurin Poulain, écuyer, sieur de Vaujoye, trésorier de France à Tours.

Chartrier de Boylesve et titres d'Achon, 1758. — Congé donné le 23 mai à Louise-Aimée de Balleroy, épouse de Marin Boylesve, chevalier, sieur de la Maurousière, ayant renoncé à la succession de sa mère, Marie-Elizabeth de Matignon, contre dame Marie-Elizabeth de Jarente, veuve de Jean-Louis Marest, chevalier, sieur de Carnetin.

Chartrier de Boylesve 1760. — Aveu au duc de Villeroy pour la Plissonnière et Saint-Hillaire, rendu par Marin Boylesve... le 8 mai 1760.

Id. et titres d'Achon, 1764. — Marie-Modeste de Boylesve, veuve de Marin... abandonne à son fils ainé les terres de la Tessoualle et Puyguyon.

Id. 1765. — Extrait des registres des délibérations de tous les ordres de la ville d'Angers par lequel appert qu'en exécution des édits du Roi de 1764 et 1765 par lesquels Sa Majesté avoit ordonné l'élection de notables qui seroient pris dans l'ordre du clergé, de la noblesse et dans celui du tiers pour représenter les trois ordres et veiller sur l'administration publique, Mr de Boylesve, chevalier, sieur de la Maurousière, a esté élu notable de l'Ordre de la noblesse à la pluralité des suffrages dans l'assemblée générale du 3 juillet 1765. — *Idem*, le 30 mai 1770.

Id. — Le 5 juillet 1773 par nous François-René-Alexandre Rousseau des Ruaux, écuyer, maire et capitaine général de la ville d'Angers... Messire Marin de Boylesve, chevalier, sieur de la Maurousière, notable de l'ordre de la noblesse en 1768, chargé de la garde d'une des trois clefs du coffre-fort de la ville, obligé de demeurer à la campagne, ayant demandé bien des fois à en être déchargé... dépose au greffe la dite clef parce que le maire refusait de la recevoir avant une assemblée générale.

(Signé) : Beaucelin, secrétaite; greffier.

Scellé en cire rouge d'un cachet aux armes de la ville d'Angers.

Id. — Le 31 mai 1766, Marin Boylesve... présentateur à la chapelle Notre-Dame du château de la Plissonnière, vacante par la mort de M. Victor Chauvière de la Pagerie, remet pour cette fois la nomination entre les mains de l'évêque de la Rochelle.

Titres d'Achon. — Le 10 décembre 1766 supplique pour la chapelle de la Plissonnière, vacante depuis un an et que l'évêque de la Rochelle voulait transférer à la Rochelle afin d'en saisir les revenus.

Id. — Le 8 octobre 1769, association de prières pour Marin Boylesve, chef de nom et d'armes de la Maurousière.

(Signée) de Moisset, supérieur général de l'Oratoire.

Chartrier de Boylesve. — Le 7 juin 1779, Marin de Boylesve et sa femme vendent la Rangardière à elle venue de la succession de Elizabeth-Louise-Léonore de la Cour, veuve de Joseph-Anne-Simon Piaron, chevalier, sieur de Chaumousset, conseiller du Roy, maitre des requêtes et président au grand Conseil.

Titres d'Achon. — Le 27 avril 1781, achat de la Ramellière, à Beaucouzé, pour 8,000 l., vendue par Jeanne-Françoise Ménage, veuve Louis Le Roy de la Potherie.

Id. — 1787, quittance de 36 l. pour cotisation de la Société du jardin botanique d'Angers.

Chartrier de Boylesve. — 20 juillet 1787, lettre signée du duc de Praslin au sujet de la composition de l'assemblée provinciale d'Anjou, et lui demandant d'en faire partie. Elle est adressée à Mr de la Maurousière en son château de la Colletrie.

État-civil d'Angers. — Le 7 décembre 1791 a été inhumé par moi soussigné, dans le cimetière de Saint-Pierre, le corps de Louise-Jacquine-Aimée la Cour de Balleroy, épouse de Mr Boylesve de la Maurousière, décédée d'avant hier, rue Parfumée, à l'âge de soixante-neuf ans.

Bouhier, curé de Saint-Pierre.

Titres d'Achon. — Avril 1792. Supplique pour entrer en jouissance de la Plissonnière, cédée par lui à son fils Marin, ancien officier au régiment de la Marine.

Id. — Le 31 juillet 1793, certificat de résidence à Angers pour Marin Boylesve, âgé de soixante-douze ans. Nombreuses signatures.

État-civil de Doué. — Aujourd'hui 19e jour du 3e mois de l'an II de la république française devant moi Barthélemy-Pierre-Thomas, officier public de la commune de Doué... a comparu Jean-Baptiste Lecompte, geollier des prisons d'arrets dudit Doué lequel m'a déclaré que Marin Boileve dit la Maurouzière, de la commune d'Angers âgé d'environ 64 ans (lisez 72 ans) détenu dans les dites prisons y est décédé ce jour. D'après cette déclaration et sans autres renseignements j'ai rédigé le présent acte que le déclarant a signé avec moy. Fait à la maison commune de Doué le jour, mois et an cy dessus.

(Signé) : Le Comte Thomas.

Il faut lire le récit des atrocités et des souffrances que subirent les malheureux suspects arrêtés à Angers en novembre 1793, conduits au milieu des plus grands dangers et par un froid excessif aux Ponts-de-Cé, à

Brissac et enfin entassés à Doué dans quatre caves! Là un grand nombre de ceux qui échappèrent à la fusillade et à la guillotine périrent de misère et de maladie. Ceux qui succombèrent les premiers furent M. de Villiers, les deux Messieurs de Boylesve de la Maurousière et du Plantis.

Ce récit, composé par M. du Réau en 1821, a été publié par le journal l'*Ami du Peuple*, n° 52, 7e année, et reproduit dans le *Bulletin historique* de M. de Soland.

SEIZIÈME DEGRÉ

1° Marie-Augustine-Aimée de Boylève, baptisée le 22 octobre 1751, épousa par contrat du 7 mai 1776 messire Jacques-Guillaume de Senot [1] de la Londe, chevalier.

État-civil de Saint-Michel-du-Tertre. — Le 22 octobre 1751, baptême de Marie-Augustine-Aimée, née de ce jour... parain H. et P. S. Jacques-Claude-Augustin de la Cour de Balleroy, sieur marquis de la Cour, premier écuyer de Mgr le duc d'Orléans.

Chartrier de Boylesve, 1776. — Contrat de mariage passé devant Macé et Bancelin, notaires, le 7 mai 1776, entre messire Jacques-Guillaume de Senot de la Londe, chevalier, fils majeur de feu messire François de Senot, chevalier, et de dame Jacqueline de Senot, sa veuve, d'une part, et Marie-Augustine-Aimée de Boylesve de la Maurousière, fille de Marin... Elle reçoit en dot 60,000 l., présence de la douairière de la Maurousière son ayeule, Louise de Boylesve, sœur puisnée, H. et P. S. Auguste de la Cour, marquis de la Cour, comte de Balleroy, lieutenant général des armées du Roy, François-Augustin de la Cour, chevalier, brigadier des armées du Roi, ses oncles, Jacques-Honoré de Boylesve de la Maurousière, chevalier, sieur de Vaujolli, oncle, Dlle Élisabeth-Louise-Éléonore de la Cour de Balleroy, veuve de mes-

[1] De Senot : *de sable à 3 cignes d'argent. 2 et 1.*

sire André de Piarron, chevalier, sieur de Chamousset, président au grand Conseil.

Id. — Célébration du mariage en la chapelle de Saint-Lambert, le 8 may 1776.

Titres d'Achon. — 11 vendemiaire an III, demande de pension alimentaire sur les successions saisies de Marin Boylesve, mort le 10 frimaire an III, et L. J. A. La Cour, morte en 1791, par Jacques-Guillaume Senot et sa femme, et Élisabeth-Louise Boylesve leur sœur. — Ils obtiennent 1,600 l. de provision alimentaire.

2° Marin de Boylesve, qui suit.

3° Élisabeth-Louise de Boylesve, née le 28 février 1755, morte sans alliance.

État-civil de Saint-Michel-du-Tertre. — Le 28 février 1755, baptême de Élizabeth-Louise, née de ce jour fille de Marin... parain Jacques-Honoré de Boylesve, oncle paternel, maraine Élisabeth-Louise-Éléonore de la Cour, veuve de Anne-Simon de Piarron tante maternelle.

Signatures : E. L. E. La Cour de Chaumousset, Boylesve, E. G. Oursel Grimaudet, Grimaudet Boylesve, Grimaudet, Marie-Augustine-Aimée Boylesve, Marin Boylesve, Deniau, curé de Saint-Michel-du-Tertre.

2° Marin de Boylesve, chevalier, seigneur de la Maurousière, la Colletrie, Saint-Lambert, la Plissonnière, etc.

Baptisé le 9 juin 1753, lieutenant d'infanterie, officier au régiment de la Marine, émigra et fut maire de Saint-Lambert-la-Potherie (1808-1810), épousa par contrat du 5 avril 1780, D^lle^ Lucie-Félicie-Françoise Pays[1] du Vau, fille de François-Charles Pays, écuyer, sieur du Vau, ancien président au présidial et ancien maire d'Angers, et de dame Marie-Anne-Françoise Le Chat des Landes.

[1] Pays : *d'argent à l'oranger de sinople, sur une terrasse de même, fruité d'or.*

Il fut convoqué aux États généraux de 1789, mourut en 1810. Sa veuve vivait encore en 1826. Ils avaient eu sept enfants : Marie, Louise, Éléonore, Marin, Augustin, Élisabeth et Étienne.

Chartrier de Boylesve. — Le 9 juin 1753, baptême à Saint-Michel-du-Tertre, de Marin Boylesve, fils Marin...

Id. — S. D., brevet de lieutenant d'infanterie, sur certificat et preuves de noblesse.

Id. — Le 5 avril 1780, devant Moreau et Dancelin, conseillers du Roy et de Monsieur, notaires soussignés, furent présents haut et puissant seigneur messire Marin de Boylesve de la Maurousière, chevalier, chef du nom et armes de Boylesve, sieur de la Plissonnière, Saint-Hilaire, Beauchesne, la Tessoualle, Le Padiou, et haute et puissante dame Louise-Jacqueline-Aimée de la Cour-Balleroy, son épouse, haut et puissant seigneur messire Marin de Boylesve, chevalier, sieur de la Maurousière, officier au régiment de la marine, leur fils majeur, d'une part et Mr François Charles Pays, écuyer, sieur du Vau, ancien président au présidial d'Angers et ancien maire de la dite ville, et dame Marie-Anne-Françoise Le Chat des Landes, son épouse, et demoiselle Louise-Félicité-Françoise Pays, demoiselle, leur fille, d'autre part. On lui assure la Plissonnière et à elle 70,000 livres, en présence de haute et puissante dame Marie-Modeste de Boylesve de la Maurousière, dame de Saint-Lambert-la-Potherie et de la Coltrie, veuve de haut et puissant messire Marin de Boylesve, ayeulle, de demoiselle Elizabeth-Louise de Boylesve, sœur, Jacques-Honoré de Boylesve, chevalier, sieur du Vaujoli, oncle, haut et puissant seigneur Charles-Auguste de la Cour, comte de Balleroy, lieutenant-général des armées du Roy... François-Augustin de la Cour, maréchal de camp des armées du Roy, commandeur de Saint-Louis, oncles, Jean-Marie-Auguste Trouillet, chevalier, sieur de Bleré, chevalier de Saint-Louis, et dame Françoise-Nicolle Pays, demoiselle, sa femme, sœur, Mr André-Donatien Pays de la Jaille, écuyer, Geneviève Pays du Vau, demoiselle, frère et sœur, Jacques Pays de Roceau, écuyer, ancien capitaine de cavalerie, chevalier de Saint-Louis, oncle.

État-civil d'Angers. — Le 11 avril 1780, célébration de ce mariage à Saint-Maurice.

Titres de la Plissonnière. — 15 juillet 1780. Mr Marin de Boylesve, chevalier, sieur de la Plissonnière, Saint-Hilaire, la Tessoualle, etc., déclare tenir roturièrement du fief de la Touche-Mouchaude, en La Verrie, une rente foncière de 120 livres sur maisons à Saint-Pierre de Mortagne, sur les moulins de Romaine, obligés de conduire le dit seigneur et sa famille en la ville d'Angers et les ramener au lieu de la Plissonnière. La grande et petite Burnière, relevant de la Maurousière, venue de demoiselle Yolande de Grenée, dame de la Voirie qui l'avoit arrenté à titre de vicairie en 1546 pour onze charges, onze boesseaux de blé, onze combles et demie, dix-huit boesseaux d'avoine, un cochon de deux ans bon et valable, douze poulets, quatre chappons, un mouton de deux ans, deux oies, quatre fromages de saison, douze fromages gras, trois sols quatre deniers obole, un chevreau. Et pour ce il devait 2 sols le jour de Noel.

Titres d'Achon, 1786. — Projet d'accord entre Charles-François-Camille Constantin, chevalier, sieur de la Lorie et de Daillon et Marin Boylesve, chevalier, sieur de la Plissonnière, ayant fait le retrait féodal des terres du Plessis-Beuvreau et de Jambon, vendues par le marquis d'Apchon.

Chartrier de Boylesve. — Accord définitif entre... et un marchand de porcs qui par son commerce infestait le quartier. Cachet cire noire.

Id. — 14 février 1791, offre d'un ban dans l'église de Saint-Lambert-de-la-Potherie par les paroissiens. Mr de la Maurousière, vu la pauvreté de la fabrique, s'engage à le payer 30 livres par an.

Id. 1792. — Persuadé que la manifestation isolée des sentiments d'un seul homme ne peut être fort utile dans une cause générale, j'avais cru jusqu'à présent devoir garder le silence sur la Révolution de France, mais, forcé par des circonstances impérieures de consigner dans un acte authentique mon opinion invariable,

Je déclare qu'à l'instant où les députés aux États généraux se sont constitués Assemblée nationale, je les ai regardés comme dépouillés des pouvoirs que leurs commettants leur avaient confiés en vertu des ordres du Roi, leur assemblée comme illégale, et tout ce qui pouvait en émaner comme nul, parce que les députés des différentes provinces n'avaient pas par eux-mêmes, et n'avaient pu recevoir de personne le droit de se constituer ; ils étaient appelés par le Roy pour composer des États-Généraux, nommés par leurs concitoyens pour députés aux États-Généraux, ils avaient des mandats qu'ils avaient juré d'observer et rien ne pouvait les dispenser de ce premier serment, ni valider les nouveaux qu'ils ont faits, ils étaient soumis à une autorité légitime et il est contraire à tous les principes que des hommes soumis à une autorité légitime s'arrogent le droit de s'élever au-dessus de cette autorité, en changeant à leur gré l'objet de leur mission ; et c'est ce qu'ont fait les députés aux États-Généraux, en se constituant Assemblée nationale.

Que tout ce qui a été fait depuis cette époque ne peut être regardé que comme l'ouvrage des factieux, dont le but est d'anéantir toutes les autorités légitimes pour y substituer des systèmes monstrueux, absurdes, impossibles dans l'exécution.

Que l'Assemblée dite Nationale a renversé l'autel et le thrône, proscrit les vrais ministres pour en substituer de nouveaux qu'on ne peut reconnoistre parce que le peuple qui les a choisis ne pouvait leur donner ni mission ni juridiction ;

Que le Roy dépouillé de fait, de toute authorité, retenu captif au milieu d'un peuple rebelle et sanguinaire, insulté mille fois sans que jamais aucun des coupables ait été puni, est forcé de prêter son nom au maintien d'une constitution impie et sacrilège ;

Que né dans la religion catholique, apostolique et romaine, je veux vivre et mourir dans cette sainte religion ;

Que né sujet d'un Roy libre, et jouissant moi-même de toute la liberté que peut désirer l'homme raisonnable qui fait consister le véritable exercice de ses droits dans l'accomplissement exact de ses devoirs, sous une authorité légitime, je ne peux et ne dois reconnaître d'autre pouvoir que celui du Roy libre;

Que, forcé par des circonstances particulières de détailler dans cette publication des objets qui me regardent personnellement, je déclare ;

Que sachant que mon épouse effrayée des menaces des municipalités, districts, départements, et croyant se mettre à l'abri de leurs vexations, a fait ou consenti des innovations, ventes de meubles ou immeubles, baux nouveaux ou autres changements, je proteste généralement contre tout ce qu'elle a fait ou fera sans mon consentement.

Je déclare nuls et de nulle valeur toutes les signatures qu'elle a pu donner ou donnerait quel que puisse être le motif et le but de ses signatures ; je proteste plus spécialement encore contre toute requête ou supplicque qu'elle aurait pu adresser ou faire adresser aux départements, districts, municipalités.

Que j'ai toujours employé et ne cesserai jamais d'employer toutes mes facultés morales et physiques, à la destruction de cette constitution, au rétablissement de la religion catholique, apostolique et romaine, et de la pleine et entière liberté et autorité du Roy ;

Que né chevalier français, je ne crois pas faire un sacrifice, mais remplir un devoir en abandonnant ma fortune, en exposant ma vie, pour m'opposer avec toute l'énergie dont je suis capable, aux efforts des impies et des régicides, qui dans leur détestable système et par leurs innovations criminelles, attaquent également Dieu et tous les Rois ses représentants sur la terre.

Fait à Seggingen, en Autriche, le quatre juin mil sept cent quatre-vingt-douze.

(La pièce est signée) : De Boylesve, chevalier français.

Que Monsieur de Boylesve, chevalier français, ait remis la présente protestation entre les mains du soussigné et que la présente copie est conforme à l'original déposé entre mes mains, j'atteste avec ma signature ordinaire.

Fait à Seggingen, le 4e juin 1792.

P. Jean Népo Storst,
Avocat du pays d'Autriche antérieure.

Cachet de cire rouge.

Id. — 22 novembre 1792. Supplique de Mme de Boylesve à l'effet de prendre sa part des meubles saisis et affichés à vendre sur son mari.

Id. — 9 thermidor an VIII. Lettre du ministre de la marine au sujet de la radiation de la liste des émigrés de la citoyenne Pays, femme Boylesve.

Id. — 26 brumaire an VIII. Radiation de la liste des émigrés de la femme Boylesve. – 18 prairial an VIII. Certificat de résidence pour la même. — 6 fructidor an VIII. Radiation de la liste de Marin Boylesve de la Maurousière. — 10 fructidor an VIII. Amnistie pour Marin Boylesve, demeuré à Chemillé de 1792 à l'an VIII.

Chartrier de Boylesve. — 24 messidor an IX, supplique de Marin de Boylesve, inscrit par erreur sur la liste des émigrés à cause de sa retraite dans le pays occupé par les insurgés. Il profite de l'armistie et demande à toucher les revenus de la Colletrie. Autorisation accordée par Montault Desilles, préfet de Maine-et-Loire.

Chartrier de Boylesve. — 8 nivose an IX. Pétition au citoyen préfet de Maine-et-Loire par la veuve Boylesve pour rentrer en jouissance et possession de sa terre du Plessis-Beuvreau... autorisation accordée. — 24 ventose an IX, *idem* pour obtenir remise sur les prix de fermes des biens séquestrés sur son mari émigré et qu'elle avait pris en ferme aux enchères... délai de deux mois pour payer.

Titres d'Achon. — 15 juillet 1826. Renonciation par M. de Boylesve à la part que son fils Étienne, mort le 18 septembre 1811, avait en la succession de son père émigré.

Id. 1826. — Vente par la veuve, par Éléonore-Élizabeth et Marie-Félicité ses filles à Mr Félix de Romain et à dame Anne-Amélie-Dominiqué du Chilleau sa femme, de la métairie du Verger, à Neuvy, pour 13.000 livres. Cette ferme à elles venue de la succession d'Étienne de Boylesve leur fils et frère.

DIX-SEPTIÈME DEGRÉ

1° Marie-Félicité de Boylesve, née le 8 mai 1781, épousa le 14 novembre 1810 Augustin-François Pocquet[1] de

[1] Pocquet : *De gueules à la fasce d'argent chargée de 3 croisettes pattées de sable.*

Livonnière, veuf en premières noces de Demoiselle Louise-Félicité de Launay de la Mothaie, chef de bataillon en 1815, Chevalier de Saint-Louis le 23 décembre de la même année.

Il mourut à la Cailletrie le 29 février 1840 et sa femme le 14 février 1852.

État-civil d'Angers. — Le 8 mai 1781, baptême à Saint-Michel-du-Tertre de Marie-Félicité de Boylesve, fille de Marin..,

Mme de Joannis, née de Livonnière, possède un cachet aux armes des Livonnière et Boylesve.

2° Louise de BOYLESVE.

3° Éléonore de BOYLESVE.

État-civil d'Angers. — Le 6 juin 1783, baptême à Saint-Nicolas, de Éléonore, fille de haut et puissant seigneur Marin Boylesve... parain Jacques-Honoré de Boylesve de la Maurousière.

4° Marin, qui suit.

5° Augustin de BOYLESVE, né le 7 mars 1787.

État-civil d'Angers. — Le 7 mai 1787, baptême à Saint-Jacques d'Augustin de Boylesve...

6° Élizabeth de BOYLESVE, née le 30 septembre 1788, épousa le 30 juillet 1816 Charles-Jacques SENOT[1] de la Londe, Chevalier du Lis, fils de Jacques-Guillaume Senot de la Londe et de Marie-Augustine-Aimée de Boylesve. Il mourut à Rosseau le 9 décembre 1849 et elle le 9 janvier 1857.

État-civil d'Angers. — Le 30 septembre 1788, baptême à Saint-Martin d'Élizabeth de Boylesve... maraine Marie-Augustine-Aimée de Boylesve, dame de Senot, sa tante.

[1] Senot : *De sable à 3 cygnes d'argent 2 et 1.*

Titres d'Achon. — 28 pluviose an III, certificat de résidence pour Elizabeth Boylesve.

4° Marin de Boylesve, de la Maurousière, Chevalier, né le 13 septembre 1784, maire de Saint-Lambert (1810-1811), épousa le 23 novembre 1812 Demoiselle Clémentine-Marie Pocquet[1] de Livonnière, fille de Jean-Marie-Claude-Scevole Pocquet de Livonnière, Ecuyer, Sieur du lieu, de Franc palais, Lugé, la Boissière, Lieutenant au régiment provincial de Tours et de Marie-Geneviève Bouin de Marigny, dame de Francpalais. Il mourut le 24 novembre 1814 et elle, à Fribourg le 24 mars 1837, laissant un fils Marin qui suit.

État-civil de Saint-Lambert. — Le 13 septembre 1784, baptême de Marin, fils de Marin de Boylesve, chevalier, sieur de la Maurousière, ancien officier au régiment de la marine et de Louise F. F. Pays du Vau; parain, Jean-Antoine-Marie Trouillet, chevalier, sieur de Bleré et Pélouaille, ancien lieutenant des vaisseaux du Roi.

Chartrier de Boylesve. — Extrait des registres mortuaires de l'église collégiale et paroissiale de Saint-Nicolas de Fribourg, diocèse de Lausanne (Suisse). — Le 24 mai 1837, décès, et le 26 du même mois, inhumation au cimetière de la paroisse de Mme Clémentine, veuve de Boylesve, née Pocquet de Livonnière, propriétaire, née à Luzé (Indre-et-Loire), le 11 novembre 1786 et domiciliée à Fribourg.

Id. — Transport du juge de paix, assisté de son greffier et de l'huissier Schaller au domicile de Mme Clémentine, veuve de Boylesve, en la maison de Me Nicolas Hartmann, près du collège Saint-Michel et apposition des scellés sur les meubles de la défunte. — Le 21 avril 1837, Nicolas Hartmann exhibe une procuration en date du 29 mars 1837 et datée de l'établissement de Méland, appartenant aux R. P. Jésuites,

[1] Pocquet : *De gueules à la fasce d'argent chargée de 3 croisettes pattées de sable.*

par laquelle Marin Clément de Boylesve, fils de feu Marin de Boylesve et seul héritier de sa mère, veuve dudit Marin, constitue son mandataire ledit Hartmann. Levée des scellés et remise des clefs. Le juge de paix Cholet Weers, le greffier Chappuis.

DIX-HUITIÈME DEGRÉ

Marin-Clément de Boylesve, né le 28 novembre 1813, entra dans la Compagnie de Jésus, fut ordonné prêtre en 1845 et mourut le 22 février 1892.

Il est l'auteur d'un grand nombre d'ouvrages de piété et de propagande et de divers traités de littérature, de rhétorique et de philosophie. En lui s'éteignit la famille de Boylesve.

État-civil de Saint-Lambert. — Le 28 novembre 1813, ondoiement de Marin Clément, né aujourd'huy, présence du père, de sa grand'mère paternelle. Lardeux, curé. Le 11 mars 1814, cérémonies du baptême, parain, Jean-Marie-Claude-Scévole Pocquet de Livonnière, grand-père, ancien officier de Sa Majesté Louis XVI, maraine, Lucie Pays du Vau, veuve de Boylesve, grand'mère.

Titres de Joannis. — 11 août 1844. Lettres de sous-diaconat au Mans. — 21 décembre 1844, diaconat. — 20 septembre 1845, prêtrise.

BRANCHE DE LA GILLIÈRE ET DU PLANTIS

DIXIÈME DEGRÉ

4° Charles Boylesve, Ecuyer, Seigneur de la Gillière, nommé Conseiller au Parlement de Bretagne par lettres d'Henri IV du 14 mars 1593, obtint des lettres d'honneur en 1618, après avoir rempli cette charge l'espace de 24 ans.

Il épousa en premières noces, le 19 novembre 1594, Demoiselle Marie NICOLAS[1], fille cadette de n. h. René Nicolas, Sieur de la Thaumasserie et de la Guérinière, capitaine du château de Gonnord, et de Demoiselle Anne Blouin, dont il eut, dit un mémoire domestique, seize enfans, la plupart morts en bas âge. 2° Demoiselle Françoise BLUYNEAU[2], dont il n'eut pas d'enfans.

Il mourut le 8 octobre 1643, doyen du Parlement de Bretagne, laissant du premier lit : Geneviève, Gabriel, Claude, Louis, Henri et Charles.

Titres Généraux, maintenue du 7 juin 1667. — 14 may 1593. Lettres de provision de la charge de Conseiller au parlement de Bretagne, accordées par Henri IV à Charles Boylesve, sieur de la Gilière.

Chartrier de Boylesve. — Le vendredi 14 juin 1593, demoiselle Philippe Boylesve, veuve de noble homme Claude de la Marqueraye... mère et tutrice de ses enfans, vend à Charles Boylesve, écuyer, seigneur de la Gyslière, son frère, la charge de Conseiller, dont sa majesté lui avait fait don, moyennant 3.333 escus sol, un tiers, valant 10.000 livres... fait et passé à Angers, en la maison de Philippe Prioulleau, veuve de noble homme François Boylesve... et mère de la dite Philippe... Signatures.

Archives de Maine-et-Loire. E. 4327. — Le 27 décembre 1593, noble homme Charles Boylesve, sieur de la Gyslière, Conseiller du Roy en sa cour de parlement de Bretagne, s'est transporté par devant N. et D. Me Antoine Meslet, curé de la paroisse de Saint-Morille de cette ville en sa maison auquel parlant le dit Boylesve a remonstré avoir esté adverty que la nuit dernière en son mynuit, il auroit espousé Marie Eveillard avec Charles de la Barre, a sommé le dit curé de lui en dire la vérité.... lequel a dit oui en vertu de mandement de Monseigneur d'Angers, sans avoir esgard à aucune publication de bans,

[1] Nicolas : *d'or à la croix de gueules, chargée de 5 étoiles d'argent et cantonnée de 4 écussons de sable.*

[2] Bluineau : *d'argent semé de quintefeuilles d'azur.*

lequel mandement luy auroit esté baillé en présence de noble homme André Eveillard, Conseiller au siège présidial. Signatures.

Titres Généraux, id. — 16 septembre 1594. Lettres de surannation pour Charles Boylesve.

Maintenue de 1667. Titres Généraux. — 16 novembre 1594. Contrat de mariage devant Bardin, notaire à Angers, d'entre noble homme Charles Boylesve, sieur de la Gillière... et demoiselle Marie Nicolas, fille de deffunt noble personne René Nicolas... et dame Blouin... présence de Philippe Priouleau, sa mère, Maurice et Marin Boylesve... ses frères, celui-ci mari de Renée Nicolas, sœur aisnée de la future.

Chartrier de Boylesve, 1600. — Charles Tourpin, chevalier de l'ordre du Roy, capitaine de cinquante hommes d'armes des ordonnances, comte de Crissé, Vihiers et Montrevault, baron de Montoyron, seigneur de Targe, la Motte, Baillerocherault, le Pin, la Fresnaye, les Roches, Chezé, Jallais et la Grezille, estant à cause de ma dite comté de Montrevault, pays d'Anjou, fondateur et patron de l'église parrochiale du bourg et paroisse Saint-Quentin, situé au pays de Mauges, et ayant tous droits de fondateur, préeminences, supériorités et juridictions. Et comme ainsy soit que nous ayons toujours eu en recommandation les personnes d'honneur et de vertu, nous estant deuement informés des mérites, vertus, et noblesse de deffunt François Boylesve, vivant escuyer, sieur de la Brisarderie, de la Maurousière et de la Gillière, et encore de messire Marin Boylesve, chevalier de l'ordre, conseiller du Roy en ses conseils d'état et privé et son lieutenant général en Anjou, son fils, et aultres ses enfans tous eslevés en qualités éminentes par Sa Majesté et désirant les gratifier et leur continuer les mêmes dons, concessions et prérogatives que nos prédécesseurs seigneurs dudit comté de Montrevault auroit cy devant accordées aux autres seigneurs de ladite terre de la Gillière et dont ils sont morts en possession, à ces causes et autres bonnes considérations à ce nous mouvans leur avons donné et octroyé, donnons et octroyons par ces presentes et à leurs hoirs et successeurs seigneurs de la dite terre de la Gillière tous les droits honorifiques, prééminences, supériorités et prérogatives que nous avons en ladite église de Saint-Quentin à cause de la fondation d'icelle et aultrement, faite nulle exception fors quand nous ou nos successeurs seigneurs comtes de Montrevault y vouldroient aller et assister tant seulement auquel cas pour nous et nos dits successeurs assoir et mettre au banc et oratoire des dits sieurs de la Gillière et aux autres lieux les plus éminents, pour en jouir par les dits sieurs de la Gillière, leurs successeurs et serviteurs, des dits droits honorifiques tels que les ont et peuvent avoir seigneurs fondateurs que avois et avions en la dite église de Saint-Quentin et mesme de faire mettre, peindre ou graver leurs littres et ceintures funebres avec leurs armoiries dedans et dehors ladite église et ès vitres du chœur. Faisant lesquelles, ils seront tenus et obligés faire peindre au dessus de la dite littre six écussons de nos armes timbrées, scavoir : deux dans le centre de lad. église, deux dans la nef et deux sur les deux portes et entrées de la dite église par le dehors. Pourront aussi y faire asseoir et attacher bancs et accouderies et y avoir leur sépulture tant pour eux que leurs successeurs avec tombes armoiriées en tel lieu de ladite église que bon leur semblera, les quels droits les dits sieurs de la Gillière tiendront de nous à foy et hommage lige à cause de nostre dict comté de Montrevault à un fer de lance de service à muance de seigneur et de vassal pour tout devoir. Sy donnons en mandement à nostre séneschal dudit Montrevault faire jouir et user les dits sieurs de la Gillière, leurs successeurs et ayant cause des dits droits, régistrer ces presentes ès registres et remembrances du greffe du dit comté et par tout ailleurs ou besoin sera sans permettre qu'ils y soient troublés par nous, nos successeurs ou ayant cause. Ainsi est nostre vouloir et intention. En tesmoing de quoy nous avons signé ces presentes de nostre main et fait contresigner de nostre secrétaire et apposer le scel de nos armes. Donné et fait en la ville de Chinon, le 6e jour de septembre l'an mil six cents. Charles Tourpin.

Par mon dit seigneur Guirouar.

Original en parchemin, le sceau arraché.

Titres Généraux. — 22 décembre 1618. Lettres d'honneur... Après avoir exercé ladite charge l'espace de vingt-quatre ans.

Bibliothèque nationale, Carrés d'Hozier, vol. 101. — 29 décembre 1638. Sentence du lieutenant-général d'Angers relative à Charles Boylesve, écuyer, sieur de la Gillière, ancien conseiller au Parlement de Bretagne.

Titres de la Théardière. Journal. — Le 8 octobre 1643 « mon père mourut à sa maison de la Gillière d'une grande fièvre. Il ne dura que sept jours. M. Éveillard qui se trouvoit fortuitement au Planty luy donna l'absolution. Il ne fist point de testament, il s'en remist à son fils aisné, lors lieutenant-général auquel il laissa en or 7.154 livres 16 sols, avec un bordereau signé de luy pour employer pour les frais de son enterrement et pour faire prier Dieu pour son âme. »

ONZIÈME DEGRÉ

1° Geneviève Boylesve, épousa par contrat du 9 août 1617, devant Deillé, notaire à Angers, N. h. François Grimaudet [1], Ecuyer, Sieur de la Rochebouet, la Croiserie, Conseiller au Parlement de Bretagne.

2° Gabriel Boylesve, Ecuyer, né le 1er mars 1595, d'abord connu sous le nom de Sieur de Malnoue, embrassa de bonne heure l'état ecclésiastique. Tonsuré en 1612, il était en 1623 prêtre et aumônier de Monseigneur Miron. Il fut successivement Maître École de Saint-Maurice d'Angers et Chancelier de l'Université de cette ville le 29 février 1625, après la mort de son oncle, François Boylesve, Conseiller au présidial en 1630, et la même année Conseiller Clerc au Parlement de Bretagne. En 1637, il fut nommé abbé de Saint-Aubin-des-Bois, diocèse de Saint-Brieuc, l'année suivante recteur d'Allaire, au diocèse de Vannes, député des États de Bretagne pour l'ordre de l'Église le 26 décembre 1638, Chanoine de Notre-Dame de Paris et aumônier du Roi. Le 29 décembre 1645, il se démet de ses fonctions et est reçu Conseiller au Parlement de Paris, abbé de Notre-

[1] Grimaudet : *d'or à 3 lionceaux de gueules, 2 et 1.*

Dame de Bardou, diocèse d'Auch, prieur de Saint-Arnoul de Crespy, de Lesvière à Angers, enfin abbé de Saint-Georges-sur-Loire le 20 novembre 1650.

Le 2 janvier 1651, il fut nommé à l'Évêché d'Avranches sur la démission de Mgr Roger d'Aumont. Préconisé à Rome au consistoire du 26 septembre 1651, il fut sacré à Paris le 10 décembre dans l'église des religieuses de Saint-Thomas de Villeneuve. Le prélat consécrateur fut un angevin, Mgr Cupif, évêque de Dol, assisté de Claude Auvry, évêque de Coutances et de Jean d'Estrades, évêque de Condom. Le dimanche 28 avril 1652, Gabriel Boylesve prêta serment de fidélité au Roy, à Saint-Germain-en-Laye. Il prit personnellement possession de son Évêché et fit son entrée solennelle dans la ville d'Avranches le 25 août suivant, mais il séjourna peu dans son diocèse, retenu qu'il était à Paris par ses fonctions d'aumônier du Roi et par les relations d'affaires que son frère et lui avaient avec Fouquet. Il fit raser le beau château du Parc, résidence des évêques d'Avranches, pour ne pas le restaurer « *arcem* « *de Parco magnificam destruxit et solo æquavit* ». (C. Guérin, *Acta sancte ecclesie Abrincensis*, p. 508.) Il échangea, le 18 mai 1657, la baronnie de Longny et Rémalard, dans le Perche, contre celle d'Ancenis avec le duc et la duchesse de Vendôme et la revendit le 13 mars 1660 la somme de 773.000 l. à Marie Fouquet, fille du surintendant et femme d'Armand de Béthune, marquis de Charost. Il se trouva même compromis dans la disgrâce du fastueux financier et fut condamné à une amende de 12.000 l. par sentence de la Chambre de Justice.

L'an 1660, son nom figure dans une assemblée d'Évêques où furent condamnées les cinq propositions de Jansenius. C'est à lui que s'adressèrent MM. Gombaut et Hautraye pour ériger un séminaire diocésain dans le presbytère de Saint-Martin-des-Champs. L'évêque, par un mandement daté de Paris le 8 mai 1666, accueillit très favorablement leur demande et par un autre mandement du 20 décembre de la même année, annexa au Séminaire la cure de Saint-Martin, le collège d'Avranches et la prébende préceptorale destinée au principal, mais des difficultés surgirent et, malgré sa bonne volonté, le prélat ne put, avant de mourir, assurer cette fondation.

Il mourut subitement à Paris le 2 décembre 1667, après avoir fait son testament, et fut inhumé dans la chapelle de Boylesve en l'église des Cordeliers d'Angers.

Sa succession, fort embarassée, donna lieu à de longs procès entre ses frères et ses neveux.

Son portrait, peint par J. Dieu, a été gravé par Pierre Landry (1666). Il en a été fait un tirage pour le Répertoire archéologique d'Anjou en 1869 avec un article de M. Sauvage.

On trouve aussi des volumes portant ses armoiries. (Voyez Guigard, *Armorial du Bibliophile*, t. I, p. 247[1].)

Archives de Maine-et-Loire. E. 1810, 1612. — Le 20 avril, l'Évêque d'Angers donne la tonsure « Gabrielli filio Nobilis Caroli Boylesve regii consiliarii in parlamento Britanniæ et Mariæ Nicolas conjugum, parrochianorum Sancti Michaelis de Clivo Andegavensi. »

Université d'Angers, 1629. — Gabriel Boylesve jurium doctor, scolasticus et canonicus insignis ecclesiæ et universitatis Andegavensis, signe des lettres de licencié en droit pour Mathurin Grudé, du diocèse d'Angers... datum Andegavi sub sigillo nostro... die decima octava mensis septembris... Signatures. Scellé sur lacs de soie rose et bleue du sceau de François Boylesve, son oncle.

Bibliothèque nationale. Cabinet de d'Hosier, vol. 51. — Novembre 1646. Acte en latin concernant Gabriel Boylesve, seigneur abbé de Malenoue, de Saint-Aubin-des-Bois, Conseiller au Parlement de Paris.

[1] Guigard dit à tort qu'il fut nommé Conseiller au Parlement de Bourgogne, puis de Paris en 1645 et qu'il mourut le 3 décembre 1667.

Id. Pièces originales, vol. 392. — 28 juillet 1650. Acte où figure messire Gabriel Boylesve, Conseiller du Roi au Parlement de Paris et chanoine de l'église de Paris.

Bibliothèque de Rouen, mss 1405, p. 202. 1655. — Ego Gabriel de Boisleve Episcopus Abrincencis, Sanctæ ecclesiæ Rothomagensi, ac Illustrissimo et Reverendissimo Patri Domino Francisco Archiepiscopo Rothomagensi Normaniæ Primati ejusque successoribus canonice intrantibus, canonicam obedientiam et reverentiam me perpetuo servaturum promitto, et manu propria confirmo hac die decima sexta mensis septembris anno domini millesimo sexcentesimo, quinquagesimo quinto.

(Signé) : Gabriel episcopus Abrincensis.

Archives de Maine-et-Loire. GG, 1 à 11. — 24 décembre 1659. Gabriel de Boylesve, Évêque d'Avranches et prieur de Lesvière, parain.

Archives de Maine-et-Loire. E, 1811. — 4 février 1662. Arrêt (imprimé) de la chambre de justice confiscant les meubles de Gabriel Boylesve, Évêque d'Avranches, saisis en une maison rue Neuve-Saint-Paul, à Paris.

Signé : Foucault.

Chartrier de Boylesve. — Lettre datée de Paris, le 12 janvier 1667 et signée Gabriel, Évêque d'Avranches. — Cachet de cire rouge.

Titres de Farcy. 1667. — Par devant les notaires soussignés fut présent illustrissime et reverendissime messire Gabriel Boylesve, Évesque d'Avranches, conseiller du roy en ses conseils, demeurant à présent à Paris, rue Neuve et paroisse Saint-Paul, gisant au lit malade de corps, sain toutefois d'esprit et d'entendement... lequel considérant qu'il n'est rien sy certain que la mort, ne chose sy incertaine que l'heure, ne désirant estre prévenu, ains pendant que sens et raison sont en luy, disposer à la gloire de Dieu des biens temporels qu'il luy a desparty en ce monde, au salut de son âme, a fait, dicté et nommé... son testament et ordonnance de dernière volonté en la forme qui s'ensuit.

Premièrement, recommande son âme à Dieu et le prie de luy faire miséricorde par les mérites de la Passion de Notre-Seigneur et redempteur Jésus-Christ, prières et intercessions de la Vierge et de tous les saints et saintes de paradis, veult ses dettes estre payées et torts, sy aucuns il a faits, reparés et amendés... veut son corps mort estre enterré et inhumé en l'église des Cordeliers d'Angers dans sa chapelle et qu'il soit dit et célébré à son intention en la dite église à perpétuité, un annuel de messes basses de *requiem*, et pour ce donne et lègue audit couvent 300 livres de rente annuelle... Donne et lègue à l'hôpital de Saint-Jean du dit Angers, 30.000 livres tournois, une fois payé, pour estre mise en fonds de terre ou rente au profit du dit hôpital affin de servir à la nourriture et entretien des pauvres d'icelluy et de participper à leurs prières et lequel emploi sera fait par l'avis de Monseigneur l'Évesque d'Angers qui ordonnera les prières que l'on dira à l'intention dudit sieur testateur... Donne à son cuisinier nommé Lespine, 3.000, livres ; à Mautin, son laquais 200 livres, à ses deux autres laquais et à son cocher à chacun 60 livres. Donne et lègue à ses deux niepces, l'une Mme de Bussy et l'autre nommée demoiselle Claude Boylesve, à chacune la somme de 11.000 livres. Donne et lègue à deux ses petites niepces qui sont en religion à Fontaine, près Meaux, à chacune la somme de 6.000 livres, pour les faire religieuses, sy elles le désirent, sinon pour les pourvoir ; à M. Garnier, ci devant conseiller au Grand Conseil son ancien amy la somme de 50.000 livres tournois pour la bonne amitié qu'il a pour luy ; à Charles de Boylesve, escuyer, son nepveu, fils de Charles de Boylesve, son frère... la somme de 27.300 livres que luy doit le sieur Noulleau, banquier, 3.000 livres que lui doit le marquis de... et tous ses meubles et vaisselle d'argent et tout le surplus de ses biens veut qu'il soit partagé égallement entre tous messieurs ses frères et les enfans de feue Mme de Grimaudet, sa sœur, et pour exécuter le présent testament... nomme et eslit la personne du dit sieur Garnier son ami... révoquant tous autres testamens... Ce fut ainsi faict... en la chambre où il est au lit malade, au second étage de sa maison, ayant vue sur la rue, ce deuxième jour de décembre 1667, avant midy, ainsi signé Gabriel, Évêque d'Avranches, Henault et Raymond.

Et incontinent le dit sieur Évesque, par forme de codicil... a dicté... qu'il donne... à son grand vicaire 1.000 livres pour avoir une chapelle d'argent et pareille somme de 1.000 livres à M. Bourgeois, son aumosnier. Copie collationnée le 29 juillet 1699. Signé : HUBERT, RAYMOND.

Journal de la Théardière. — « Le 2 décembre 1667, Mr d'Avranches mourut à Paris et ne fut que cinq jours mallade d'une inflammation de poumons. Ses bénéfices vacquèrent sans qu'il en fut sauvé quelqu'un. »

Bibliothèque nationale, mss 22450. — Copie d'un obituaire des Cordeliers d'Angers. Le... décembre 1667, Monseigneur et Reverendissime Gabriel Boylesve, evesque d'Avranches est décédé à Paris et ayant désiré par son testament être inhumé dans notre église avec ses père et mère et parents, son corps y fut apporté et y arriva en ceste ville, le 20 juin l'année suivante 1668 et allasmes le recevoir à la porte Saint-Michel et y fut mis derrière le grand autel, avec quatre cierges autour du lit d'honneur qui avait été dressé et pareil nombre de cierges y fut allumé jour et nuit jusqu'au 26 juin, auquel jour Monseigneur d'Angers fit les obsèques et dit la grande messe pontificale (tous les corps de la ville y assistant), après le service, le corps fut mis de nouveau derrière le grand autel où il demeura aussi avec deux cierges allumés jusqu'à ce que son enfeu fut fait, lequel parachevé on dit la grand'-messe et fut porté dans le dit enfeu ou cave qui est au bas des marches de la chapelle de Saint-Bernardin.

Bibliothèque d'Angers. Audouys, mss 1005. — 11 janvier 1668. Lettres de bénéfice d'inventaire pour les héritiers de l'Évêque d'Avranches.

3° Louis BOYLESVE, sieur du Plantis, continua la branche de ce nom.

4° Claude BOYLESVE, chevalier, sieur de la Guérinière, baptisé le 19 janvier 1611, s'attacha à la personne de Fouquet dont il fut secrétaire (1642), puis avocat au privé conseil de S. M. (1645), il fut secrétaire du Roi, Conseiller en ses conseils et d'état, intendant des finances (1654).

Voltaire, le père du mensonge, le signale comme « célèbre parmi les partisans pour ses concussions qu'il partageait avec l'évêque d'Avranches, son frère ». Il voulut acheter le duché de Penthièvre, mais la négociation échoua. On le trouve possesseur des Baronnies d'Hormes, de Cernusson, du Puy du Fou, achetée le 5 juillet 1659, de Lesigny, et comte de Gonnord. Après la chûte de Fouquet, il fut condamné à payer de grosses sommes et se retira en Lorraine... où il avait acquis le marquisat d'Harroué.

Il avait épousé par contrat du 20 février 1634, demoiselle Louise OGER [1], fille de feu noble homme Louis Oger vivant Conseiller du Roi, contrôleur au grenier à sel d'Ingrandes, et de Louise Le Tourneux.

De chaque côté du maître-autel des Epesses, on voit encore les armoiries de Claude Boylesve, accostées de deux palmes et surmontées d'une couronne de comte. Lui et sa femme, en leur qualité de barons du Puy du Fou, réparèrent cette église avec magnificence et y furent inhumés dans un caveau avec leur fils aîné; leurs cendres ont été profanées en 1793. Ils eurent de leur union : Gabriel, Claudine, Gabrielle, Thérèse et Catherine.

Claude Boylesve habita à Paris l'hôtel Carnavalet et le fit agrandir et décorer en 1654.

Supplément littéraire du « Gaulois », 3 juillet 1898. — « Claude Boylesve, l'un des intendants de Fouquet, fit remanier l'hôtel. Mansart, chargé du travail, suréleva d'un étage la façade sur la rue et les deux ailes sur la cour et recouvrit tout l'édifice d'un comble mansardé. En outre, deux sculpteurs s'efforcèrent, avec un bonheur inégal, de continuer l'œuvre de Jean Goujon en décorant de bas-reliefs les nouveaux bâtiments. »

Chartrier de Boylesve. — Contrat de mariage passé le 20 février 1634, devant René Sérézin, notaire à Angers, entre... Claude Boylesve, écuyer, seigneur de la Guérinière, fils... et demoiselle Louise Oger, fille de deffunt noble homme Louis Ogier, vivant Conseiller du Roy, contrôleur au grenier à sel

[1] Oger : *de sable au massacre de cerf d'or, accompagné en chef d'une rose d'argent et en pointe d'un croissant de même.*

d'Ingrandes et receveur de la court d'iceluy Ingrandes et de Louise le Tourneux... du consentement de François Boylesve, seigneur de la Bourdinnière son oncle, François Grimaudet, seigneur de la Croiserie, Conseiller au Parlement de Bretagne, son beau-frère, Louis Boylesve, Conseiller assesseur au présidial d'Angers, Gabriel Boylesve, prestre, chanoine et chancelier de l'église d'Angers, conseiller audit siège, frères; ladite Ogier de noble homme Pierre le Tourneux, seigneur d'Épluchar, ancien avocat au présidial d'Angers, son grand-père et curateur, de demoiselle Jeanne Mahé son ayeule, femme dudit, de Me Jacques Ogier, oncle paternel... fait à Angers, présence de noble homme... Le Veau, seigneur de la Blayrie, Jacques Mondières, seigneur de Saulay, Me Jacques Jameray, avocat, Pierre Guérin, seigneur de la Mabillette, avocat, proches parents maternels.

Copie délivrée en 1688, par Baudon, garde notte des minutes de deffunt Serezin.

Bibliothèque Nationale, *Carrés d'Hozier*, vol. 101. — 21 avril 1645. Quittance par Claude Boylesve, écuyer, sieur de la Guérinière, conseiller du Roy, maison et couronne de France et avocat au conseil privé de S. M. à Henri Boylesve, son frère, écuyer, sieur de la Moricière.

Bibliothèque d'Angers, Audouys, mss. 1005. — 29 août 1654. Partages entre Claude Boylesve, conseiller du Roi, intendant de ses finances, mari de Louise Oger, fille unique de feu N. H. Louis Oger, conseiller... et de Louise Le Tourneux et Pierre Le Tourneux, écuyer, sieur d'Epluchard.

Chartrier de Boylesve et Archives de Maine-et-Loire, E, 1811. — 1657. Devant Jean Manchon et Jean François, notaires du Chatelet de Paris, très hault et très illustre Prince Mgr Cœsar, duc de Vandosme, de Penthièvre, de Beaufort et d'Estampes, prince d'Anet, pair et grand maistre, chef et surintendant général de la navigation et commerce de ce royaume et... Françoise de Lorraine son épouse... vendent à messire Claude de Boylesve, chevalier, baron d'Oulmes, la Guérinière et autres lieux, conseiller du Roy en ses Conseils, secrétaire de S. M., intendant des finances de France, le duché, terre et seigneurie de Penthièvre sis en la province de Bretagne...

comprenant les seigneuries de Lamballe, Guingamp, Moncontour, etc., pour le prix de deux millions quatre cents mille livres... revenu net 49.757 l. 15 s. 9 d. plus 15000 l. d'afféagements. L'an 1657 le... jour de... à midi et ont signé... cet accord le 18 may.

Collationné à l'original en parchemin le 28 octobre 1659.

LOISEAU. G. FRANÇOIS.

Bibliothèque Nationale, Pièces originales, vol. 392. — 1657. Factum duquel il résulte que le 26 mai 1657 le sieur Boylesve, secrétaire du Roi, acheta au sieur de Crussol quelques portions de la terre de Coulonge-les-Royaux, qui dépendaient du domaine du Roi de France, en Poitou.

Id. — 16 décembre 1659. Acte notarié relatif à messire Claude de Boylesve, chevalier, baron d'Hormes, conseiller du Roy en ses Conseils, dame Louise Oger son épouse et Gabriel Boylesve, évêque d'Avranches, leur frère et beau-frère.

Chartrier de Boylesve. — 8 janvier 1667. Lettre d'affaires signée : baron de Gonnord et scellée de cire rouge.

Id. — 16 mars 1668. Règlement entre Claude Boylesve, conseiller en ses conseils, cy-devant intendant des finances de France, chevalier, sieur, comte de Gonnord, marquis de Lesigny, etc. Messire Henri Boylesve, chevalier, sieur de la Moricière, Cellières, etc. Louis Boylesve, chevalier, conseiller du Roy en tous ses conseils, lieutenant-général d'Anjou, sieur de la Gillière, du Plantis, procureur de Louis Boylesve, chevalier, sieur du Plantis et de la Gislière, conseiller-président, Charles Boylesve, sieur du Plessis-Beuvreau, procureur de Charles Boylesve, sieur des Aulnais, conseiller du Roy en tous ses conseils et au parlement de Bretagne, Louis Grimaudet, chevalier, sieur de la Varenne, procureur de François Grimaudet, chevalier, sieur de Rochebouet, conseiller au même parlement... les dits Louis, Claude, Henri et Charles, frères et héritiers de Gabriel, évêque d'Avranches... sa succession s'élevait à 277.000 l. de rente...

Bibliothèque Nationale, d'Hozier, reg. I. p. 688. — Édit du Roi, août 1669, portant suppression des charges de conseillers-secrétaires du Roy... Claude Boylesve, maintenu du collège des 66...

Id. Pièces originales, vol. 392. — 1680. Acte notarié relatif à messire Claude de Boylesve, chevalier, comte de Gonnorre, baron d'Oulmes, Cernusson, etc., conseiller et secrétaire du Roi.

Id. Id. — 12 mars 1680. Acte notarié relatif à Louise Oger, veuve de messire Claude Boylesve, conseiller et secrétaire du Roi et intendant des finances.

Archives de Maine-et-Loire, E, 1811. — Extrait des registres du Conseil d'État. Veu par le Roy en ses conseils, l'édit du mois d'août 1669 par lequel S. M. a révoqué la chambre de justice, l'état attaché sous le contrescel d'iceluy contenant les réserves des terres de... Lesigny, Oulmes, Guinefolle, Gonnord, Cernusson, la Panardière, maison sise à Paris et autres, adjugés en ladite chambre au procureur général de S. M. sur Claude Boylesve, l'arrest du 27 octobre 1668 pour l'ordre de la baronie d'Oulmes, Saint-Sigismond et Guinefolle sur Boylesve, 22 septembre 1668, Gonnord, Cernusson, Panardière sur Boylesve, maison dite du chastel de Carnavalet. Ordre de payer les sommes dues aux créanciers hypothécaires sur ces biens... Sur Oulmes à Antoine Gobelin 22.493 l., sur Gonnord à Barnabé, sieur des Hayes Fougereuses 7 l 5 s., aux religieuses Sainte-Croix du Verger, 3000 l., aux Carmes d'Angers 2400 l...

Id. Id. — 12 mars 1685. Amortissement de 500 l. crées le 10 janvier 1661 par Claude Boylesve, chevalier, sieur de Lesigny, etc. Louise Oger, sa femme et Gabriel Boylesve, conseiller au parlement de Metz, leur fils, au profit de Ch. Trudaine.

12e degré. — 1° Gabriel Boylesve, écuyer, seigneur, comte de Gonnord, reçu conseiller au parlement de Metz, le 29 novembre 1658, se retira le 16 janvier 1666 et mourut sans alliance le 15 août 1668.

Archives de Maine-et-Loire, E, 1811. — 14 février 1665. Gabriel de Boylesve, comte de Gonnort, conseiller au parlement de Metz, demeurant à Paris, rue Culture-Sainte-Catherine, s'oblige avec ses père et mère envers Charles Trudaine, conseiller du Roi en ses conseils, et hypothèque sa charge et une maison sise à Saint-Mandé, acquise de Mr Ménardeau, sieur de Beaumont, maître des requestes.

(Signé) Galloys, Cousinet.

De la Théardière. Journal. — « Le 15e jour d'aoust 1668, Mr de Gonord fils aisné de Mr Boylesve mon frère, mourut à Paris, pulmonicque. »

2° Claude ou Claudine Boylesve, mourut vers 1698 sans alliance.

Bibliothèque Nationale. Pièces originales, vol. 382. — 7 juin 1694. Acte où figurent Claude et Gabrielle Boylesve, filles de Claude et Louise Oger.

Bibliothèque d'Angers, Audouys, mss. 1005. — 5 août 1695, don entre vifs de 30.000 l. par Dlle Claude Boylesve en faveur de Charles Boylesve son cousin, fils aîné de Charles sieur des Aulnays.

Archives de Maine-et-Loire, E, 1811. — Transaction entre Dlle Claude Boylesve fille majeure demeurante à Paris, rue du Haume, paroisse Saint-Jean-en-Grève, donataire de feu... son père et héritière bénéficiaire avec ses sœurs de leur mère... et Mme Elizabeth Goujon, épouse de Thomas de Beringhen cy-devant conseiller au parlement de Paris... Elle lui devait 30.880 l. et en paie 9.000. Signatures.

3° Gabrielle Boylesve, baptisée le 2 mai 1664, hérita de tous les biens de son père, après la mort de son frère. Elle épousa le 3 juillet 1692 par contrat passé devant Aumont et Lorimier, notaires à Paris, François-Pierre de la Forest[1], comte d'Armaillé, conseiller au parlement de Bretagne.

[1] De la Forest : *d'argent au chef de sable.*

Elle mourut à Paris le 26 février 1738 laissant un fils unique mort sans alliance et qui légua sa fortune à ses cousins d'Armaillé, au détriment de la famille de Boylesve.

Bibliothèque Nationale, *Pièces originales*, rég. 382. — 5 septembre 1701, arrêt du parlement pour Gabrielle Boylesve, marquise d'Arroué, dame de la Bourgonnière et autres lieux, épouse séparée, quant aux biens, de messire François-Pierre de la Forest d'Armaillé, chevalier, sieur des Montis, conseiller du Roy en sa cour et grand chambre du parlement de Bretagne, héritière par bénéfice d'inventaire de messire Claude de Boylesve, conseiller du Roy en ses conseils, intendant des finances, son père, de dame Louise Oger sa mère, Claude et Thérèse de Boylesve ses sœurs, demanderesse à ce que les prétendues saisies réelles faites à la requeste des... créanciers des successions des dits Boylesve père et mère, des terres et seigneuries de Lesigny, Gonnord, Puy-du-Fou, Oulme, Cernusson, etc., fussent délarées nulles et de nul effet. Le parlement annule les saisies.

Chartrier de Boylesve, 1715. — Procédures pour Louise Grimaudet, veuve de Charles Boylesve, sieur de Noirieux, contre Gabrielle Boylesve, veuve de François-Pierre de la Forest, conseiller au parlement de Bretagne au sujet des sommes dues par son père et sa sœur ainée... Elle demande à s'approprier le lieu de Tartifume...

Titres du comte de Palys. — Factum de 1718 produit devant la cour souveraine de Lorraine et de Bar pour dame Gabrielle de Boylesve, marquise d'Harroué, comtesse d'Armaillé et de Gonnord, baronne du Puy-du-Fou et autres lieux, veuve de messire Pierre de la Forest d'Armaillé... en qualité d'héritière de messire Claude de Boylesve au jour de son décès, conseiller d'état du Roy très chrétien et intendant de ses finances, son père... « En ce temps, Claude de Boylesve était retiré depuis quelques années au château d'Harroué, chez le sieur Millet. Il avait été obligé de quitter la France lors de la déroute de Mr Fouquet surintendant des finances, par rapport à quelques liaisons particulières qu'il avait eues avec ce ministre en qualité d'intendant des finances et non pas qu'il eut été son premier commis, comme on l'a mal à propos avancé, Claude de Boylesve était né gentilhomme, son père était doyen du parlement de Bretagne et tous ses ayeux avaient été élevés en ce parlement depuis sa création... Dans cette retraite Claude de Boylesve conçut le dessein de se rendre adjudicataire du marquisat d'Harroué qui pouvoit convenir à l'état présent de ses affaires. Ne trouvant pas à propos de faire cette acquisition sous son nom, il fut conseillé de la faire sous celuy du marquis de Crussol. Il y fut porté par deux motifs également judicieux. Le marquis de Crussol étoit en étroite amitié avec le frère de Claude de Boylesve qui étoit conseiller au parlement de Paris et qui depuis a été évêque d'Avranches, d'autre côté le marquis de Crussol étoit honoré de la protection du duc Charles IV et étoit l'ami particulier du sieur de Boylesve... Claude laissa les Crussol jouir d'Harroué pendant 34 ans... Les de Bassompierre voulaient exercer le retrait féodal, lignager sur la terre de ce nom dépendant d'Harroué... le duc de Lorraine vouloit retirer Harroué par retrait féodal » de là grand procès que gagna Gabrielle de Boylesve. Elle fut maintenue en possession d'Harroué, que ses héritiers ont possédé jusqu'à la révolution.

Archives de Maine-et-Loire, E, 1811. — 28 septembre 1736, nomination par haute et puissante dame Gabrielle de Boylesve, dame de Gonnor, marquise d'Harroué, etc., veuve de... demeurant à Paris, paroisse Saint-Paul, de Charles Palluau prêtre, à la chapelle Notre-Dame du château de Gonnord après la mort de François Palluau, son frère. Signature : Vernun et Mélin, notaires. Scellé de cire rouge.

4° et 5° Thérèse et Catherine de Boylesve, religieuses au monastère de Chelles.

11° degré (suite). — 5° Henry Boylesve, chevalier, sieur de la Moricière, baptisé le 2 novembre 1613, épousa le 10 avril 1639 demoiselle Renée Papin[1].

[1] Papin :

Elle mourut le 19 août 1645 et lui le 26 février 1673 laissant deux filles, René et Catherine.

État-civil de Saint-Michel-du-Tertre. — Le 2 novembre 1613 baptême de Henri Boylesve... parrain, Jean de Piau, écuyer, conseiller du Roy, intendant du prince de Condé.

État-civil de Saint-Pierre d'Angers. — Le 10 avril 1639 mariage de Henri Boylesve, écuyer, sieur de la Morinière, avec demoiselle Renée Papin.

De la Théardière. Journal. — « Le 19 août 1645 ma sœur de la Morinière mourut dans sa maison de la ville d'Angers sur les 8 heures du soir d'une grande fiebvre continue qui lui dura 14 jours avec délire et enfin des convulsions qui l'emportèrent, elle n'avait que 24 ans et n'a laissé que deux filles ».

Chartrier de Boylesve. — 18 mai 1660. Constitution de 666 l. de rente au profit de Henry Boylesve, écuyer, sieur de la Moricière pour 12000 l. par lui versées.

De la Théardière. Journal. — « Le dimanche 26e jour de février 1673 Monsieur Boylesve mon frère mourut à Paris d'une inflammation du poumon, le 14e jour de sa maladie. »

12e degré. — 1o Renée Boylesve, dame de la Moricière, épousa par contrat du 29 septembre 1672, passé devant Guichard, notaire à Paris, Jean du Verdier[1], chevalier, sieur de Genouilhac, conseiller du Roy en son grand conseil.

Elle fit enregistrer ses armoiries dans l'armorial général (Touraine p. 58).

État-civil de Saint-Pierre. — 16 novembre 1672, célébration de ce mariage.

Chartrier de Boylesve. — 4 mars 1692. Commandement à la requête de dame Renée Boylesve, femme de messire Jean du

[1] Du Verdier : *d'azur à la fasce ondée d'argent, accompagnée de 3 émerillons d'or, becqués, chaperonnés et onglés de gueules.*

Verdier, chevalier, sieur de Genouilhac, conseiller du Roy en son grand conseil, fille et unique héritière de Henri Boylesve, écuyer, sieur de la Moricière, au sujet d'une rente de 100 l. crée pour 1800 sur Jacob Mingon, bourgeois d'Angers.

2° Catherine Boylesve, épousa Bernard-François de la Porte[1], chevalier, sieur de Vezins. Elle mourut sans postérité le 30 mai 1683.

État-civil d'Angers. — Le 31 mai 1683, inhumation aux Cordeliers de Catherine Boylesve, femme de H. et P. S. Bernard François de la Porte de Vezins.

11e degré (suite). 6° Charles Boylesve, auteur de la branche de Noirieux (voir après celle du Plantis).

3° Louis Boylesve, écuyer, sieur de la Gillière, du Plantis, baptisé le 2 mai 1598, d'abord conseiller, assesseur au présidial d'Angers, lieutenant général du sénéchal d'Anjou, fut choisi avec le maire de la ville par le tiers état député aux états de Tours que la guerre civile empêcha de réunir. Le 17 janvier 1652, le duc de Rohan, maître de la ville, alla au palais, accompagné des principaux meneurs de la Fronde, fit arrêter Boylesve qui fut conduit au château. « C'est chose étrange, dit Louvet, que cet officier eût été ainsi pris et conduit par le Pilori, les rues de la Poissonnerie et Saint-Laud, son bonnet sur la tête et sa robe de palais, sans que personne parlât et demandât pourquoi » ; fut nommé le 5 mars 1752 conseiller du Roi en ses conseils d'état et privé et de ses finances, et enfin président au présidial d'Angers.

Il épousa par contrat du 22 janvier 1628, demoiselle Perrine Born[2], fille de noble homme Jacques Born, sieur des Noulis, conseiller du Roi, receveur général des traites

[1] De la Porte : *de gueules au croissant d'hermines, recercelé d'or.*
[2] Born : *de gueules à 3 vanerets d'argent.*

et impositions foraines d'Anjou, et de demoiselle Anne Porcé. Elle mourut le 11 mai 1659 et lui le 11 novembre 1683, laissant quatre enfants : Marie, Louis, François et Jacques.

Chartrier de Boylesve. — 2 mai 1598. Extrait de baptême à Saint-Michel-du-Tertre de Louis Boylesve.

Id. — 22 janvier 1628. Contrat de mariage devant Vios, notaire Royal à Angers.

État-civil de Saint-Denis. — 6 février 1628. Célébration du mariage de Louis Boylesve, sieur de la Gillière, avec Perrine Born, des Noulis.

D. Béthancourt, I, 133. — Louis de Boislesves, sieur de la Gillière, aveu de la Chastellenie, terre et seigneurie du Plantis. Angers 1635 (rég. 354, p. 31, 32), relèvent de lui : Jacques d'Aubigny, sieur de la Rocheferrières, chevalier, Charles Boylesve, sieur de la Gillière, conseiller au parlement de Bretagne, Louis d'Aubigny, sieur de Boissures, Anne Le Gras, sieur du Plessisglain, Claude, sieur de Montour, Philippe de Saint-Offange, sieur de la Ponche, écuyers.

Archives de Maine-et-Loire, E, 1811. — 15 juillet 1637. Claude Taillebois, prêtre, licencié en droit, chanoine d'Angers et vicaire général de Mgr de Rueil, autorise la bénédiction de la chapelle du Plantis dite de la Richardière par Louis Jollivet, curé de Sainte-Catherine, *dummodo eam decenter constructam et ornatam reperitis*. Elle fut bénite le 26 septembre. Cachet de cire rouge.

Bibliothèque d'Angers, Audouys et E, 1811. — 22 août 1643 don par le provincial des frères prêcheurs et religieux d'Angers à Louis Boylesve, sieur du Planty, lieutenant général, père et protecteur dudit couvent, d'une petite parcelle des reliques de l'os du bras de saint Sébastien pour exposer dans la chapelle du Planty.

Chartrier de Boylesve et Carrés d'Hozier, vol. 101. — 10 novembre 1643 partages nobles de la succession de Charles

Boylesve, écuyer, sieur de la Gillière... et Marie Nicolas sa femme... Il prend la Gillière pour 25000, elle était estimée 27000, il redevait 2000 l. à ses cohéritiers.

Bibliothèque nationale, Carrés d'Hozier. — 5 mars 1652. Lettres de conseiller du Roi en ses conseils privé et des finances, datées de Saumur.

De la Théardière. Journal. « Le 11e jour de may 1659, jour du dimanche, sur les 6 heures du soir, ma sœur, la lieutenante générale mourut en cette ville de longueur de maladie; elle fut ouverte, l'on dit que sa maladie était hydropisie et tysie. »

Archives de Maine-et-Loire, E, 1811. — 1667. Requête présentée par Louis Boylesve, lieutenant général au présidial d'Angers, héritier en partie de Gabriel, évêque d'Avranches, au sujet de 100000 l. pour augmentation de gages, le principal liquidé à 40000 l. le 16 décembre 1665. Cette somme déduite à Claude, frère de Gabriel, sur les 6 millions, à laquelle somme il avait été taxé à la chambre de justice... il est débouté de sa demande sauf son recours contre les héritiers de Claude.

Titres généraux. — 7 juin 1667. Maintenue de noblesse par Voysin de la Noiraye. (Voir aux Titres généraux.)

Id. Id. — 27 juillet 1667. Pose de la première pierre du maître autel de Saint-Denis d'Angers par Louis Boylesve, conseiller du Roi en ses conseils d'état et privé, cy devant lieutenant général.

Bibliothèque nationale, Carrés d'Hozier. — 23 juillet 1668. Constitution de rente par Louis... et François, sieur des Noulis son fils au profit des religieuses ursulines d'Angers comparantes par sœur Anne Boylesve de Goismard, supérieure.

De la Théardière. Journal. « Le 11 novembre 1683, Mr le président Boylesve, mon frère, mourut à Angers de vieillesse, il estoit sur la 85e année. »

Bibliothèque d'Angers, Audouys, mss. 1005. — Le 12 novembre 1683 inhumation aux Cordeliers de Louis Boylesve de la Gillière... dans la tombe de son frère, l'évêque d'Avranches, au bas des marches de la chapelle du Roy de Sicille.

DOUZIÈME DEGRÉ

1° Marie Boylesve, baptisée le 5 mai 1637, épousa Charles de Guybert[1] de Bussy, chevalier, seigneur de Bussy.

État-civil de Saint-Denis d'Angers. — 5 mai 1637. Baptême de Marie de Boylesve fille... parain François Boylesve, aumônier du Roi.

Archives de Maine-et-Loire, E, 1811. — 7 juin 1677. Procuration de dame Marie de Boylesve, veuve de Louis de Guybert de Bussy, chevalier, sieur de Bussy, pour toucher diverses sommes dues par Henri Le Cornu, chevalier, sieur du Plessis de Cosme et Michel de Racapé, sieur de Mesnil. Signature.

2° Louis Boylesve, chevalier, seigneur de la Gillière, né en 1630, conseiller du Roi au présidial d'Angers, puis lieutenant général d'Anjou et premier président au présidial, épousa le 14 février 1654 demoiselle Perrine Le Chat[2], fille de M Me Pierre Le Chat, conseiller du Roi, lieutenant général criminel et de Anne Ayrault.

Ils firent enregistrer leurs armoiries dans l'armorial général (Touraine, p. 134).

Il fut inhumé en la chapelle des Cordeliers le 10 novembre 1708 laissant deux enfants Louis et Madeleine Françoise.

Mr le marquis de Villoutreys possède une grande plaque de cuivre armoriée aux armes des Boylesve et Le Chat.

[1] De Guybert.

[2] Le Chat : *d'azur à 3 têtes de léopard d'or, 2 et 1.*

Elle a figuré à l'exposition rétrospective d'Angers en 1895, sous le n° 342.

Archives de Maine-et-Loire, E, 1811. — 12 février 1654. Contrat de mariage devant René Moreau notaire, de Louis Boylesve et Perrine Le Chat.

État-civil de Saint-Michel du Tertre. — 14 février 1654. Célébration de ce mariage.

Bibliothèque nationale, Carrés d'Hozier. V. 101. — Constitution de rente par Louis Boylesve le jeune, sieur de la Gillière, conseiller et lieutenant général en la sénéchaussée d'Anjou.

Chartrier de Boylesve. — 16 octobre 1667. Perrine Le Chat, femme de Louis Boylesve, conseiller du Roi en tous ses conseils, lieutenant général d'Anjou, maraine de Gabriel, fils de Michel Boylesve et de Renée du Rideau.

Id. — 30 décembre 1672. Arrêt du parlement en faveur de Louis Boylesve, chevalier, sieur de la Gillière et Jacques, chevalier, sieur du Planty, son frère.

Id. — 3 avril 1679. Procédures pour la succession de Mgr d'Avranches entre Henri Boylesve, sieur de la Moricière... contre... Louis Boylesve, sieur de la Gillière, premier et ancien président au présidial d'Angers.

Id. — 8 janvier 1684. Partages nobles de la succession de Louis Boylesve, chevalier, sieur de la Gillière et du Planty, conseiller et président, et de Perrine Born.

Titres de Farcy. — 5 mai 1693. Certificat délivré à Jacques de Farcy, écuyer, sieur du Roseray, par Louis Boylesve, seigneur de la Gillière, conseiller du Roi, lieutenant général en la sénéchaussée d'Anjou, commissaire de S. M. pour la convocation du ban et arrière ban de la noblesse. Signature.

Id. — 13 may 1696. Lettre de convocation à l'arrière-ban pour le même. Signature. Cachet de cire rouge.

État-civil de Saint-Michel du Tertre. — 10 novembre 1708. Sépulture aux Cordeliers, en la chapelle de Boylesve, de Louis Boylesve de la Gislière, premier lieutenant général du sénéchal d'Anjou, âgé de 78 ans.

13e degré. 1° Louis Boylesve, écuyer, seigneur de la Gillière, baptisé le 8 juin 1659, prêtre chanoine de l'église d'Angers, prieur de Princé, fit enregistrer ses armoiries dans l'armoirial général (Touraine, p. 352).

État-civil de Saint-Michel du Tertre. — 8 janvier 1659. Baptême de Louis Boylesve.

Bibliothèque nationale, pièces originales, rég. 382. — 3 janvier 1711. Acte passé entre Françoise Boylesve, femme de messire Pierre Le Roy... et Me Louis Boylesve, chanoine de l'église d'Angers, son frère.

2° Madeleine-Françoise Boylesve épousa par contrat du 8 juin 1692, Pierre Le Roy[1] de la Potherie, chevalier, sieur de Mancy et de Chaudemanche, conseiller au parlement de Bretagne, dont postérité.

Ils firent enregistrer leurs armoiries dans l'armorial général (Bretagne, t. I, p. 455).

Cabinet de l'historiographe, série E. 108. — 8 juin 1692. Contrat de mariage devant Buscher, notaire à Angers, entre Pierre le Roy de la Potherie, chevalier, sieur de Mancy et Chaudemanche, conseiller au parlement de Bretagne, fils de Robert Le Roy, sieur de Chaudemanche et d'Anne de Moncy et demoiselle Madeleine Françoise Boylesve fille...

Bibliothèque d'Angers, Audouys, mss. 1005. — 9 juin 1692. Célébration en l'église de Saint-Denis, du mariage de Pierre le Roy de la Potherie, conseiller au parlement de Bretagne, et de Françoise Boylesve.

[1] Le Roy : *d'azur au chevron d'or accompagné de 3 soleils de même 2 et 1.*

Bibliothèque nationale, Carrés d'Hozier, N. 101. — 19 décembre 1710. Sentence au profit de Françoise Boylesve... héritière bénéficière de Louis Boylesve et Perrine Le Chat.

12e degré. 4° Jacques BOYLESVE, chevalier, seigneur du Plantis, baptisé le 4 août 1630 épousa 1° le 26 mai 1661, demoiselle Marie JULLIOT[1] fille unique de feu Toussaint Julliot, sieur de la Rousselière, conseiller, élu en l'élection de Mauléon, et de Françoise Blouin, dont il eut un fils Louis-Jacques. 2° par contrat du 7 janvier 1667, demoiselle Jeanne GOHIN[2] fille de François Gohin, écuyer, seigneur des Aulnais, secrétaire ordinaire de la Reine et de Marguerite Sérézin.

Il fit enregistrer ses armoiries dans l'armorial général (Touraine, p. 59).

Sa première femme mourut en 1664, il laissait de la seconde : Gabriel, François, Jacques, Hyacinthe et Anne.

Bibliothèque d'Angers, Audouys, mss. 1005. — 26 mai 1661. Célébration en l'église de Saint-Denis de ce mariage.

Maintenue de 1667, titres généraux.

25 mai 1661. Contrat de mariage devant Charon notaire royal à Angers, entre Jacques Boylesve... et demoiselle Marie Julliot, présence de N. H. Abel Belouin, sieur de la Brouardière, avocat au présidial d'Angers...

Bibliothèque d'Angers, Audouys, mss, 10. — 29 décembre 1666. Don de 20000 l. par l'évêque d'Avranches à demoiselle Jeanne Gohin en faveur de son futur mariage... cette somme devait être rapportée à sa succession.

Chartrier de Boylesve et Archives de Maine-et-Loire, E, 1811. — 7 janvier 1667. Contrat de mariage devant René Lenfant et Noel Drouin notaires royaux à Angers, entre Louis Boylesve le jeune, sieur de la Gillière, fils aîné de... et Jeanne Gohin,

[1] Julliot :

[2] Gohin : *écartelé d'azur à la croix tréflée d'or et d'argent à l'aigle éployée de gueules.*

fille de François Gohin, écuyer, sieur des Aulnais, premier secrétaire ordinaire de la Reine et Marguerite Serezin... en présence de I. et R. Mgr Henri Arnault, évêque d'Angers, Henri Boylesve, sieur de la Moricière, oncle, Charles Boylesve le jeune, sieur des Aulnais, cousin-germain, François de Crespy, sieur de la Mabilière, conseiller au présidial, mari de Marie Chauvel, cousine remuée de germain, Louis Gohin, sieur de la Varenne, cousin-germain, René Gohin, écuyer, frère, Sébastien Serezin, écuyer, conseiller, premier président et maire, oncle, Clément Louet, sieur des Longschamps, conseiller, lieutenant particulier, Renée Serezin, tante, Michel Gohin de Montreuil, Nicolas Cupif de Teildras, conseillers, cousins-germains, Louis Le Clerc des Aulnais, cousin-germain, François Fourreau le jeune, écuyer, cousin remué de germain.

Id. — 9 janvier 1667. Célébration de ce mariage en l'église Saint-Pierre.

Archives de Maine-et-Loire, E. 1811. — Le 12 février 1678. Partages, devant les notaires de la cour de la Gaubretière, de la succession de demoiselle Gillette Julliot entre le procureur de Jacques Boylesve, sieur du Plantis, père et garde noble de Louis Jacques, son fils et de feu Marie Julliot, la veuve de Claude de la Boucherie, chevalier sieur du Breuil et demoiselle Anne Bettier, veuve de N. H. René Julliot, sieur du Coudray... héritiers pour un tiers... le dit Louis Jacques héritier principal prend le préciput... J. Cacault, L. Séguin, notaires.

Id. Id. — 16 mars 1678. Vente par demoiselle Charlotte de Vaugirault, fille majeure, à Jacques Boylesve, chevalier sieur du Plantis, demeurant rue Saint-Blaise, paroisse Saint-Denis, de la moitié du fief des Briffières, à Sainte-Christine-en-Mauges, pour 8600 l. et 150 l. de vin. J. Besnard et Nouel, notaires.

Chartrier de Boylesve. — Le 5 mai 1681. Inhumation dans la cave de Mgr d'Avranches, en la chapelle des Cordeliers, de Anne Gohin, femme de M. du Planty, f[re] F[s] Aspremont, procureur.

TREIZIÈME DEGRÉ

1er lit. 1° Louis-Jacques BOYLESVE, chevalier seigneur du Plantis, de Rasilly, exempt, puis lieutenant aide-major des gardes du corps du Roi, brigadier des armées de sa Majesté, chevalier de Saint-Louis, gouverneur de la ville de Lannion, en Bretagne, par lettres du 15 août 1708 épousa le 19 mai 1704 demoiselle Marie-Christine CHARPENTIER [1] fille de Nicolas Charpentier et de Christine Buret, veuve de Pierre Molin, écuyer, secrétaire du Roi. Il fut maintenu le 10 septembre 1716 (voir titres généraux) et fut inhumé le 27 avril 1748 aux Cordeliers, laissant une fille unique, qui suit.

Chartrier de Boylesve. — 1714. Partages nobles entre Jacques Boylesve, fils du premier lit et ses frères du second.

Bibliothèque nationale. Pièces originales, rég. 382. — 15 mars 1720. Règlement par Jacques Boylesve, chevalier sieur du Plantis, brigadier des armées du roi, aide major des gardes du corps, demeurant au château des Tuileries, au sujet de la succession de Nicolas Charpentier et Christine Buret, père et mère de sa femme, partagée le 3 août 1719 devant des Eures, notaire au châtelet de Paris.

D. Béthancourt, I, p. 134. — 1729. Aveu de la châtellenie et seigneurie du Plantis par Louis-Jacques Boylesve, brigadier des armées du roi, comme héritier en partie de feu Jacques Boylesve son père (Angers, rég. 426 p. 49).

Chartrier de Boylesve. — 27 avril 1748. Inhumation aux Cordeliers, de Messire Louis-Jacques Boylesve du Plantis, chevalier de Saint-Louis, brigadier des armées du Roi, ancien lieutenant aide major général des gardes du corps, gouverneur de Lannion, en Bretagne.

[1] Charpentier :

14e degré. Catherine-Marie Boylesve épousa Joseph-François-Marie Boylesve[1] chevalier seigneur de Chamballan, conseiller puis président aux enquêtes au parlement de Bretagne. Veuf il se fit prêtre et mourut en 1779, commandeur de l'ordre de Saint-Lazare et grand vicaire de l'évêque de Nantes.

2e lit. 2° Gabriel-François Boylesve, né et baptisé le 27 juillet 1670, sieur de la Gillière, du Planty, prêtre, prieur de Pruniers, chanoine de l'église d'Angers, testa en 1725.

Chartrier de Boylesve. — 27 juillet 1670. Baptême à Saint-Denis d'Angers de Gabriel fils Jacques et Jeanne Gohin; parain Louis Boylesve conseiller du Roy en ses conseils, lieutenant général... maraine dame Marguerite Sérézin, né de ce jour. Chesneau.

État-civil de Pruniers. — 28 juillet 1695. Gabriel Boylesve, sieur de la Gillière, prieur de Pruniers.

Chartrier de Boylesve. — 8 décembre 1725. Testament devant Brouault notaire royal à Angers de Gabriel de Boylesve, chanoine d'Angers... il donne à Anne Jacques, son frère ce que la coutume lui permet de donner.

Id. — 1727. Partage de la succession de l'abbé du Planty entre son frère et ses neveux de Bonchamps.

3° François Boylesve, écuyer, né le 17 août 1672, capitaine de dragons au régiment de Vérac, mort à l'armée d'Italie en 1704.

Chartrier de Boylesve. — 3 avril 1673. Cérémonies du baptême données à François, fils de... parain François Boylesve conseiller au parlement de Bretagne, maraine Marie Gohin femme de Jacques Bellot de Marthou, sieur du dit lieu, né le 17 août 1672. Chesneau.

[1] Boylesve : *d'azur à 3 sautoirs d'or, 2 et 1.*

4° Jacques BOYLESVE, écuyer sieur de Razilly, baptisé le 30 mai 1675, capitaine de dragons au régiment de Vérac, mort en 1706.

Chartrier de Boylesve. — 30 mai 1675. Baptême de Jacques fils de... parain Louis-Jacques Boylesve fils aîné de... et de deffunte dame Marie Julliot sa première femme, maraine dame Renée Boylesve femme de Jean du Verdier chevalier seigneur de Genouilhac. Chesneau.

5° Anne-Jacques de Boylesve, qui suit.

6° Marie-Hyacinthe de BOYLESVE baptisée le 6 février 1681 épousa par contrat du 31 octobre 1700 Messire Pierre de BONCHAMPS[1] de Maurepart, chevalier seigneur de la Baronnière, lieutenant colonel du régiment de Santerre infanterie, mort en 1722 et elle en 1706.

Chartrier de Boylesve. — 6 février 1681. Baptême de Marie-Hyacinthe, fille de... parain Jacques Bellot, sieur de Martou, maraine dame Marie-Marguerite Berthelot épouse de René Gohin écuyer sieur des Aulnais. Le Roux.

Id. — 31 octobre 1700. Contrat de mariage devant Pierre Bory notaire, de Pierre de Bonchamps de Maurepart chevalier sieur de la Baronnière, lieutenant colonel du régiment de Santerre fils de feu René, chevalier de l'ordre du Roi, sieur de Maurepart et de Marie Chevrier, et de Hyacinthe Boylesve fille de Jacques, chevalier sieur du Plantis, et de Jeanne Gohin... présence de Louis Boylesve de la Gillière, lieutenant général d'Anjou, oncle, Perrine Le Chat, sa femme, Marie-Anne de Boylesve, demoiselle, nièce, Pierre Le Roy de la Potherie, conseiller au parlement de Bretagne, Françoise Boylesve sa femme, René Gohin, écuyer sieur des Aulnais, oncle et curateur.

État-civil de Saint-Pierre. — 4 novembre 1706. Inhumation de Hyacinthe de Boylesve du Plantis femme de Pierre de Bonchamps de Maurepart.

[1] De Bonchamps : *de gueules à 2 triangles d'or, enlacés en forme d'étoile.*

7° Henriette, religieuse ursuline à Angers [1].

8° Jeanne, religieuse à la Visitation d'Angers.

5° Anne-Jacques de Boylesve, chevalier seigneur du Planty, Razilli, la Modetaïe, comte de Ramefort, né en 1667, capitaine de dragons au régiment de Quélen puis de Beaucourt, chevalier de Saint-Louis le 24 décembre 1720, épousa par contrat du 19 août 1715 demoiselle Marie-Félix Eveillon [2], fille de feu Me Pierre Eveillon, écuyer seigneur d'Epluchard, conseiller du Roi, maître particulier des eaux et forêts d'Angers et de dame Marie-Marguerite Gohin.

Ils eurent quatre enfants : Louis, Anne, Annet et Gabrielle.

Chartrier de Boylesve. — 30 octobre 1679. Cérémonies du baptême en l'église de Sainte-Christine à Anne-Jacques de Boylesve né en 1667 et ondoyé à Saint-Denis d'Angers. — 22 septembre 1782 sentence de la sénéchaussée d'Anjou ordonnant qu'à la demande de son fils, le nom de Jacques, omis dans les actes de Anne de Boylesve son père, serait ajouté.

Id. — 7 septembre 1714. Partages nobles de la succession paternelle devant Me Boucault conseiller au présidial d'Angers.

Archives Maine-et-Loire. E, 1811. — 18 août 1715. Fulmination des bulles pour le mariage de Anne Boylesve du Planty et Marie Eveillon. (Signé) Le Gouvello.

Chartrier de Boylesve. — Commission de capitaine de dragons à Anne-Jacques de Boylesve.

Id. 19 août 1715. Contrat de mariage devant Bory notaire à Angers, de Anne-Jacques Boylesve, chevalier sieur du Planty, capitaine au régiment de Caylus... et Marie-Félix Eveillon.

État-civil de Sainte-Croix. — Célébration du mariage de Anne Boylesve... Capitaine de dragons au régiment de Quelen, âgé de 36 ans... et Marie Eveillon...

[1] Voir d'Hozier, reg. I, p. 74.

[2] Eveillon : *d'azur au chevron d'argent accompagné de 3 roses ou quintefeuilles de même; 2 et 1.*

Chartrier de Boylesve. — 24 décembre 1720. Lettres du Roi le nommant chevalier de Saint-Louis et chargeant Mr d'Assy de Gaucourt, lieutenant du Roy de Saumur, de lui donner l'accolade.

Id. — 10 novembre 1722. Aveu au même chevalier de Saint-Louis, sieur de la Modetais.

Id. — 21 novembre 1726. Nomination à la chapelle de Saint-Julien.

Id. — Mémoire pour Mre Anne Boylesve, chevalier sieur du Planty et de la Modetais, au sujet du partage noble qui lui était contesté par Mlle de Bonchamps, sa nièce.

QUATORZIÈME DEGRÉ

4° Gabrielle-Anne-Marie de Boylesve, baptisée le 15 août 1716, reçue à Saint-Cyr le 23 juillet 1728.

Bibliothèque nationale, Carrés de d'Hozier. V. 101. — 15 août 1716. Extrait de baptême de Gabrielle-Anne-Marie.
Id. — *Cabinet des titres, v. 302, n° 99.* 23 juillet 1728, preuves pour Saint-Cyr (Voir titres généraux).

2° Anne de Boylesve, qui suit.
1° Louis de Boylesve, officier au régiment d'Auvergne-infanterie, tué à Venio (Italie).

Chartrier de Boylesve. — Certificat du maréchal de Contades, colonel au régiment d'Auvergne.

3° Annet-Jacques-Auguste de Boylesve, cadet au bataillon de Dunkerque-artillerie, tué en Bavière en 1743, suivant un certificat du commandant de ce corps.

2° Anne de Boylesve, chevalier seigneur du Plantis, de la Modetaie, comte de Ramefort, né en 1721, épousa par contrat du 24 juillet 1747 demoiselle Marie-Perrine Sourdeau[1] de Beauregard fille de... Conseiller au grand

[1] Sourdeau : *d'azur au chevron d'or accompagné de 3 étoiles d'argent en chef et d'un croissant de même en pointe.*

conseil et de Jeanne-Madeleine Guiot, dont il eut neuf enfants qui suivent.

Il mourut le 9 décembre 1793, dans les caves de Doué, le même jour que son cousin de la Maurousière.

Chartrier de Boylesve. — 9 février 1721. Naissance et ondoiement en l'église de Blou. 1er juillet 1723, baptême de Anne fils de Anne Boylesve du Plantis, chevalier sieur de la Modetais, chevalier de Saint-Louis, capitaine de dragons au régiment de Beaucourt et de Marie-Françoise Eveillon, parain Mr Pierre Gohin, chevalier sieur de Boumois.

Chartrier de Boylesve. — 14 janvier 1747. Partages nobles de la succession de son père, devant Gallais, notaire royal à Longué.

Id. — 24 juillet 1747. Contrat de mariage devant Cornilleau, notaire royal à Saumur.

Id. — 27 mai 1752. Arrêt du parlement rendu contradictoirement contre Arthus de Bonchamps, chevalier sieur de la Baronnière, au sujet de l'emparagement noble accordé à sa mère.

État-civil de Doué. — Aujourd'hui 19e jour du 3e mois de l'an II de la République française, devant moi officier public de la commune de Doué... a comparu Jean-Baptiste le Compte geollier des prisons d'arrêt dudit Doué lequel m'a déclaré que Anne Boilève dit duplantis cy devant noble de la commune d'Angers âgé de 73 ans détenu dans les dites prisons y est décédé de ce jour. D'après cette déclaration et sans autres renseignements, j'ai rédigé le présent acte que ledit déclarant a signé avec moi. Fait à la maison commune de Doué les jour, mois et an cy dessus. (Signé) Le Comte. Thomas.

QUINZIÈME DEGRÉ

1° Marie-Madeleine de Boylève, née le 10 mars 1750, épousa le 18 juin 1771 René-Philippe-Auguste Le Tourneux[1],

[1] Le Tourneux : *d'or à 3 hures de sanglier de sable, défendues d'argent et allumées de gueules.*

écuyer, conseiller secrétaire du Roi, auditeur en la chambre des comptes de Bretagne.

État civil de Sainte Croix. — 18 juin 1771. Célébration de ce mariage.

2° Anne-Pierre de Boylesve, qui suit.

3° Etienne-Amable de Boylesve, chevalier seigneur du Plantis, né le 22 décembre 1751, lieutenant en premier, puis capitaine au régiment de Vermandois, chevalier de Saint-Louis, chef de bataillon, épousa 1° le 4 août 1789, demoiselle Renée-Françoise Rallier[1], fille de Thomas-François Rallier, écuyer, seigneur de la Tertinière, controlleur des guerres, et de Catherine du Val de Launay. Elle mourut le 11 mars 1792, laissant une fille Emilie-Catherine; 2° demoiselle Anne Saint-Martin.

Sans postérité.

État-civil de Saint-Denis de Châteaugontier. — 4 août 1789. Célébration du mariage; présence de Catherine-Françoise-Renée Rallier femme de Anne-Jean-Baptiste de la Rue du Can, sieur de Champchévrier, sœur, Annibal de Boylesve, frère, Marie-Madeleine, femme de René-Philippe-Auguste Le Tourneux.

Chartrier de Boylesve. — 20 juillet 1789. Lettre du ch^er^ de Bonchamps au sujet du mariage du chevalier de Boylesve avec Mlle de Raillé. « Toute la famille ne peut avoir trop d'obligations à MM. de Raillé de lui accorder une nouvelle parente remplie des qualités de l'esprit et du cœur, avec une fortune considérable. M. Le Chevalier reçoit la récompense de sa bonne conduite et de l'estime générale qu'il a su se concilier, permettez qu'en vous félicitant d'un bonheur aussi inespéré, je vous réitère les sentiments de mon sincère attachement... »

24 décembre 1832. Vente devant Locheteau, notaire à Longué, de la terre de la Modethaye à Mr Jacques Favre, par

[1] Rallier : *d'argent à 3 bandes de gueules.*

Etienne Amable de Boylesve, chevalier de Saint-Louis, et dame Anne Saint-Martin son épouse, demeurants à Longué, propriétaires d'un tiers et acquéreurs des deux autres, par licitation, des héritiers Menoir de Langotière et Claire-Louise de Maillé veuve et légataire universelle de Alexandre-Clément de Boylesve...

État-civil de Saint-Rémi. — 11 mars 1792. Inhumation de Renée-Françoise Rallier, femme de Boylesve, âgée de 33 ans.

16e degré. Emilie-Catherine de Boylesve, baptisée le 31 may 1790, épousa le 19 mars 1808, Louis-Florent, vicomte de Bonchamps[1], sous-préfet de Châteaugontier sous la Restauration, dont postérité.

État-civil de Saint-Rémi. — 13 may 1790. Ondoiement d'une fille baptisée le 31 et nommée Emilie-Catherine parain Anne de Boylesve, ayeul, maraine Catherine-Bernardine du Val, ayeule maternelle.

9 ventôse an XII. La veuve Raillé de la Tertinière achète pour la mineure de Boylesve, la Sapinière en Bierné pour 35.753 l.

4° Etienne-Henri de Boylesve, né le 21 décembre 1753, chanoine de Saint-Martin de Tours.

Chartrier de Boylesve. — 22 décembre 1753. Baptême à Blou de Etienne-Henry, né la veille, fils de... parain Etienne, chevalier de Saint-Hubert, maraine Marie Boylesve, sa sœur. (Signé) Jouanneau, vicaire de Blou.

5° Alexandre-Clément de Boylesve, chevalier seigneur de la Modethaye, la Mésangerie, né le 28 février 1756 capitaine au régiment de Royal-Auvergne, chevalier de Saint-Louis, colonel en retraite, épousa demoiselle Claire-Louise de Maillé[2], fille de Philippe-Joseph-Augustin de Maillé,

[1] De Bonchamps : *de gueules à 2 triangles d'or enlacés en forme d'étoile.*

[2] De Maillé : *d'or à 3 fasces ondées et nébulées de gueules.*

Mis de l'Echasserie et de Hyacinthe-Françoise Pissonnet de Bellefond. Il testa le 4 mai 1832 et mourut sans postérité.

État-civil de Blou. — 1er mars 1756. Baptême de Alexandre-Clément, né le 28 février, fils de... parrain Anne Boylesve, frère. (Signé) C. Thiberge, curé de Blou.

1855. Vente devant Cailleau notaire à Longué, de la Mesangerie près de la Modethaye, par Mme Berthelot de Villeneuve, née Claire-Louise de Maillé, femme et héritière de Alexandre-Clément de Boylesve, qui l'avait eue de son frère Chanoine de Tours... il l'avait nommée légataire universelle par testament du 4 mai 1832.

6° Victoire-Aimable de Boylesve, née le 6 mars 1758, épousa par contrat du 30 octobre 1774, Pierre-Bernard Richaudeau [1], Chevalier, Seigneur de Mongeville, elle mourut le 17 juillet 1777.

Chartrier de Boylesve. — 3 octobre 1774. Contrat de mariage passé devant Locheteau et Gallais notaires à Longué, de messire Pierre-Bernard Richaudeau, chevalier, sieur de Mongeville, fils de messire Louis-René Richaudeau, chevalier, sieur de Mongeville et autres lieux et de dame Madeleine-Catherine Jaunay, demoiselle, son épouse et Aimable-Victoire, fille mineure de Anne Boylesve du Plantis, chevalier, baron de Ramefort, sieur de la Maudetaye, Cour de Ramefort et Bussardière et de dame Marie-Perrine Surdeau de Beauregard..., présence de messire Jacques Richaudeau, chevalier, sieur de Parnay, ancien capitaine d'infanterie, chevalier de Saint-Louis, et de dame Clémence-Louise Sourdeau de Beauregard, demoiselle, son épouse, Marguerite, Louise-Thérèse, Jeanne-Claude et Catherine Richaudeau, demoiselles tantes paternelles, Me Etienne-Henri Boylesve du Planty, ecclésiastique, Aimée Boylesve frère et sœur...

Id. — Le 18 juillet 1777, inhumation dans le grand cimetière d'Allonne de dame Victoire-Amable Boylesve du Planty décédée d'hier, âgée de 19 ans, épouse de n. h. Pierre-Bernard

[1] Richaudeau : *d'azur à 3 chevrons d'or.*

de Richaudeau... en présence de M. Estienne-Henry Boylesve... sous-diacre, frère,... messire Jean de Verrières, cousin... de messire Claude-César-Marie Budan, sieur de Linières et de Russé... F. Fougeray, curé d'Allonne.

7° Aimée-Cécile de BOYLESVE, née le 15 juillet 1760, épousa le 18 juillet 1785 Pierre-Henri MÉNOIR[1], de Langotière, Ecuyer, Conseiller-Secrétaire du Roy, président en la cour des aydes de Clermont-Ferrand.

État-civil de Blou. — 18 juillet 1785, célébration de ce mariage.

8° Annibal de BOYLESVE, Ecuyer, né le 5 octobre 1761.

Chartrier de Boylesve. — 5 octobre 1761, baptême à Blou d'Annibal... né de ce jour...

9° Jacques-Achille de BOYLESVE, Ecuyer, né le 16 janvier 1763, Lieutenant au régiment de Foix-infanterie.

Chartrier de Boylesve. — 18 janvier 1763, baptême à Blou de Jacques-Achille, né le 16..., parain Jacques-François Nau de Cordais, écuyer, sieur de la Bretonnière, maraine Madeleine Surdeau de Beauregard, épouse de Alexis Coureau de Bonœil, écuyer, sieur de Chemillé. — Thiberge, curé de Blou.

2° Anne-Pierre de BOYLESVE, Chevalier, Seigneur de la Modetais, des Aulnais, de Ramefort, né le 13 janvier 1751, Capitaine au régiment de Royal-Auvergne, Lieutenant des Maréchaux de France, Chevalier de Saint-Louis, épousa le 24 avril 1786, Demoiselle Félicité-Émilie de MAILLÉ[2] de la Tourlandry, fille de Charles-François de Maillé de la Tourlandry, Marquis de Maillé, Colonel du régiment de Condé et de Marie-Henriette de Maillé d'Entrammes.

[1] Menoir : *d'argent à la bande de gueules accostée de 2 têtes de lion de même arrachées d'or.*

[2] De Maillé la Tourlandry : *d'or à 3 faces ondées et nébulées de gueules.*

Il fut convoqué avec son fils aux États généraux de 1789. Sa femme mourut le 24 janvier 1831. Ils laissaient deux enfants : Anne et Adelaïde.

Chartrier de Boylesve. — 15 janvier 1751, baptême à Blou de Anne-Pierre fils de... né le 13, parain André Berthelot de Villeneuve, sieur de la Platterie.

Id. — 24 avril 1786, mariage à Jalesnes de Anne-Pierre de Boylesve, chevalier, seigneur de la Modetaie, ancien capitaine de Royal-Auvergne, infanterie, lieutenant des Maréchaux de France, fils de... avec demoiselle Félicité-Emilie de Maillé de la Tourlandry.

État-civil de Blou. — 24 janvier 1831, décès de Fèlicité-Émilie de Maillé la Tourlandry, veuve de messire Anne-Pierre de Boylesve, ancien capitaine au régiment de Royal-Auvergne, chevalier de Saint-Louis, les déclarants sont : Etienne-Aimable de Boylesve, chef de bataillon en retraite, chevalier de Saint-Louis âgé de 79 ans, demeurant à Longué et Alexandre-Clément de Boylesve, colonel en retraite, chevalier de Saint-Louis, âgé de 74 ans, demeurant à Blou.

SEIZIÈME DEGRÉ

2° Adélaïde de Boylesve, baptisée le 29 août 1789, morte le 18 nivôse, an II.

Chartres de Boylesve, état-civil de Blou. — 27 août 1789. Baptême de Adelaïde fille de... parain messire Charles-Henry-François de Maillé de la Tourlandry, marquis de Jalesnes et maraine dame Sourdeau de Beauregard épouse de messire Cesar Courault, chevalier, sieur de Chemilly... Signatures : Schéridan, marquise de Maillé, de Boylesve, C. Thibierge, curé de Blou.

Id. — 18 nivôse. an II de la République française, une et indivisible, par devant moi Philippe Gendreau, officier public de la commune de Blou... sont comparus en la maison commune... Jean Trochon, cultivateur... demeurant à la maison de la Motais... François Laigre, tisserand... lesquels m'ont déclaré qu'Aglahaye Boileve est décédée hier à 6 heures du soir en la maison de la Motais, âgée de 4 ans 4 mois. D'après cette déclaration où je me suis sur le champ transporté au lieu de ce domicile, je me suis assuré du décès de ladite Aglahaye fille de Anne-Pierre Boylesve, émigré, et de Hamelie-Félicité Maillé, son épouse, en légitime mariage et jean et dressé le présent acte. — Gendreau, officier public.

1° Anne-Henri-Amedée de Boylesve du Plantis, baptisé le 17 septembre 1787, brigadier à la 3e compagnie du 13e régiment de dragons, mourut à l'hôpital de Varsovie, le 14 février 1807. En lui s'éteignit la branche de Boylesve du Plantis.

Il avait été convoqué avec son père aux États généraux de 1789.

État-civil de Blou. — Le 10 septembre 1787, baptême à Blou de Anne-Henri-Amédée, fils de messire Anne-Pierre Boylesve ancien capitaine au régiment de Royal-Auvergne, lieutenant des maréchaux de France... Ont été parrain messire Anne Boylesve du Planty, grand-père de l'enfant représenté à cause d'indisposition par Mr Annibal Boylesve son fils et oncle de l'enfant et maraine Dame Marie-Henriette de Maillé-Maillé, veuve de feu Mr de Maillé vivant Marquis et sieur de Jalesnes et autres lieux grand'mère de l'enfant... tous ont signé avec nous, le père présent au baptême... Thiberge, curé de Blou.

Id. — Le 3 décembre 1709, transcription sur le registre de la commune de Blou d'un extrait mortuaire, commune de Varsovie, hôpital de l'arsenal. Du registre des décès dudit hôpital a été extrait ce qui suit : Henry Boislève, brigadier à la 3e compagnie du 13e régiment de dragons, natif de Blou canton de Longué, entré le 9 février 1807, décédé le 14 par suite de petite vérole confluente. Fait à Varsovie le 15 février 1807. (Signé) de Jousseraudot. Vuibert.

BRANCHE DE NOIRIEUX

11e Degré. — 6° Charles BOYLESVE, Écuyer, Seigneur des Aulnais, du Plessis-Beuvreau, Conseiller au parlement de Bretagne et commissaire aux requêtes (1641-1645), puis président en second au présidial d'Angers, épousa 1° par contrat du 8 février 1640 Demoiselle Renée GANDON[1], fille de feu n. h. Simon Gandon sieur de Lestang et de Anne Mondière. Elle mourut le 8 décembre 1649, 2° par contrat du 10 octobre 1652 Demoiselle Marie BELET[2], veuve de Jean Cupif, Écuyer, sieur de la Marée, maire d'Angers et fille de feu n. h. René Belet, Sieur de la Chapelle et de Renée Ganches; sans postérité.

Associé à ses frères, l'Évêque d'Avranches et l'Intendant des finances, il eut une vie fort agitée dont on trouvera les péripéties dans de nombreux extraits empruntés à son « journal » actuellement entre les mains de Mr de la Théardière, qui nous l'a très obligeamment communiqué. Il testa dès 1677 et vivait encore en 1692.

De son premier mariage il avait eu cinq enfans : Charles, N., Gabriel, Henri et Jacques.

Chartrier de Boylesve. — Le mercredi 8 février 1640, contrat de mariage devant René Serezin, notaire à Angers, entre Charles Boylesve, écuyer, sieur des Aulnais, fils de Charles, conseiller et doyen du parlement de Bretagne, et de feu Marie Nicollas, et demoiselle Renée Gandon, fille de n. h. Simon, sieur de Lestang et de Anne Mondière. Il eut en dot les Aulnais et 8.000 livres, la future 30.000 livres; en présence de M. François Grimaudet, sieur de la Croixerie, conseiller au parlement de Bretagne, beau-frère, messire Louis Boylesve, conseiller du Roy, lieutenant général du sénéchal d'Anjou,

[1] Gandon : *écartelé d... au chevron et 3 croissans d... et d... à 3 lions d...*

[2] Belet :

frère, Henri Boylesve, sieur de la Morinière, frère, Mathurin Boylesve, écuyer, sieur de la Maurousière, conseiller du Roy, au présidial, cousin-germain, Louis Gandon, sieur de la Claye, oncle, Pierre Gandon, sieur de Caveron, cousin-germain, Mr Claude Foussier, sieur du Rocher, avocat, cousin, Simon Nepveu, sieur de la Villetrouvée, cousin.

État-civil de la Trinité. — Le 12 février 1640, célébration de ce mariage.

Maintenue de 1667. Titres généraux. — 17 octobre 1641, provision de l'office de conseiller au parlement de Bretagne accordé à Charles Boylesve.

Chartrier de Boylesve. — 26 février 1647, arrêt du parlement déchargeant Charles Boylesve, conseiller au parlement, de la taxe des aides de la ville d'Angers à laquelle il avait été imposé « par une haine particulière. »

Id. — Le 10 octobre 1652, contrat de mariage devant René Moreau notaire, entre Charles Boylesve, sieur des Aulnais et du Plessis-Beuvereau, fils de feu Charles... et demoiselle Renée Belet, veuve feu Jean Cupif, écuyer, sieur de la Marée maire d'Angers, fille de feu n. h. René Belet, sieur de la Chapelle et de Renée Ganches... en présence de Christophe Cupif sieur d'Aussigné, Claude Chevrollier, conseiller à la prévosté d'Anjou. Drouin et Moreau, notaires.

Bibliothèque Nationale. Pièces originales, rég. 382. — 1655-1659 quittances relatives à son office de second président à l'élection d'Angers.

Id. — 21 octobre 1659, création de 7.500 livres de rente au profit de Charles Boylesve, sieur des Aulnais pour 150.000 livres payées par l'Évêque d'Avranches.

Id. — 16 août 1677, testament olographe de messire Charles Boylesve... il demande « d'être mis dans la fosse de sa première femme dans l'église des pères Cordeliers de cette ville... le soir, si on le juge à propos, avec cinq torches seulement, au nom des cinq plaies de mon Sauveur... »

Id. — 1681-1693, procédures pour Charles Boylesve, écuyer sieur des Aulnais, ci-devant conseiller, héritier de Monseigneur d'Avranches, contre ses cohéritiers. Requête du même au sujet du remploi des deniers dotaux de Renée Belet, sa femme, à l'encontre du sieur Ganches et cohéritiers en ligne maternelle.

Mr de la Théardière. Journal de Charles Boylesve. — Le dimanche 12 février 1640, M. Gaultier, curé de la Trinité, nous espousa dans une petite chapelle qui est dans le cimetière Saint-Laurent, il nous avait fiancés le jeudi précédent. Serezin a passé notre contrat de mariage. Nous demeurâmes avec Me de Lestang, dans la paroisse de la Trinité, jusqu'au 28 de juin 1640, que nous sommes venus demeurer dans le petit logis de Mr le lieutenant criminel le Chat, rue Saint-Michel du Tertre. Le ..... juin 1641, les partages des propres et acquits de la succession de feu Mr de Lestang-Gandon père de ma femme ont été choisis. Il est demeuré à une femme pour sa part la métairie des Prais de Luné à Miré chargée de 1.000 livres dus à Mr de Lestang pour remploy de ses propres, elle fut vendue 8.600 livres à M. Piollin, elle était dans le fief de Mr de Saint-Lambert qui me fit une querelle d'Allemand pour les ventes. Le 11 juillet 1641, j'ai contracté d'une charge de conseiller au parlement de Bretagne et commissaire aux requêtes du palais avec Querollain qui ne me coûte expédiée que 43.000 livres. Le 31e jour de décembre 1641, j'ai été reçu conseiller au parlement de Rennes et fus interrogé sur la loi 22e et ma charge était du semestre de février.

La 1re année ma charge m'a rapporté que 1.370 livres l'on ne touchait que 750 livres de gages, le quart étant retranché, en 1643 elle ne m'a vallu pour tout que 1.750 livres; en 1644, 1.670 livres. En juillet 1643, Mr de Queraly, conseiller en la Grant chambre à Rennes, donna un soufflet à Mr Bonnier, sieur de la Coquerie, président à mortier et tenant lors la place de premier président, en l'absence de Mr de Cussé. Ce fut dans le préau proche les galleries de la cour. Le parlement était lors dans les Cordeliers. Il y eut force procédures pour cette affaire, elle fut enfin accomodée, Mr de Quéraly fit grandes satisfactions à Mr de la Coquerie et fut 18 mois sans venir où se trouverait le premier président.

En l'année 1641, dans la séance de février, Mr du Plessis-

Grénédan, conseiller aux enquestes avait aussi donné un soufflet à Mr de Querlo aussi conseiller aux enquêtes. Ce fut dans les galleries, il ne se fit aucune procédure pour cela, M[rs] des Enquestes les accordèrent dans le même temps.

Le 9e jour de mai 1645, j'ai vendu ma charge... à Mr de Querolais, qui me l'avoit vendue la somme de 50.000 livres expédiées.

En 1646, accord au sujet des vantes de la terre du Plessis.

En 1648, j'ai payé tant pour la nourriture des soldats que le maréchal de Brezé fit venir ruisner l'Anjou que pour ma taxe (quoi que je ne fusse point taxable, étant conseiller de la cour) dans les subsistances que l'on levoit. L'on avoit mis à mon logis deux maréchaux des logis auquel ledit maréchal faisoit payer chascun 6 livres. Le tout m'a couté 800 livres.

Le 5 décembre 1648, j'ai compromis avec Mr du Boisbelin pour le procès que nous avions ensemble concernant les prééminences dans l'église Saint-Laurent-de-la-Plaine. J'ai nommé pour mes arbitres Mrs de Vaulleard, sîeur de la Maurousière, Mr de Lespinay Le Marié, conseiller au présidial, et lui a nommé Mr de Boisgarnier et Mr Chesneau, avocat du Roi à Chateaugontier, mais ils n'ont rien jugé.

Le mercredi 8e jour de décembre 1649, jour de Notre-Dame, ma chère femme mourut sur les 10 heures du soir d'une grande deffluxion qui luy tomba du cerveau dans la poitrine. Le lundi précédent, sur les 11 heures de nuit, elle crachoit le sang. Sa mère luy fit bien du mal, elle ne fut malade que 2 jours, elle étoit grosse de 9 mois, elle fut accouchée dans le moment qu'elle fut pansée par Loyseau, chirurgien, qui baptisa l'enfant qui étoit un garçon, en présence de Mr Abellard, curé de Saint-Pierre, de Mr Goismaud, médecin, et de Perrine, sa femme de chambre, et autres qui étoient présents. Je prie Dieu de tout mon cœur qui la mette en son saint paradis. Elle n'avoit que 24 ans, elle ne m'a laissé que 3 enfans en vie, Charles, Gabriel et Henry ; je prie Dieu qu'il les bénisse et qu'ils soient gens de bien.

Le ... janvier 1650, j'ai acheté 17 milliers de plants de vigne que j'ai fait venir de Bouchemène pour planter la vigne du Plessis ; ils m'ont coût 63 livres 15 sols.

Le 5 décembre 1651, j'ai vendu à un nommé Davy le fief de la Bourlière pour 190 livres.

Le 15 novembre 1654, reçu pour 28.000 livres de contrats, dont 14.000 de Mgr d'Avranches, 5.000 livres de Mr de Querolais et autres amortissements.

En décembre 1654 et janvier 1655, règlements devant Moreau, notaire, entre Mgr d'Avranches, Mr de la Morissière et moi.

Le 7 juin 1655, nous avons fait un écrit, Mr Daumé et moi, par lequel, à ma prière, il octera le balustre qui est dans l'église de Saint-Lambert-de-la-Plaine entre l'autel et mon banc sans qu'il le puisse jamais remettre, ce que j'ay consenty pour éviter un procès.

Le 8 septembre 1655, paiement à Mr de la Planche, Pannetier, de 800 livres sur les 1.520 encore dus pour la terre du Plessis.

Le 13 novembre 1655, je suis parti d'Angers pour aller à Paris voir mes frères et suis arrivé à Angers le 21 décembre suivant. Le voyage m'a couté 1.000 livres.

En 1656, je suis encore allé voir mes frères à Paris. — En 1657, voyage à Paris.

Le 22 octobre 1656, j'ai acheté deux juments grises pour le carosse 1.700 livres.

Le 21 février 1660, j'ai vendu au sieur Vignay le grand logis de la rue de la Parcheminerie 8.000 livres.

Le 20 mars 1660 je suis parti pour Paris, j'ai laissé à ma femme 1.100 livres en argent.

Le 9 février 1661, *id.*, laissant dans la table de mon cabinet 35 loys d'or et 58 loys blancs.

Le 24 décembre 1661, autre voyage à Paris.

Je n'ai point écrit de 1663 à 1666 à cause de toutes les persécutions du temps.

Le 16 janvier 1670, j'ai prêté à Mme de la Roche-Gravé la somme de 100 livres. Elle m'a baillé en gage, malgré moi, un petit Saint-Esprit d'or dans lequel il y a 5 petits diamants.

Le 18 août 1674, nous avons envoyé Mr de la Morissière, Mr Grimaudet et moi, à Paris, par lettres de change, 6.000 livres pour payer à Mgr d'Avranches pour notre part du reste des réparations de son évêché suivant la transaction.

Le 27 septembre 1677, j'ai compté tout ce que j'avais reçu des deniers de la succession bénéficiaire de deffunt Mr d'Avranches se montant à un total de 13.709 livres.

Le 9 mai 1678, envoyé à Paris 30 livres ainsi que Mr de la Morissière pour les frais de la succession de Mr d'Avranches...

DOUZIÈME DEGRÉ

1° Charles BOYLESVE, qui suit.

2° N., né le 5 mai 1644, mort jeune.

De la Théardière. Journal. — Le 5e jour de mai 1644, ma femme accoucha d'un garçon sur les 11 heures du soir, qui mourut le... mai 1646, vigille de la Penthecoste, chez Courant, menuisier, proche le Plessis. Il ne fut point nommé et avoit été ondoyé. Il ne fut malade que 2 jours.

3° Gabriel BOYLESVE, chevalier, seigneur du Saulay, reçut la tonsure en 1663; il épousa, par contrat du 16 octobre 1675, demoiselle Marie BOYLESVE[1] de la Maurousière, fille de Marin Boylesve, Chevalier... maître d'hôtel du Roi, Conseiller en tous ses conseils, et de Madeleine Lanier.

Il fit enregistrer ses armoiries dans l'armorial général (*Touraine*, p. 62).

Il mourut le 30 janvier 1732, laissant une fille, Marie.

De la Théardière. Journal. — Le 7e jour de mars 1647, premier jeudi de caresme, à minuit et quart du matin, le 2e jour de la lune, ma femme accoucha d'un garçon. Le vendredi 28 dudit mois, il fut baptisé à Saint-Pierre ; mon frère de Mallenoue fut son parain et ma sœur, la lieutenante générale, la maraine. Il fut nommé Gabriel. Dieu luy fasse la grace d'être homme de bien.

Id. Le 3 avril 1663, Mgr d'Angers donna extraordinairement la tonsure dans la chapelle de l'évêché à mon fils Gabriel et au fils de Mr de Grimaudet.

[1] Boylesve : *D'azur à 3 sautoirs d'or au chef de même chargé de 3 fleurs de lis d'or.*

Le 15 août 1663, j'ai baillé à Mr Pichot, précepteur de mon fils Gabriel, 37 livres 10 sols pour 9 mois qu'il a demeuré céans.

État-civil de Saint-Michel du Tertre. — 16 octobre 1675, célébration du mariage de Gabriel et Marie Boylesve.

Chartrier de Boylesve. — 19 mars 1689. Supplique pour Gabriel de Boylesve, écuyer, sieur du Saulay, mari de Marie Boylesve, au sujet d'une rente de 400 livres à elle donnée en mariage sur Paul-Philippe de Mauvais chevalier, marquis de la Flocellière, dont il ne pouvait obtenir paiement et pour laquelle il avait fait saisir cette terre, afin d'être aidé par sa belle-mère dans sa poursuite.

Id et titres d'Achon. — Transport pour 5300 livres à... Gabriel Boylesve chevalier, sieur du Saulay, des droits successifs de Renée Belet, femme en deuxièmes noces de Charles de Boylesve... leur père par Louis Fontaine de la Crochinière, conseiller et procureur du roi à La Flèche, Marguerite Cazet, femme de Jean-Elizabeth de Reclène, chevalier, sieur de Martillat, François Fontaine, sieur de la Crochinière, conseiller, receveur des tailles à La Flèche, Christophe Fontaine, sieur de la Bommerie, Philbert Doisseau, sieur des Noësblanches, conseiller, lieutenant-général criminel à La Flèche et Josephe Fontaine sa femme, tous héritiers en ligne paternelle de la défunte.

Id. — 11 août 1714. Constitution de 56 livres de rente au profit de Gabriel Boylesve... par Marie de Plainchesne, femme d'Antoine de Saint-Domingue, chevalier, sieur de la Proustière, pour 1250 livres.

Etat-civil de Saint-Michel du Tertre. — Le 30 janvier 1732, inhumation de Gabriel Boylesve du Saulay, âgé de 85 ans.

13e degré. Marie-Renée Boylesve, épousa par contrat du 18 mai 1703 Claude-Vincent Héron [1], écuyer, conseiller au Parlement de Paris.

[1] Héron : *d'azur au chevron d'or, accompagné de 3 grenades de même, ouvertes de gueules tigées et feuillées d'or.*

Bibl. d'Angers Audouys, m. 1005. 18 mai 1703, célébration de ce mariage.

Chartier de Boylesve. — 6 août 1717, sentence pour le paiement d'une somme de 3000 livres au profit de Claude Vincent Héron... veuf de Marie-Renée Boylesve.

4° et 5°. Henri et Jacques Boylesve, jumeaux nés le 7 juin 1648; le premier mourut le 2 novembre 1650, le second vécut deux jours.

De la Théardière. Journal. — Le 7e jour de juin 1648, jour de la Trinité, le 2e du décours de la lune de mars, ma femme accoucha de deux garçons sur les trois heures et demie du matin. Le premier venu au monde fut tenu sur les fonts de Saint-Pierre par mon frère de la Morissière et Mme la Procureuse du Roy, ma nièce, qui le nommèrent Henri. L'autre fut baptisé en même temps. M. Mondières fut parrain et Mme Nepveu, marraine, qui le nommèrent Jacques; deux jours après il mourut et fut inhumé à Saint-Pierre et Henri mourut le 2 novembre 1650, jour des Trépassés, à un lieu nommé les Faulconnières; il mourut d'un abcès sous la gorge que lui laissa la vérette. Il fut enterré à Saint-Pierre.

1° Charles Boylesve, chevalier, seigneur des Aulnays, La Rochefouques, Noirieux, Le Plessis-Beuvreau, Soucelles, né le 9 juin 1643, fut reçu conseiller au parlement de Bretagne le 23 novembre 1668, épousa, par contrat du 15 février 1665, demoiselle Jeanne Cupif [1], fille de M. Me Nicolas Cupif, sieur de Teildras, conseiller du Roy, juge-magistrat au siège présidial d'Angers et de dame Jeanne Treton, sa femme.

Il fit enregistrer ses armoiries dans l'*Armorial général* (Touraine, p. 63.)

Il mourut le 9 juillet 1708; elle était morte en 1697,

[1] Cupif : *d'azur au chevron d'or accompagné de 3 trèfles de même, 2 et 1.*

laissant Henriette, Charles, Jeanne, Charles, Henri, Nicolas, Marie, Marie et Renée.

De la Théardière. Journal. — Le mardi, 9e jour de juin 1643, entre midi et une heure, le dernier quartier de la lune, ma femme accoucha d'un garçon qui fut le même jour baptisé dans l'église de Saint-Michel du Tertre. Mme de Lestang fut maraine. Il fut nommé Charles. Dieu lui fasse la grâce d'être homme de bien. Il a été nory de lait par la même norice qui avait alaité sa mère. J'étais à Rennes lors de l'accouchement.

Id. — Le 15e jour d'avril 1652, j'ai mené mon fils aîné Charles chez un prêtre nommé Mr de Bonnes-Nouvelles pour commencer à estudier, il en est sorti le 8 août 1653.

Chartrier de Boylesve. — Le dimanche 15 février 1665, par devant Nouel Drouin, notaire, contrat de mariage de Charles Boylesve, écuyer, sieur du Plessis-Beuvreau, fils de..., et Jeanne Cupif, fille de MMe Nicolas Cupif, sieur de Teildras... et de dame Jeanne Treton, sa femme... On lui assura 100.000 l..., à elle 50.000 l... en présence de Mgr Henri Arnault, conseiller du Roy en ses conseils, évêque d'Angers, MMe Claude du Pont, sieur du Ruau, conseiller du Roy, juge-magistrat, mari de dame de Roye, ayeulle paternelle de la future, dame Renée Gohin, veuve de MMe Ollivier Treton, sieur du Ruau, aussi conseiller du Roy, ayeule maternelle, Gabriel Boylesve, écuyer, frère, Me Louis Boylesve, l'aîné, conseiller du Roy en ses conseils, président au présidial, Mgr Gabriel Boylesve, évêque d'Avranches, Henry Boylesve, écuyer, sieur de la Morinière, oncles paternels, Mr Louis Boylesve, le jeune, sieur de la Gillière, aussi conseiller du Roy en ses conseils, lieutenant général, Mr François Grimaudet, sieur de la Croiserie, conseiller au parlement de Bretagne, Jacques Boylesve, sieur du Plantis, cousins germains, Mr Nepveu, docteur en médecine de l'Université de cette ville, MMe Jarry, avocat au présidial, demoiselle Marie Gandon, femme de Mr Lemanceau, sieur de la Cour, cousins, Françoise Davy, veuve du feu Mr Claude de Roye, aussi conseiller du Roy, grande tante, de Mrs Louis et François du Pont, conseillers au présidial, oncles, François Gohin, sieur des Aulnais, dame Anne du Bois, veuve de feu Michel Gohin, écuyer, sieur de Montreuil, Jacques Blot, écuyer, sieur de Marthou, ses grands oncles, Mr François de Roye, docteur ès droits en l'Université, François Eveillard, écuyer, conseiller du Roy, président au siège de la prévosté, cousin remué de germain. DROUIN.

Ce mariage fut célébré le 16 février à Saint-Michel du Tertre.

Id. — 15 juillet 1667. Les héritiers de Pierre Ayrault vendent sa charge de conseiller au parlement de Bretagne à Charles Boylesve, sieur du Plessis-Beuvreau, fils de Charles, cy devant conseiller au même parlement la somme de 70.000 l.

Chartrier de Boylesve. — 2 juin 1670. Compte entre Charles Boylesve et son père des sommes que celui-ci lui avait remises pour payer la charge de conseiller au parlement.

Id. — 1670-1681, procédures entre lui et Philippe de Bouillé, chevalier, comte de Créance au sujet d'une rente de 300 l. constituée au profit de son père, le 7 septembre 1662.

Id. — 1680, transport à Charles Boylesve par Renée Grimaudet, veuve de M. Me Ignace Chauvel, sieur de la Boullaye, conseiller et procureur du Roy, d'une rente de 225 l. à elle constituée par Paul de Soucelles, chevalier, baron du dit lieu, et Françoise Le Breton, sa femme.

Titres de Farcy. — Factum imprimé pour Mr Charles Boylesve, conseiller au parlement de Bretagne... contre Renée Boylesve, épouse séparée de biens de Mr Jean du Verdier, sieur de Genouillacq, conseiller au grand Conseil au sujet d'une rente de lui cédée par le père de ladite dame.

Chartrier de Boylesve. — 6 mai 1688. Reconnaissance par Henry le Cornu, chevalier, sieur du Plessis-de-Cosme, au profit de Charles Boylesve et Jeanne Cupif, fille et unique héritière de Nicolas Cupif, écuyer, sieur de Teildras, héritier de Christophe Cupif, écuyer, sieur d'Aussigné, son oncle, d'une rente de 325 l. constituée pour 6.400 l. le 25 novembre 1652.

Id. — 24 décembre 1689, transport par Mr Claude Eveilard, prêtre doyen et chanoine de la collégiale de Saint-Pierre d'Angers, à Charles Boylesve, le jeune, sieur de Noirieux et de Teildras, d'une rente de 225 l. à lui constituée par Sanson de Soucelles, chevalier, sieur du lieu, et Marie de Gislain, son épouse, le 14 avril 1687.

Id. — 6 octobre 1692, achat de la terre et chatellerie de la Rochefouques, de Sanson de Soucelles, chevalier, sieur du lieu, pour une somme de 2.556 l. 10 s.

Id. — 22 décembre 1693, partages nobles aux 2 parts et au tiers des biens de la succession bénéficiaire de feu Mr Charles Boylesve... que Mr Charles Boylesve, aussi conseiller au parlement de Bretagne, fils aisné et principal héritier noble... fait et présente à Gabriel Boylesve, écuyer, sieur du Saullay... à l'aisné 100.000 l. promis par son contrat de mariage, au cadet 16.666 l. 13 s. 4 d..., devant Dureau, notaire à Angers.

Id. — 20 mai 1697, inventaire après décès de Jeanne Cupif, fait en présence de son mari et de François Du Pont, écuyer, sieur d'Oville, conseiller honoraire au présidial, curateur de leurs mineurs... Dans un petit salon, 3 grands fauteuils et 12 autres sièges façon de perroquets, couverts de points à fleurs prisés 80 l.... une orloge sonnante en forme de pendule, 40 l... 3 miroirs façon de lustre garni de chandeliers aux deux côtés de cuivre doré, 60 l... Dans la grande salle, une forme, 12 chèses et 2 fauteuils de bois de noyer tourné à torses à bas dossier, garnis et couverts de petit point à fleurs, à frange de soye, 120 l... 2 chaises de commodité couvertes de mocades et leurs coussins pareils, 30 l... Un grand tapis de Turquie de 4 aulnes de long et deux de large, 50 l... Une tanture de tapisserie de haulte lisse de 9 pièces, contenant 24 aulnes à feuillages renversés, façon de Flandres, 500 l... Dans une chambre haute, un grand miroir de 34 pouces de glaces avec ses bordures et son couronnement aussi de glace et cristal, 160 l... 13 porcelènes avec leurs petits soubassements de bois doré 10 l. 4 pièces de tapisserie de petits feuillages renversés de 9 aulnes 150 l... Une boiste couverte de points à fleur de 2 pieds portée sur un petit soubassement peint en noir 8 l. tanture de tapisserie de Bergame grise de 12 aulnes 15 l. Un cabinet d'ébène ayant 2 grandes fenestres fermant à clef, porté sur 8 pilliers tournés à chappelet avec plusieurs sculptures et garneures et 55 pièces de pourceline 110 l. Un charlit de bois de noyer à courte pointe d'indienne et un ciel de lit composé de 6 pantes, 4 rideaux, 2 bonnes graces et dossier de serge drappée couleur ollive garni de frange et frangette de soie mellée 220 l. Un grand miroir de 32 pouces de glace garni d'un cadre de bois de violette couvert de plaques de cuivre doré 120 l. tanture de tapisserie de haulte lisse façon d'Auvergne à verdure de 8 pièces faisant 20 aulnes 250 l. Une petite table de bois peint en façon d'ébène portée sur 4 pilliers, garni de plaques dorées façon de cabaret à prendre du caffé garni d'une grande pourceline fine, 6 autres moyennes avec leurs soubzcouppes 80 l. Une petite épinette, un luth, un guitare 30 l. un montauban couvert de velours violet 6 l. tanture de tapisserie de haulte lisse façon de Flandres contenant 20 aulnes en 6 pièces représentant des jets d'eau 500 livres. Douze dessins de sièges à ouvrage à petits points avec petits personnages de soie relevés d'or. 300 l... Les montants pour faire un lit complet de point à colonnes torses 300 l. Une simare fourrée et jupe de damas coulleur viollet cramoisy à fleurs d'or doublé de taffetas pareille coulleur 150 l. Jupe en courtin de Damas coulleur rouge garni de frange et de gallon d'or à fleurs aussi d'or 80 l. Deux corsets couverts de brocard et satin garnis au devant d'un petit fond d'or 20 l. Une coiffe et un devanteau de damas coulleur noir, 2 paires de souliers, une paire de pantoufles couvert de brocard et gallon d'argent, un manchon de peau de marthre, 2 paires de gants, une paire de mitaine 15 l. Six corsets savoir 4 de futaine et 2 de toile garnie de dentelles le tout pour porter au lit 12 l. 177 marcs d'argenterie 5487 l. 4 montres l'une desquelles est sonnante 2 boistes en or et les 2 autres d'argent garnies de leurs boistes de chagrin avec petits clous d'or avec 2 chaînes d'or et l'autre d'argent 200 l. 460 gettons d'argent 360 l... Un carosse couvert de cuir noir enrichi de clous dorés garni de velours viollet avec une paire de harnais aussi drapé de noir, autre paire de cuir de hongrie avec des plaques de cuivre doré 250 l. autre couvert de cuir noir velours rouge ciselé avec 4 chevaux en poil blanc et tous leurs harnoys 600 l... Le total du mobilier montait à 26.500 l. à la maison d'Angers 12.675 l., à Teildras 9.981 l., à Noirieux 3.844 l.

Id. — 10 avril 1706. Partage de la succession de Jeanne Cupif... elle comprenaît la terre de Noirieux estimée 3.500 l. la maison d'Angers 10.000 l. la terre du Ruau 4.000.

TREIZIÈME DEGRÉ

1° Henriette Boylesve, née le 25 octobre 1666, mourut jeune.

De la Théardière, Journal. — Le lundi 25e jour d'octobre 1666 le 28e de la lune de septembre sous le signe de l'écrevisse accoucha Mme Boylesve ma belle fille d'une fille qui fut baptisée à Teildras et nommé Henriette par Mr de Teildras et Mme du Ruau.

2° Charles Boylesve, né le 14 mars 1670, mourut jeune.

Id. — Le vendredi 14 jour de mars 1670, le 25e de la lune de février, à minuit et demi, accoucha ma fille d'un garçon qui fut nommé le lendemain samedi à Saint-Maurille par Mme de Teildas et moi : Charles. Dieu lui fasse la grâce d'être homme de bien. Il ne vescut que deux mois.

3° Jeanne Boyslesve, née le 1er mars 1672, mourut jeune.

Id. — Le 1er jour de mars 1672 jour de mardi gras ma fille accoucha fort heureusement sur les 8 heures du matin d'une fille qui fut nommée Jeanne par Monsieur du Pont du Ruau, ne vescut qu'un an.

4° Charles Joseph Boylesve, qui suit.

5° Henri Boylesve né le 2 mai 1674.

Id. — Le 2e jour de mai 1674 sur les trois heures après midi, ma fille accoucha d'un garçon. Mr de la Morissière et Me de Marthou le nommèrent Henry.

6° Nicolas Boylesve, écuyer, seigneur de Noirieux, prêtre, chanoine de l'église d'Angers, mort avant 1725.

Chartrier de Boylesve et Arch. de Maine-et-Loire E. 1811. — Le 6 avril 1693 devant Louis Jarry notaire, N. et D.

Me Nicolas Boylesve de Teildras, clerc tonsuré, pourvu de la chapelle de la Rochefouques sur la présentation de Charles Boyslesve... patron, après collation du curé de Soucelles du 22 janvier, a pris possession réelle et corporelle et actuelle... présence de V. et D. Me Claude Omo, docteur en théologie et Estienne Nigleau, chirurgien.

Id. — 17 avril 1711. Supplique au maître des eaux et forêts d'Anjou par Nicolas Boylesve, sieur de Noirieux, au sujet d'un nommé Touplin qui avait tué un lapin dans ses bois le vendredi précédent.

Id. — 20 juin 1720 don fait par Nicolas Boylesve à Dlle Marie Boysleve et aux mineurs de Charles-Joseph ses frère et sœur de 3.750 l. provenant de la succession de Renée Boylesve leur sœur religieuse Ursuline.

Id. — 9 juin 1725 transcution touchant la succession mobilière de l'abbé Boylesve entre Louise-Françoise Grimaudet veuve de Charles-Joseph Boylesve... Félix-Constantin Chevalier de Saint-Louis, Louise-Charlotte-Sophie Boylesve sa femme. Sébastien Louet Chevalier sr de Longchamp, Marie-Charlotte Boylesve sa femme, tous héritiers de Nicolas Boylesve prêtre, chanoine de l'église d'Angers.

7° Marie-Charlotte Boylesve épousa, le 18 juin 1714, René-Sébastien Louet [1], chevalier, seigneur de Lonchamps, conseiller au présidial d'Angers.

Chartrier de Boylesve. — Le 18 juin 1714. Mariage par l'Évêque d'Angers, en la chapelle du palais épiscopal, de René Louet, sieur de Lonchamp, conseiller au présidial, et de Marie-Jeanne-Charlotte Boylesve.

8° et 9° Marie et Renée Boylesve, religieuses ursulines à Angers. Celle-ci reçut en dot 4.500 l.

4° Charles-Joseph Boylesve, chevalier, seigneur de Noirieux, Soucelles, La Roche-Foucques, Le Plessis-

[1] Louet : *D'azur à 3 coquilles d'or, 2 et 1.*

Beuvreau, né le 18 mars 1673, conseiller au Parlement de Bretagne le 13 novembre 1696, épousa par contrat du 8 octobre 1698 demoiselle Louise-Françoise GRIMAUDET [1], fille de Gabriel-François Grimaudet, chevalier, seigneur de la Croiserie, et de feue Louise-Marie de la Forest d'Armaillé.

Il mourut le 27 février 1705 laissant Louise et Charles.

De la Théardière (Journal). — Le 18e jour de mars 1673, à onze heures et demie de nuit, jour de la nouvelle lune de mars, ma fille est accouchée d'un garçon qui fut nommé Charles-Joseph par son oncle du Saulay et Mr d'Ouville.

Archives de Maine-et-Loire, E 1811. — 5 août 1695. Don par Claude Boylesve, fille majeure, à Charles Boylesve, son cousin, fils aisné de Charles... d'une somme de 30.000 l. pour traitter d'une charge de judicature convenable à sa qualité... devant Noet, notaire.

Chartrier de Boylesve. — 1696. Supplique signée Boylesve, adressée au Parlement de Bretagne pour être reçu dans la charge achetée par lui des héritiers de Juvigné.

Id. — 27 janvier 1698. Quittance des paiements faits par Charles Boylesve... au nom de Charles-Joseph, sieur de Noirieux, avocat en la Cour, son fils, pourvu d'une charge de conseiller au Parlement par lettres du 13 novembre 1696, à François-Marie de la Corbière, chevalier de Malte, procureur de Marguerite-Françoise de la Monneraye, sa belle-sœur, veuve de Charles-Guillaume de la Corbière, chevalier, sieur de Juvigné, conseiller audit Parlement... Ils s'élevaient à 19.853 l. sur un montant de 41.400 l.

Id. — 10 octobre 1698. Contrat de mariage devant Pierre Bory, notaire à Angers, entre Charles-Joseph Boylesve, chevalier, sieur de Noirieux..., fils aisné de Charles..., et Louise-Françoise Grimaudet, fille de François Grimaudet, écuyer, sieur de la Croiserie, et de feue Louise-Marie de la

[1] Grimaudet : *D'or à 3 lionceaux de gueules, 2 et 1.*

Forest d'Armaillé. On lui assure 80.000 l. y compris sa charge de conseiller et à elle 48.700 l.... présence de Mr Louis Boylesve, chevalier, sieur de la Gillière, conseiller du Roy, lieutenant général d'Anjou, Mr René le Chat, chevalier, conseiller du Roy au Parlement de Bretagne, Louis du Pont, écuyer, sieur de la Morinière, François du Pont, écuyer, sieur d'Ouville, conseiller du Roy, juge magistrat, Grimaudet, sieur de Chauvon, tous parents.

Id. — 1702-1703. Décharge d'une somme de 225 l. de capitation pour le sieur de Boylesve, parce qu'il fournit quittances des sommes payées en Anjou.

Id. — 27 février 1705. Inhumation aux Cordeliers d'Angers de Charles-Joseph de Boylesve, sieur de Noirieux et de Soucelles.

Id. — 17 novembre 1705. Résignation à N. Gouin, de la charge de conseiller au Parlement de son mari, par la veuve de Charles Joseph Boylesve.

Chartrier de Boylesve. — 11 août 1707. Quittance de 1.532 l. pour les frais de la charge vendue à Mr de Pontfarci, se décomposant ainsi : Controlle de la quittance 1 l. 4 s. ; marc d'or 864 l. 5 s. ; pour livre du marc d'or 216 l. 2 s. ; pour livre d'augmentation 43 l. 4 s. Droit de quittance 5 l. 8 s. ; enregistrement des provisions 25 l. ; sceau 110 l. ; honoraires 63 l. 7 s. ; sceau de dispense d'âge et de parenté 140 l. ; honoraires 61 l. ; parchemin et papier timbré 3 l.

Id. — 11 janvier 1709. Louise Grimaudet, veuve de... tutrice de leurs mineurs, ayant vendu la charge de conseiller à François-René de Farcy, s'engage à payer 355 l. pour dispense de son office de conseiller pendant 40 jours, somme qu'il avoit négligé de payer.

Id. et Archives de Maine-et-Loire, E 1811. — 14 mars 1709. Partages nobles de la succession de dame Renée Boylesve, religieuse ursuline, héritière de 28.050 l., de Jeanne Cupif, sa mère et de celle de Charles, sieur des Aulnais, décédé le 9 juillet 1708, entre Françoise Grimaudet, veuve, Charles-

Joseph, Nicolas, prêtre, et Marie, mineure, sous l'autorité de Gabriel Boylesve, sieur du Saullay. Les biens paternels comprenaient les terres de Soucelles et de la Rochefouque ; il fut attribué à chacun des puinés une somme de 17.290 l.

Id. — 29 avril 1712. Vente par Louise de Grimaudet, veuve et tutrice à noble homme René-Joseph Hardouin, sieur des Ruaux, trésorier provincial de l'extraordinaire des guerres, du lieu du Grand-Ruau ou Petit-Taunay sis à Courcourson, pour 4.500 l.

QUATORZIÈME DEGRÉ

1° Louise-Charlotte-Sophie de Boylesve, épousa le 15 janvier 1719 Gabriel-Félix Constantin [1], chevalier seigneur de la Lorie, de Marans et de Daillon, capitaine au régiment d'Heudicourt, inspecteur général des haras de la Généralité de Tours, chevalier de Saint-Louis en 1722.

Chartrier de Boylesve. Etat-civil de Saint-Michel-du-Tertre. — 15 janvier 1719, célébration de ce mariage (A. Joûbert, *Les Constantin*, p. 297). Ratification du contrat de mariage passé le 4 janvier 1719 devant Etienne Prestreau notaire à Angers, le 15 avril 1721, en présence de Anne-Hermine Constantin, François Anne, chanoine de l'église du Mans, Marthe et Julie Constantin, tous enfans de Gabriel, chevalier sieur de la Lorie, prévot général de Touraine et de dame Perrine-Renée Le Clerc des Émereaux.

2° Charles-François-Joseph de Boylesve, chevalier seigneur de Noirieux, dit le baron de Soucelles, la Roche Fouques et autres lieux, épousa par contrat du 16 juillet 1728 demoiselle Perrine-Françoise Le Roy [2], de la Potherie, fille de Pierre Le Roy, escuyer, sieur de la Potherie, conseiller

[1] Constantin : *d'azur au rocher d'or mouvant d'une mer d'argent.*

[2] Le Roy : *d'azur au chevron d'or accompagné de 3 ombres de soleil de même, 2 et 1.*

au parlement de Bretagne, et de Françoise-Madeleine Boylesve de la Gillière dont Louis, Charles, Charles, Perrine et Sophie.

État-civil de Saint-Michel-du-Tertre. 21 septembre 1728, célébration de ce mariage.

État-civil de Villevéque. 18 juillet 1758, Charles Boislève, baron de Soucelles, présent à la bénédiction de la grosse cloche.

QUINZIÈME DEGRÉ

1° Louis de Boylesve, né en décembre 1731, mort le 17 avril 1752.

2° Charles de Boylesve, né le 7 octobre 1732, mort le 22 du même mois.

3° Charles-Louis de Boylesve, qui suit.

4° et 5° Perrine et Sophie de Boylesve, vivantes en 1761.

3° Charles-Louis de Boylesve, chevalier sieur de Noirieux, Soucelles, La Roche Fouques et autres lieux, épousa après dispense de parenté du 31 octobre 1758, demoiselle Marie-Françoise Le Roy de la Potherie, fille de H. et P. Urbain Le Roy, comte de la Potherie, sieur de la Bourgonnière et de Catherine Cupif.

Avec lui s'éteignit la branche des Boylesve de Noirieux.

Archives de Maine-et-Loire E 1811. 31 octobre 1758 dispense de parenté et célébration à Saint-Michel-du-Tertre du mariage de Charles-Louis de Boylesve, de Soucelles, fils de... avec Marie-Françoise Le Roy de la Potherie.

Titres de la Potherie. Au contrat de mariage du 29 juillet 1761 entre Louis Le Roy, comte de la Potherie et Françoise Ménage, signent : Messire Charles-Louis Boylesve, chevalier, sieur de Soucelles et dame Marie-Françoise Le Roy de la

Potherie, son épouse, beau-frère et sœur germaine du futur époux... h. et P. demoiselle Perrine Le Roy de la Potherie, veuve de h. et P. S. messire Charles Boylesve... tante maternelle dudit futur, demoiselle Perrine Boylesve et demoiselle Sophie Boylesve...

Marie-Françoise Le Roy de la Potherie veuve de Charles de Boylesve, dame de Chaudemanche fut convoquée aux États-Généraux de 1789.

BRANCHE DE CHAMBALLAN

12e Degré. — 3° François Boylesve (fils cadet de Louis Boylesve, sieur de la Gillière et du Planty, et de Perrine Born), Écuyer, sieur des Noulis, comte de Chamballan, sieur de la Minière et du Rouvre, à Rougé, reçu conseiller au parlement de Bretagne le 14 décembre 1668, épousa le 22 juillet 1675, demoiselle Anne-Françoise Huby[1], dame de Kerverny, fille de feu N. h. Jean Huby, sieur de Kerguyo, Uzel, et de Jeanne Nouvel. Leur contrat de mariage fut passé devant Duchemin, notaire à Rennes, le 30 juin 1675, la célébration eut lieu en l'église Saint-Germain de Rennes, le 22 juillet. Ils firent ériger la confrairie des agonisants en l'église de Saint-Pierre de Rougé. Ses armoiries furent enregistrées dans l'*armorial général*. (Bretagne, tome I, P. 428). Ils eurent trois enfans : Jeanne, Joseph et Anne.

TREIZIÈME DEGRÉ

1° Jeanne-Marie-Rose-Françoise de Boylesve, née le 21 juin 1677 dame de la Hamelinière et Landemont, de Drain, de Saint-Laurent-des-Autels, épousa :

1° Le 31 mai 1695, François de la Bourdonnaye[2] chevalier, seigneur de Liré, conseiller puis président à mortier au parlement de Bretagne. Elle était veuve en 1716; et 2°,

[1] Huby : *d'azur au sautoir d'argent accompagné de trois roses de même 2 et 1.*

[2] De la Bourdonnaye : *de gueules à trois bourdons d'argent en pal, 2 et 1.*

le 28 décembre 1718, Toussaint de CORNULIER [1], chevalier marquis de Chateaufromont, comte de Largouet et de Vair, baron de Montrelais, seigneur de Lorière, président à mortier au même parlement.

Elle créa 100 livres de rente à l'hôpital d'Ancenis pour deux lits de pauvres des paroisses de Drain et Landemont (Maillard, *histoire d'Ancenis*, p. 500).

Ils firent enregistrer leurs armoiries dans l'*Armorial général* (Bretagne, t. I, p. 439).

1715. Elle fut maraine de la cloche de Drain.

3° Anne-Françoise de BOYLESVE, née le 8 mai 1681, morte le 24 avril 1683.

2° Joseph-Hyacinthe-François de BOYLESVE, chevalier, comte de Chamballan, né le 21 octobre 1679, conseiller au parlement de Bretagne le 25 juin 1701, partagea sa sœur le 30 mars de la même année. Il épousa : 1° le 24 octobre 1701, demoiselle Jeanne-Thérèse GEFFROY [2], dame de la Ville blanche, fille de feu messire René-François Géffroy chevalier seigneur du lieu et de Jeanne Le Lièvre ; 2° le 3 mai 1713, demoiselle Marie-Angélique de FRANCE [3], fille d'Olivier-Joseph de France, chevalier seigneur de Blernois, de Landal et de Marie du Verger ; 3° le 20 janvier 1729, demoiselle Julienne-Agnès LE VICOMTE [4], veuve de Pierre Hévin, ex-conseiller au présidial de Rennes et fille de messire Jean-Pierre Le Vicomte, chevalier, sieur de la Houssaye et de Françoise Courtoys.

Il eut des enfants de ses trois femmes : de la première, Jeanne, Joseph, Claude, François, Paul, Pélagie et Henriette ; de la deuxième, Louis, Joseph, François et Marie ; de la troisième, Julie.

[1] De Cornulier : *d'azur au rencontre de cerf d'or, surmonté d'une hermine d'argent.*

[2] Géffroy : *d'argent à l'aigle de sable becquée, armée de gueules, chargée d'une croix ancrée d'azur sur la poitrine.*

[3] De France : *d'argent à 3 fleurs de lys de gueules, 2 et 1.*

[4] Le Vicomte : *d'azur au croissant d'or.*

Etat-civil de Baugé. — 13 octobre 1694, François Boylesve, comte de Chamballan et Françoise Boylesve, parain et maraine de la fille de François Syonon, sieur de la Rondinière, procureur d'office de Chamballan et de Perrine Primault.

Chartrier de Boylesve. — 14 avril 1701. Sentence au Souverain concernant la noblesse dê François Boylesve, écuyer, sieur de Chamballan, conseiller au parlement de Bretagne, contre François-Auguste de Boiséon, chevalier, comte du lieu... procédures reprises par Joseph-Hyacinthe-François, son fils, après son décès à Paris, aux requêtes de l'hôtel...

1701. Partages nobles et premier contrat de mariage (voir preuves de l'école militaire 1767).

QUATORZIÈME DEGRÉ

1er lit. 1° Jeanne-Anne de Boylesve, née le 27 septembre 1702.

2° Joseph-François-Marie de Boylesve, chevalier, comte de Chamballan, né le 30 janvier 1704, conseiller au parlement de Bretagne le 28 avril 1724, président aux enquêtes le 18 août 1728, épousa demoiselle Catherine-Marie Boylesve [1], fille de Louis-Jacques Boylesve, chevalier, seigneur du Planty, Rasilly, chevalier de Saint-Louis, gouverneur de Lannion et de Marie-Christine Charpentier. Devenu veuf en 1742, il se fit prêtre, fut nommé commandeur de l'ordre de Saint-Lazare, vicaire géneral du diocèse de Nantes.

Il mourut en 1779, laissant Marie, René, Joseph, Marie et Marie.

15e degré. 1° Marie-Louis-Joseph de Boylesve, chevalier, seigneur de Chamballan, né le 14 février 1733, conseiller en 1755, président aux enquêtes au parlement de Bretagne le 14 juin 1756, mort sans alliance le 12 février 1782.

2° René-Julien-Joseph de Boylesve.

[1] Boylesve : *d'azur à 3 sautoirs d'or, 2 et 1*

Etat-civil de Saint-Aignan, d'Angers. — 17 février 1738. Baptême de René-Julien-Joseph, fils de Joseph-François-Marie de Boylesve de Chamballan, président... parain François-Geffroy de Villeblanche représenté par Louis-Jacques de Boylesve du Planty...

3° Joseph-Augustin de Boylesve, né le 18 août 1740.

4° Marie-Josephe-Pélagie de Boylesve, née le 14 janvier 1742.

5° Marie-Christine-Louise-Josephe de Boylesve épousa, le 23 février 1755, Gabriel-Jean-René de Coatarel [1], chevalier, comte de Kernaudour, le Cuon et autres lieux.

Etat-civil de Rougé. — 23 février 1755. Célébration de ce mariage en présence de Charles Gouyon de Beaucorps, chef de nom et armes de Gouyon, du frère de l'époux, de l'épouse et autres.

3° Claude-Joseph de Boylesve, qui suit.

4° François-Louis-Jacques de Boylesve, né le 16 mars 1707, capucin en 1740.

5° Paul de Boylesve, baptisé le 24 février 1708.

Etat-civil de Rougé. — 24 février 1708. Baptême de Paul, fils Hyacinthe de Boylesve...

6° Pélagie-Thérèse de Boylesve, née le 20 février 1709.

7° Henriette-Hyacinthe de Boylesve, née le 22 mai 1710.

2e lit. 8° Louis-Marie de Boylesve, né le 3 mars 1715.

9° Joseph de Boylesve, mort le 23 décembre 1721.

Etat-civil de Rougé. — 23 décembre 1721. Inhumation de Joseph fils Hyacinthe... et Angélique de France.

10° François-Marie Cajetan de Boylesve, né le 23 juin 1723, capucin en 1740.

[1] De Coatarel : *d'azur à 3 fasces d'argent.*

11° Marie-Angélique-Françoise de Boylesve, née le 9 septembre 1718.

3e lit. 12° Julie-Adelaïde de Boylesve, née le 5 octobre 1730.

3° Claude-Joseph de Boylesve, chevalier, seigneur de Chamballan, né le 25 janvier 1706, capitaine de Grenadiers au régiment de Bigorre, chevalier de Saint-Louis, épousa le 21 septembre 1754, demoiselle Suzanne d'Arnal [1], fille de feu Jean d'Arnal, avocat au parlement de Toulouse et de demoiselle Suzanne de la Cour.

Il mourut en 1761 et fut inhumé à Vallerangue, viguerie du Vigan, diocèse d'Alais. Il laissait un fils unique qui suit.

QUINZIÈME DEGRÉ

Joseph-François de Boylesve, chevalier, seigneur de Chamballan, né le 26 septembre 1755, reçu à l'école militaire le 30 mars 1767, épousa en 1785 demoiselle Jeanne-Anne-Françoise-Rose Abric [2] de Fenouillat, fille de...

Il mourut le 29 mai 1808 laissant Marie, Joséphine, Adèle, Alix.

SEIZIÈME DEGRÉ

1° Marie-Joseph-François-Étienne-Léopold-Maurice de Boylesve de Chamballan, né en 1799, épousa demoiselle de Cambon [3].

Il mourut en 1834 sans postérité. En lui s'éteignit la branche de Chamballan.

2° Joséphine de Boylesve épousa N... Laire [4] de Barre. Elle mourut en 1867.

[1] D'Arnal : *d'or au noyer arraché de sinople, au chef d'azur chargé de 3 étoiles d'or.*

[2] Abric.

[3] De Cambon

[4] Laire.

3° Adèle de Boylesve, morte à l'âge de 90 ans.

4° Alix de Boylesve épousa N... de Christot[1], dont postérité.

FAMILLE BOYLESVE DE GOISMARD

Il convient de faire ici connaître la filiation d'une autre famille Boylesve, originaire, elle aussi, de Saint-Aubin-de-Luigné et qu'il importe de ne pas confondre, comme l'ont fait Audouys et Monsieur de Launay. Celle-ci, d'une origine plébéienne, arriva à la noblesse par la mairie d'Angers en 1637 et prit alors pour armoiries « *d'azur à 3 sautoirs d'or, 2 et 1* », comme les Boylesve, d'origine chevaleresque.

Il est nécessaire de faire remarquer à ceux qui en seraient surpris et seraient tentés d'y voir une preuve de parenté, que les échevins et maires d'Angers étaient libres de prendre les armoiries qu'ils voulaient, à la différence des anoblis par lettre du Roi aux quels on en imposait. C'est ainsi que Jean Landévy, maire d'Angers en 1507, prit pour armoiries : *fascé d'or et de gueules de 8 pièces* qui sont celles de l'illustre famille de Landivy, au Maine, éteinte au xve siècle dans les de Scépeaux. C'est ainsi que François Poulain, maire en 1703, prit les armoiries d'une famille de ce nom originaire de Nantes, anoblie aussi par l'échevinage en 1576, mais déboutée lors de la recherche de 1666, et que Germain Poulain, maire d'Angers en 1733, les changea pour adopter celles d'une autre famille de l'évêché de Dol qui remontait au xive siècle. Si bien que sur son cachet on voit les deux écussons écartelés !

Audouys et M. Gontard de Launay ont fait de René Boylesve, de Saint-Aubin-de-Luigné, le frère cadet de Marin ; mais aucune preuve ne vient confirmer cette

[1] De Christot.

opinion. Jean Boylesve se maria en 1444, Marin en 1510 et ce René en 1537. Il y aurait donc eu un écart de 93 ans entre le mariage du père et celui de son fils aisné; car on sait par plusieurs titres authentiques que Jean eut un fils ainé nommé René qui vivait en 1510 et 1519, mais qui dut mourir sans postérité, puisque le fief dont il portait le nom revint à son frère Marin.

Jusqu'à l'année 1628, époque à laquelle René, fils de ce René Boylesve, fut nommé échevin d'Angers, tous les actes qui les concernent mentionnent la qualification de *honorable homme.* Audouys dit même qu'ils étaient « marchands à Saint-Aubin ».

Le premier que l'on trouve est : René Boylesve, sieur du Goupillon. Il épousa le 6 septembre 1537 Michelle Cailleau dont il eut 6 enfants.

2° Marguerite Boylesve.

3° Jacquine Boylesve.

4° Jeanne Boylesve épousa Jacques Richard, sieur de Boistandres.

5° Marie Boylesve.

6° Claude Boylesve épousa N. H. Me François Guillonneau.

1° René Boylesve, sieur de Goismard, la Touche, épousa le 4 octobre 1562 Guillemette Mousseau, fille de N. H. Mathurin, sieur de la Barre et de Vincente Beguyer. Elle mourut le 15 août 1599 laissant un fils unique.

PREMIER DEGRÉ

René Boylesve, sieur de Goismard, conseiller du Roi au présidial, nommé échevin le 1er mai 1626, maire le 1er mai 1637, épousa le 23 juillet 1613 demoiselle Françoise Le Febvre [1], fille de François Le Febvre, écuyer, sieur du

[1] Lefèvre : *d'azur à la levrette d'argent colletée de gueules, bouclée d'or.*

Tusseau, lieutenant général criminel à Saumur et de Françoise Triqueneau.

Il mourut le 2 octobre 1643 et fut inhumé à Saint-Maurille, laissant 10 enfants qui suivent :

DEUXIÈME DEGRÉ

1° René Boylesve, prêtre, chanoine et curé de Sainte-Gemmes-sur-Loire en 1690.

2° Guillaume Boylesve, religieux.

3° François Boylesve, qui suit.

4° Marin Boylesve.

5° Gabriel, chanoine de Saint-Maurice, prieur de Brion en 1689. Il fit enregistrer ses armoiries dans l'armoria général (Touraine, p. 1266 : *de gueules à 3 tasses d'argent, 2 et 1* (blason d'office).

6° René Boylesve, conseiller au présidial en 1648.

7° et 8° Louise et Françoise Boylesve,

9° Anne, religieuse puis supérieure du couvent des Ursulines d'Angers en 1668.

10° Geneviève Boylesve épousa Claude Chevaye[1], escuyer, sieur du Boullay, conseiller du Roi, receveur des décimes d'Anjou. Elle mourut le 9 juillet 1705.

3° François Boylesve, escuyer, sieur de Goismard, conseiller, juge magistrat, épousa le 14 juin 1647 demoiselle Renée Guinoiseau [2], fille de René, sieur de la Giraudière et de Renée Gouin. Il mourut le 30 mars 1677 et fut inhumé proche l'autel Saint-Anne à Saint-Maurille, dont deux enfans.

TROISIÈME DEGRÉ

1° René Boylesve, baptisé à Saint-Martin le 26 juillet 1660.

[1] Chevaye : *d'argent à l'aigle de sable accompagnée en chef de deux étoiles d'azur et en pointe d'un croissant de même.*

[2] Guinoiseau : *d'azur à 3 colonnes d'or mises en pal.*

2° François Boylesve, escuyer, sieur de Goismard, conseiller du Roi au présidial, lieutenant genéral d'épée en 1704, épousa 1° le 20 octobre 1687, Marie Gautier [1], fille de MMe Jacques, chevalier, sieur de Chanzé, conseiller du Roy, juge magistrat au présidial, et de Marie Renou ; 2° le 13 avril 1693. Magdeleine de Méguyon [2], fille de François, sieur de la Houssaye et de Marthe Jousselin. Il fut inhumé à Saint-Pierre le 27 décembre 1710. Il fit enregistrer ses armoiries dans l'*Armorial général* (Touraine, p. 65), et avait payé en 1667 la confirmation pour être maintenu comme fils d'Échevin par M. Voysin de la Noiraye.

QUATRIÈME DEGRÉ

1° René-François Boylesve de Goismard, prêtre, chanoine d'Angers en 1745, doyen des arts en l'Université de cette ville, mort le 15 octobre 1767.

2° François-Jacques Boylesve, écuyer, sieur de Goismard, Conseiller du Roy, Lieutenant général d'épée en 1712, juge magistrat au présidial, épousa, le 1er mai 1713, Marie-Anne Baudry, fille de N. Conseiller au présidial et de Perrine Paulmier dont il eut trois enfans.

CINQUIÈME DEGRÉ

1° Anne-Perrine Boylesve, vivante en 1767.

2° François-Claude Boylesve, baptisé le 28 janvier 1724, chanoine de Saint-Pierre d'Angers, vivant en 1767.

3° Louis Boylesve de Goismard, né le 14 mars 1726 ; en lui s'éteignit la famille Boylesve de Goismard.

[1] Gautier : *d'or à la fasce de gueules accompagnée en chef de 2 merlettes et en pointe d'une étoile de même.*

[2] De Méguyon : *d'azur au chevron d'or accompagné en chef de 2 roses d'argent et en pointe d'un lion d'or.*

On trouve au Chartrier de Boylesve la copie d'un arrêt du Conseil d'état du 6 juillet 1694, déchargeant François Boylesve de Goismard d'une taxe de 1.200 livres et le maintenant comme noble d'ancienne extraction et descendant des Boylesve. On y a joint cette mention : « Copie d'un prétendu arrêt du Conseil obtenu par les Boylesve Goismard et sur lequel il faudra prendre des éclaircissements », mais l'extinction de cette famille les rendit inutiles.

Extrait des registres du Conseil d'État. — Veu au conseil du Roy la requeste présentée en iceluy par François Boylesve, chevalier, sieur de Gouesmard, conseiller au siège présidial d'Angers, contenant que Me Nicolas Simonnet, bourgeois de Paris, chargé par Sa Majesté du recouvrement des sommes ordonnées estre payées par les maires et eschevins et leurs descendants pour estre confirmés dans leurs privilèges de noblesse en exécution de l'édit du mois de juin 1691, lui a fait signiffier une taxe de 1.200 livres en l'année 1692, prétend qu'il tire sa noblesse de ce que René Boylesve son ayeul a esté maire de la ville d'Angers en 1638, mais le suppliant ayant fait connaitre par des contrats, partages et autres titres incontestables qu'il a produits qu'il est noble de race et ancienne extraction ainsi que le dit René Boylesve son ayeul l'a déclaré lorsqu'il fut élu maire et qu'il est descendu en ligne directe d'Estienne Boylesve, prevost de Paris dès l'année 1225 [1]. Que depuis ce temps, tous ses ancestres ont vécus et partagés noblement et pris les qualités attribués aux gentilshommes qui leur ont été confirmées par des arrêts du parlement de Paris en 1587, du parlement de Bretagne en 1691 en des temps non suspects et pendant la recherche de la noblesse, que même plusieurs de sa famille ont été honorés de charges considérables et de marques de distinction pour récompense de leurs services et fidélité. Cependant on lui oppose le payement de la somme de 500 livres pour une semblable taxe faite sur feu François Boylesve père du suppliant en exécution de l'édit de l'année 1667 ce qui ne peut jamais être regardé comme une dérogeance ny donner atteinte à sa noblesse d'extraction parce que le paiement ne

[1] Erreur : il fut nommé prévost de Paris en 1258.

fut fait que dans un temps que le père du suppliant étoit accablé d'une longue maladie qui lui osta la cognoissance de toute affaire et que ceux qui étoient auprès de lui ne cherchant qu'à éviter les rigoureuses poursuites du traitant payèrent cette taxe sans faire différence des nobles d'extraction et de mairie, mais comme il ne seroit pas juste qu'une taxe payée pour une chose non due pût être alléguée comme une fin de non recevoir contre le fils de celui qui n'a payé que par erreur et contre son privilège. A ces causes requeroit le suppléant qu'il plût à Sa Majesté le décharger de la taxe de 1.200 livres sur lui faite pour estre confirmé dans sa noblesse comme descendant de René Boylesve, maire en 1638 et ordonner qu'il jouira lui et ses enfants nés en légitime mariage et leurs descendants, de tous les privilèges dont jouissent les autres nobles d'extraction du Royaume et en conséquence faire deffenses audit Simonnet de faire aucune poursuite contre lui pour raison de ladite taxe à peine de 1.000 livres d'amende. Ladite, renvoyée par ordre du Conseil au sieur de Miromesnil, commissaire départy en la généralité de Tours pour se faire représenter les titres de noblesse du sieur de Boylesve, en dresser procès-verbal et donner son avis. Veu aussi les titres représentés par devant ledit sieur de Miromesnil scavoir un arrest du parlement de Paris du 10 décembre 1587 dans le vu du quel sont énoncés : Le contrat de mariage d'Estienne Boylesve qualifié Chevalier, prévost de Paris, de l'an 1225, avec Dame Marie de la Guesle; celui de Fouquet Boylesve, écuyer de l'an 1258 avec dame Julienne de Chazé; celui de Jean Boylesve du 3 mai 1360 avec demoiselle Andrée Briçonnet et autres titres et actes scavoir le testament de Jean Boylesve du mois d'avril 1396 par lequel il ordonne à Pierre son fils, héritier principal et noble de prendre à l'avenir pour armes trois croix penchées ; copie du contrat de mariage dudit Pierre Boylesve, escuyer, avec dame Perrine de Quouay (Coué) dans lequel ledit Jean Boylesve, son père, est qualifié chevalier du 25 janvier 1414 ; celui de Jean Boylesve, escuyer, fils dudit Pierre avec dame Anne Danon, du 10 juillet 1484[1] ; celui de René Boylesve, escuyer, fils aisné dudit Jean Boylesve, avec Michelle Cailleau,

[1] Erreur : ce contrat de mariage est de 1444. On a vu que le fils aîné ne pouvait se marier en 1537, alors que le fils cadet se marie en 1510.

du 6 septembre 1537; celui de Marin Boylesve, écuier, fils puisné dudit Jean avec demoiselle Simonne Quentin, de l'année 1510; partages nobles entre luy René et Marin Boylesve des biens dudit Jean Boylesve et de la dite Anne Danon, leurs père et mère, du 11 juin 1519; contrat de mariage de René Boylesve, écuyer[1], seigneur de Gouesmard, fils de René Boylesve et de Michelle Cailleau, avec demoiselle Guillemine Mousseaux du 4 octobre 1562; partage noble entre le dit sieur de Gouesmard et ses sœurs des biens dudit René Boylesve et Michelle Cailleau, leur père et mère, du 12 février 1542; contrat de mariage de René Boylesve, sieur de Gouesmard, conseiller au présidial d'Angers, fils unique de René Boylesve et de ladite Guillemine Mousseau avec demoiselle Françoise Lefebvre, du 23 juillet 1613; trois déclarations ensuite l'une de l'autre faites au greffe de l'élection d'Angers par ledit René Boylesve, les 28 juillet 1635, 2 mai 1637 et dernier avril 1639, portant qu'encores qu'il soit noble d'extraction et en cette qualité fondé à jouir de tous les privilèges de noblesse néantmoins ayant été cy-devant échevin et fait la charge de maire, il désire et entend acquérir la noblesse et jouir des exemptions et privilèges attribués aux maires et échevins; deux autres déclarations faites par ledit Boylesve-Goesmard au greffe de l'Hôtel-de-Ville d'Angers les 31 août 1635 et 29 avril 1639 portant aussi qu'encores qu'il soit gentilhomme de race et d'extraction, comme tel fondé de jouir de tous les privilèges de la noblesse, néantmoins il réitère l'acceptation par luy faite et entend jouir à perpétuité de tous les droits et honneurs attribués aux maires et échevins de la dite ville[2]; extraict du contrat de mariage de François Boylesve, sieur de Goesmart, fils dudit René Boylesve et de ladite Françoise Lefebvre avec Renée Guinoisseau, du 14 juin 1647; autre extraict de celui de François Boylesve, suppliant avec demoiselle Françoise Gaultier du 20 octobre 1687; par lequel il est justifié qu'il est fils dudit sieur Gouesmart et de ladite Guinoisseau et posséder la même charge; les compa-

[1] Erreur : les nombreux titres que l'on trouve aux Archives de Maine-et-Loire E 1811 portent tous honorable homme et ne laissent aucun doute sur la position sociale des Boylève à cette époque.

[2] Ces cinq pièces prouvent amplement que René Boylève entendait tenir sa noblesse de l'échevinage d'Angers, sans quoi elles eussen été inutiles.

rutions à l'arrière-ban de la province d'Anjou faites par René Boylesve en 1635 et 1639 et par François en 1667, et par le suppliant en 1689; arrest de la Chambre établie en Bretagne pour la refformation de la noblesse de ladite province du 18 mars 1671 par laquelle Charles Boylesve, escuyer, sieur de la Brizarderie, a été confirmé dans sa noblesse comme descendant de Marin Boylesve, escuyer, sieur de la Brizarderie[1]; procès-verbal dudit sieur de Miromesnil du 26 juin 1694 contenant la représentation des titres cy-dessus et la réponse du commis du traitant. L'avis dudit sieur de Miromesnil par lequel il estime qu'il y a lieu de décharger ledit sieur de Goesmart de la taxe sur lui faite par le rolle arresté au conseil le 8 janvier 1692 vu encore le consentement des demoiselles Françoise et Jeanne Boylesve Goesmart, les sœurs dudit Boylesve Goesmart, l'acte de renonciation faite par ledit sieur Boylesve au privilège de noblesse accordé aux maires et échevins de la ville d'Angers et leurs descendants passé par devant notaires au châtelet de Paris, le 6 juillet 1694[2] signiffié audit Simonnet le même jour et autres pièces produites par le sieur Boylesve. Ouy le rapport du sieur Phelippeau de Pontchartrain, conseiller ordinaire au conseil Royal, controlleur-général des finances, le Roy en son conseil, fait droit sur le tout conformément à l'avis du sieur de Miromesnil, a déchargé et décharge ledit de Boylesve-Gouesmart de la taxe de 1.200 livres à laquelle il a été taxé par le rolle arresté au conseil le 8 janvier 1692, en exécution de celui du mois de juin 1691, fait deffenses audit Simonnet de faire aucune poursuitte contre luy pour raison de ladite taxe à peine de 500 livres d'amende et de tous dommages et intérêts.

Fait au Conseil d'État du Roy tenu à Versailles, le 6 juillet 1694.

La grosse est signée Ransin et collationnée.

[1] On peut se demander ce que vient faire ici cette pièce, imprimée aux titres généraux. Il n'y est fait aucune allusion aux Boylesve de Goismard.

[2] Que pouvait valloir cette renonciation après l'acceptation de son ayeul! Audouys, qui appelle l'arrêt du Parlement de Paris de décembre 1587, un arrêt de faveur, passe celui-ci sous silence et devait pourtant le connaître.

TABLEAUX DE FILIATION

DE LA FAMILLE

DE BOYLESVE

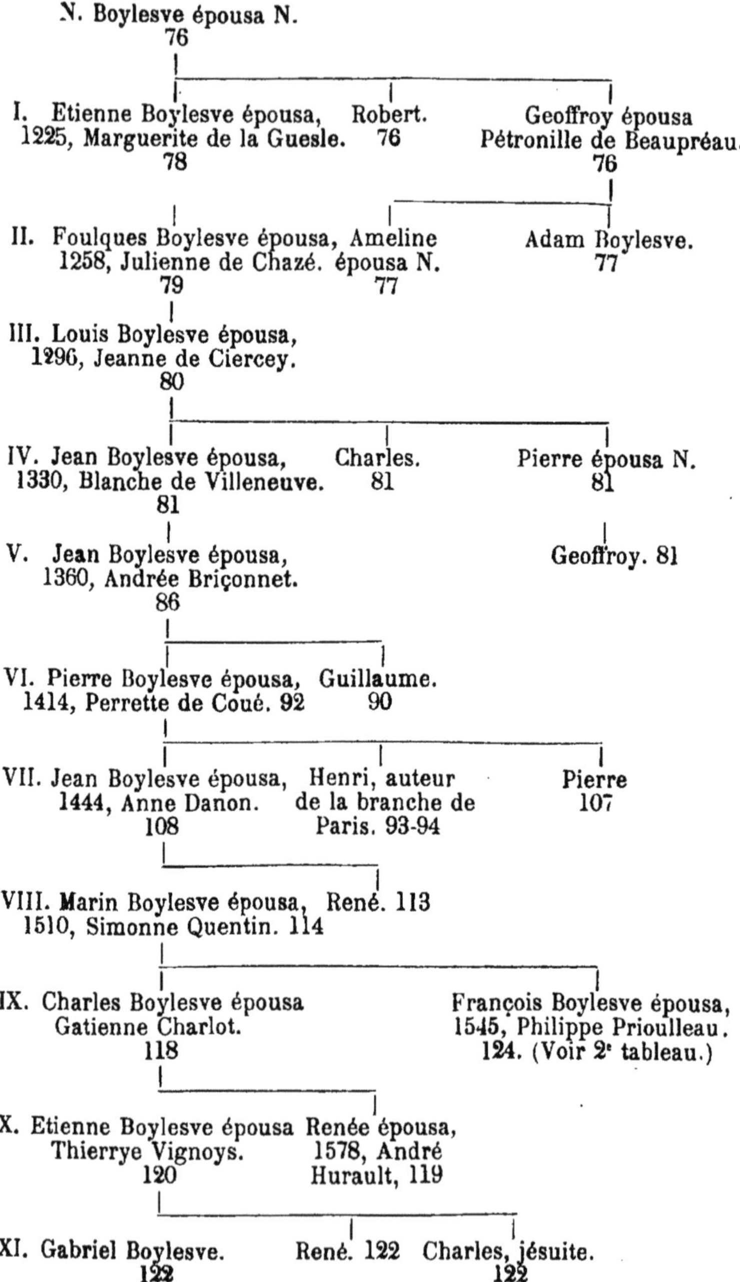

N. Boylesve épousa N.
76
I. Etienne Boylesve épousa, 1225, Marguerite de la Guesle. 78
Robert. 76
Geoffroy épousa Pétronille de Beaupréau. 76
II. Foulques Boylesve épousa, 1258, Julienne de Chazé. 79
Ameline épousa N. 77
Adam Boylesve. 77
III. Louis Boylesve épousa, 1296, Jeanne de Ciercey. 80
IV. Jean Boylesve épousa, 1330, Blanche de Villeneuve. 81
Charles. 81
Pierre épousa N. 81
V. Jean Boylesve épousa, 1360, Andrée Briçonnet. 86
Geoffroy. 81
VI. Pierre Boylesve épousa, 1414, Perrette de Coué. 92
Guillaume. 90
VII. Jean Boylesve épousa, 1444, Anne Danon. 108
Henri, auteur de la branche de Paris. 93-94
Pierre 107
VIII. Marin Boylesve épousa, 1510, Simonne Quentin. 114
René. 113
IX. Charles Boylesve épousa Gatienne Charlot. 118
François Boylesve épousa, 1545, Philippe Prioulleau. 124. (Voir 2e tableau.)
X. Etienne Boylesve épousa Thierrye Vignoys. 120
Renée épousa, 1578, André Hurault, 119
XI. Gabriel Boylesve. 122
René. 122
Charles, jésuite. 122

IX. François Boylesve.
Philippe Prioulleau. 124

X.	Maurice Boylesve, 1581. Marie Le Lou. 137	Charlotte. 134 François. 134	Françoise, Jean Le Febvre. 134	Marin. (Voir 3e tableau.)	Philippe-François de la Marqueraye. 136	René-Anne de Boussiron. 137	Charles. (Voir 4e tableau.)

XI.	Michel Boylesve, 1612, Marie de Carion. 143	Charles. 141	Françoise-Mathurin Guischard. 143	François, 1622. Adrienne Martineau. 141

XII.	Michel Boylesve, 1652, Renée du Rideau. 150	Henri-Perrine de Binel. 149-150	Marie-Pierre Amys. 150	François 142 Adrienne. 142	Michel-Adrienne Boureau. 142	Nicolas-Marie Torchon. 143

XIII.	Gabriel Boylesve, † 1707. 152	Michel 152	Renée-Geoffroy Gaultier. 153

BRANCHE DE LA MAUROUSIÈRE

X.	Marin Boylesve, 1578. René Nicolas. 153				
XI.	Mathurin Boylesve, 1624. Marie Le Clerc. 179	Anne-Pierre Ayrault. 177	Louis et Pierre. 178	Françoise-Guillaume Avril. 178	
XII.	Marin Boylesve, 1649, Madeleine Lasnier. 184	Françoise-François Grimaudet. 183	Anne et Marie. 184	Philippe. 184	
XIII.	Marin Boylesve, 1686, Marie Ménardeau. 192	Marie-Gabriel Boylesve. 188	Gabrielle-Louis de Lespéronnière. 188	Jacques-Marie Poisson. 189	Claude et Anne. 192
XIV.	Marin de Boylesve, 1716, Marie Boylesve. 199	François-Jacquine Raimbault. 197	Marie. 196 Mathurin. 199	Marie-Marin Boylesve. 190	Aimée-Jacques Le Febvre. 191
XV.	Marin de Boylesve, 1750, Louise de la Cour. 202	Jacques-Honoré. 202			
XVI.	Marin de Boylesve, 1780, Lucie Pays. 208	Marie-Jacques Senot. 207	Elisabeth. 208		
XVII.	Marin de Boylesve, 1812, Clémentine Pocquet. 215	Marie-Augustin Pocquet. 213	Louis, Eléonore, Augustin. 214	Elisabeth-Jacques Senot. 214	
XVIII.	Marin de Boylesve, jésuite. 216				

BRANCHE DE LA GILLIÈRE ET DU PLANTIS

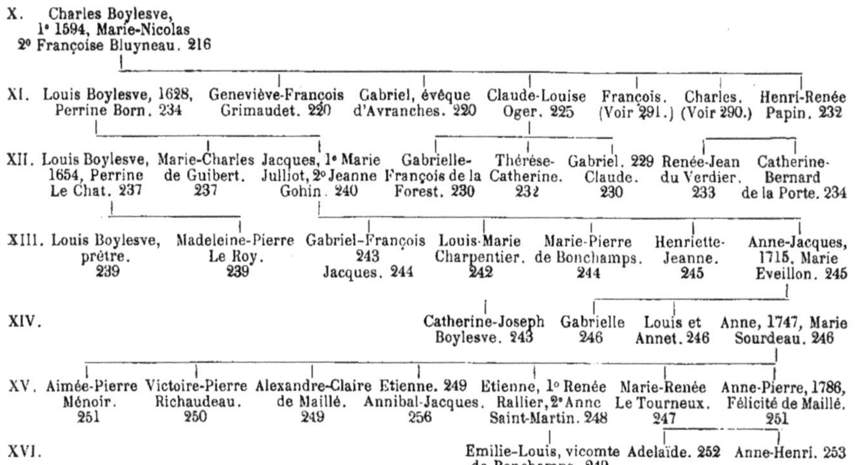

BRANCHE DE NOIRIEUX

XI. Charles Boylesve, 1° 1640, Renée Gandon,
2° Marie Belet. 254

XII. Charles Boylesve, 1665, Jeanne Cupif. 261 — N. 259 — Henri et Jacques. 261 — Gabriel-Marie Boylesve. 259

XIII. Charles-Joseph Boylesve, 1698, Jeanne Cupif. 267 — Charles, Henri et Nicolas. 266 — Jeanne. 266 — Marie-René Louet. 267 — Marie et Renée 267

XIV. Charles de Boylesve, 1728, Perrine Le Roy. 270 — Louise-Gabriel Constantin. 270

XV. Charles-Louis de Boylesve, 1758, Marie Le Roy. 271 — Louis et Charles. 271 — Perrine et Sophie. 271

BRANCHE DE CHAMBALLAN

XI. François Boylesve, 1675, s' de Chamballan, Anne Huby. 272

XII. Joseph Boylesve, 1° 1701, Jeanne Geffroy, 2° Marie de France, 3° Julienne le Vicomte. 2 3 — Jeanne, 1° François de la Bourdonnaye, 2° Toussaint de Cornulier. 272 — Anne 273

XIII. Joseph de Boylesve, 1728, Catherine Boylesve. 273 — Jeanne. 274

XIV. Claude de Boylesve, 1754, Suzanne d'Arnal. 276 — Marie-René. 274 Joseph. 275 — Marie. 275 Pélagie et Henriette. 275 — Christine-Gabriel de Coatarel. 275 — François, Paul, Louis et Joseph. 275 Marie et Julie. 276

XV. Marie-Joseph, N. de Cambon. 276 — Joséphine N. Laire de Barre. 276 — Adèle. 277 — Alix N. de Christot. 277

TABLE

DES NOMS DE PERSONNE ET DE LIEUX

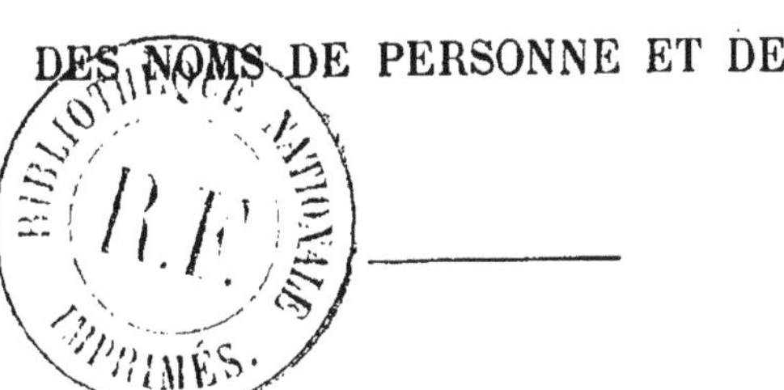

[1] Les noms écrits en majuscules sont ceux des familles alliées et de celles dont les armoiries sont décrites.

B

C

D

E

F

L

M

Q

R

S

T

U

V

Angers, imp. Germain et G. Grassin. — 2564-1.

www.ingramcontent.com/pod-product-compliance
Ingram Content Group UK Ltd.
Pitfield, Milton Keynes, MK11 3LW, UK
UKHW021059220726
13924UKWH00005B/2158

9 782019 923549